高くても売れる
ブランドをつくる！

日本発、
ラグジュアリー
ブランドへの挑戦

長沢 伸也
——著

同友館

早稲田大学ラグジュアリーブランディング研究所主催シンポジウム「日本発、ラグジュアリーブランドへの挑戦」ポスター

2012年1月北米国際自動車ショーで発表した
プレミアムクーペコンセプト LF-LC

© Lexus International

ベスト・エンタテイニング賞を受賞したミラノ・サローネ(2015年)での展示風景
© Lexus International

Radiance of Joy

光輝く歓喜

自ら輝き、周囲までも輝かせる喜び

「クレ・ド・ポー ボーテ」のコアバリュー(写真は「ラ・クレーム」)　©資生堂

「クレ・ド・ポー ボーテ」の商品
(写真左)クレンジング、洗顔、化粧水、日中用乳液、夜用乳液、(右)ルミナイジングエンハンサー(おしろい)

©資生堂

©資生堂

はじめに

●本書の成立経緯と概要

本書は、早稲田大学ラグジュアリーブランディング研究所主催シンポジウム「日本発、ラグジュアリーブランドへの挑戦」の内容を中心に、"高くても売れる製品、高くても熱烈なファンのいるブランドづくり"＝ラグジュアリーブランディングの道を探り、これからの日本企業のものづくりに示唆を与える書です。

同シンポジウムは2014年9月30日、早稲田大学大隈小講堂にレクサス、クレ・ド・ポー ボーテ両ブランドマネジャーを招いて開催されました。約260人の参加者に大変好評で出版の要望も多数頂戴しましたので、講演録として急遽出版することとしました。

同シンポジウムでは、早稲田大学ラグジュアリーブランディング研究所所長である私が基調講演「日本発、ラグジュアリーブランドの可能性」と題して、ラグジュアリーブランドビジネスの現状を俯瞰し、ラグジュアリーの定義や、日本発のラグジュアリーブランド

i

が成功する可能性について述べました。これを加除修正して第1章に収録しています。

しかしながら予定内容のうち基本的な事項しかお伝えできませんでした。その省いた部分を中心として、同じ演題で同年12月6日開催の日本感性工学会感性商品研究部会第53回研究会にて講演する機会がありました。これを加除修正して第2章に収録しています。

同シンポジウムでは、株式会社資生堂「Lexus International レクサスブランドマネジメント部 部長 高田敦史様と株式会社資生堂「クレ・ド・ポー ボーテ」ブランドマネジャー 藤井恵一様を迎え、トークセッション「世界と伍する、日本発ラグジュアリーブランドへの挑戦」も行いました。ラグジュアリーブランドというと欧州のファッションや高級時計ばかりが思い浮かびますが、お二人の取組みから、日本発のラグジュアリーブランドをいかにして作るかを考える貴重な機会となりました。このトークセッションを第3章に収録しています。

「日本発、ラグジュアリーブランドへの挑戦」シンポジウムの基調講演を第1章、トークセッションを第3章とし、その間の第2章に感性商品研究部会第53回研究会での講演を挟みました。ラグジュアリーブランディングの基礎、応用、実践という内容的な繋がりを重視したためです。内容の一部重複につきましては、ご寛容いただければ幸甚です。

「日本発」のブランド創造こそが、日本企業の喫緊の課題であることに疑いがありませ

ii

はじめに

ん。日本を代表するラグジュアリー研究者である著者の主張が、日本を代表する高級ブランドであるトヨタ自動車のレクサス、資生堂のクレ・ド・ポー ボーテ両ブランドマネジャーが語る取組みと相俟って、多くのビジネスパーソンのご参考になると確信します。

● **本書の特徴**

本書の特徴は次のとおりです。

(1) 本書の第1章と第2章では、ラグジュアリー戦略やラグジュアリーブランディングについて、日本で初めて体系的に論じています。

著者は『ラグジュアリー戦略――真のラグジュアリーブランドをいかに構築しマネジメントするか』、『ファッション&ラグジュアリー企業のマネジメント――ブランド経営をデザインする』(以上、東洋経済新報社)、『機械式時計』という名のラグジュアリー戦略』(世界文化社)、『ラグジュアリー時計ブランドのマネジメント――変革の時』(角川学芸出版)の翻訳でラグジュアリー戦略やラグジュアリーブランディングを紹介してきました。

また、『ブランド帝国の素顔 LVMHモエ ヘネシー・ルイ ヴィトン』(日本経済新聞社)、『ルイ・ヴィトンの法則――最強のブランド戦略』(東洋経済新報社)、エルメスを取り上

げた『老舗ブランド企業の経験価値創造——顧客との出会いのデザイン マネジメント』（同友館）、『それでも強い ルイ・ヴィトンの秘密』（講談社）、『シャネルの戦略——究極のラグジュアリーブランドに見る技術経営』、『グッチの戦略——名門を3度よみがえらせた驚異のブランドイノベーション』（以上、東洋経済新報社）では、各ラグジュアリー企業を分析する中で、ラグジュアリー戦略やラグジュアリーブランディングに触れてきました。

これらを踏まえて、ラグジュアリーブランドビジネスの現状を俯瞰し、ラグジュアリー、ラグジュアリーブランド、ラグジュアリー戦略の定義や関係を解き明かしています。

(2) 本書の第1章と第2章では、日本企業にラグジュアリー戦略やラグジュアリーブランディングを適用することの必要性と、日本発のラグジュアリーブランドが成功する可能性について論じています。

これらについては、著者はこれまで前掲の翻訳書の「訳者あとがき」「監訳者まえがき」や、個別のラグジュアリーブランドについての「学び」として断片的に指摘してきました。しかし、まとまった形で発信するのは本書が初めてです。特に第2章では、試案ながらラグジュアリーブランドの必要要素（構成要素）を挙げて解説しましたし、ラグジュアリーブランドとして日本ブランドが成功するための強み・弱みを論じております。前項と併せ

はじめに

て、著者の長年にわたるラグジュアリー研究の到達点です。

(3) 本書の第3章では、日本を代表する高級ブランドであるトヨタ自動車のレクサス、資生堂のクレ・ド・ポー ボーテの両ブランドマネジャー自らが各ブランドとその取組みを紹介しています。

トヨタ自動車にLexus Internationalというバーチャルカンパニーが立ち上がり、レクサスを「プログレッシブ・ラグジュアリー・ブランド」にすることを目指し、クルマの枠を超えた新しい試みを次々と行っています。レクサスブランドマネジメント部 高田部長にこれまでの取組みをご紹介いただきながら、これからレクサスが目指す姿について語っていただきました。

「クレ・ド・ポー ボーテ」は、1996年に誕生した資生堂グループのハイプレステージブランドで、"Radiance of Joy"をコアバリューに、現在、日本をはじめ米州、アジアで展開しています。同ブランドの藤井ブランドマネジャーにこれまでの取組みをご紹介いただきながら、「クレ・ド・ポー ボーテ」の今後のグローバル戦略を語っていただきました。両ブランドともにグローバル展開が順調であるものの欧州市場では苦戦しているなど、はからずも日本ブランド共通の課題や強み・弱み等が浮き彫りになったといえます。

(4)　シンポジウムや研究会の講演録として、講演者の生の声や語り口、臨場感を生かすことで、その主張や「熱い想い」、各事例企業のビジネスの実態を生き生きと紹介します。

著者の講演が魅力的かどうかはわかりませんが、本書で述べているように、日本がラグジュアリーを発見したのです。日本の消費者はラグジュアリーがわかるのです。著者はもどかしいのです。しかし、日本企業はラグジュアリーがわからないのです。日本でものづくりをすると高くなるのですから、日本企業は〝高くても売れる製品づくり、高くても熱烈なファンのいるブランドづくり〟＝ラグジュアリーブランディングの道を探るべきだという「熱い想い」を語ったつもりです。また、抽象的で難解な概念や考え方が話し言葉によって少しでもわかりやすくなっていれば幸甚です。

また、日本を代表する高級ブランドの双璧であるであるトヨタ自動車のレクサス、資生堂のクレ・ド・ポー　ボーテの両ブランドマネジャーから、各ブランドの製品やブランドヒストリーに加えて、国内外の高級車市場や高級化粧品市場の現状と自社の状況について紹介いただきました。さらに、現在や今後の取組みを紹介いただきました。

日本発、ラグジュアリーブランドを目指して奮闘する両ブランドマネジャー自らの言葉の迫力やお人柄と相俟って、多くのビジネスパーソンのご参考になると確信しております。

はじめに

●本書の主な対象読者

本書が想定する主な対象読者は次のとおりです。

(1) いわゆるラグジュアリーブランド業界のみならず、富裕層を標的としている業界すべて。たとえば、自動車、時計・宝飾、香水・化粧品、ファッション等の製造・販売業、豪華クルーズなどの旅行・ホテル・レストラン業界、百貨店業界、金融・証券業界、イベント業界、不動産・デベロッパー業界等のサービス業も含みます。

(2) 企業経営者、特にブランド価値や顧客価値を高めたい経営者およびマネジャー。特にブランドマネジャー、あるいはコンサルタント

(3) 今後の発展を目指す業界4位以下の企業、同族企業、地場・伝統産業の経営者

(4) 欧州市場など成熟した市場を狙う企業の経営者

(5) 経営戦略やマーケティング戦略・ブランド戦略・デザイン戦略の実務担当者、あるいはこれらを学ぶMBA、MOT（技術経営）の学生

(6) レクサスなどの高級車、クレ・ド・ポー ボーテのような高級化粧品、高級時計のようなラグジュアリー製品の愛好家

●WBSプロフェッショナル・コース ラグジュアリーブランディング系モジュール

早稲田大学商学学術院の専門職大学院であるWBS（正式名称：商学研究科ビジネス専攻）とファイナンス研究科を統合し、2016年4月に「経営管理研究科」を新設します。

これに伴い、シンポジウムを共催したWBSのMBAプロフェッショナル・コース ラグジュアリーブランディング系モジュールは、残念ながら16年度の学生をモジュールとして募集しないことになりました。ただし基幹科目「ラグジュアリーブランディング論」や専門科目「感性＆ファッション産業論」などは引き続き開講されます。また、ゼミは全日制グローバルコースおよび夜間主総合コースの「デザイン＆ブランド・イノベーション」ゼミとして開設され、ラグジュアリーブランディング研究を包含して拡充する内容に発展します。また、早稲田大学ラグジュアリーブランディング研究所も引き続き存続いたします。

WBSラグジュアリーブランディング系モジュールは、発足時の12年4月から15年3月まで、LVMHモエ ヘネシー・ルイ ヴィトン・ジャパン㈱寄附講座（寄附モジュール）とし運営されました。その一環でフランス、スイス、イタリアのラグジュアリーブランドの工房見学や、ブランドの本国本社の経営者らのゲスト講師招聘などが実現されました。LVMHモエ ヘネシー・ルイ ヴィトン・ジャパン社のご厚意に深く御礼を申し上げます。

はじめに

●おことわりと謝辞

本書の企画と編纂および第1章と第2章の講演の校正は著者があたり、第3章の講演部分の校正は各講演者があたりましたが、内容や構成は著者がその責めを負っていることは言うまでもありません。また、各講演者が語った珠玉の言葉を収録していますが、話し言葉と文字とのニュアンスの差異や、間・雰囲気が伝わりきれていなかったり、損なっていたりしたとすれば、著者の力量の限界です。

本書が成立する直接のきっかけとなったのは、もちろん、早稲田大学ラグジュアリーブランディング研究所主催シンポジウム「日本発、ラグジュアリーブランドへの挑戦」です。開催にご理解を示し、当日は開会のご挨拶を賜りました早稲田大学ビジネススクール（WBS）プログラム・ディレクター（統括責任者）の根来龍之教授に厚く御礼申し上げます。

また、当日の総合司会と閉会のご挨拶を賜りました、ラグジュアリーブランディング系モジュール科目「感性＆ファッション産業論」ご担当の山本尚利教授にも御礼申し上げます。

また、第2章では2014年12月6日開催の日本感性工学会感性商品研究部会第53回研究会における講演を収録しています。収録をご快諾いただきました亀井且有部会長ならびに当日の司会もしていただきました山本典弘副部会長に深く感謝申し上げます。

末筆になりましたが、お忙しいなか、トークセッションのパネリスト招聘に応じてご登壇いただきましたLexus International レクサスブランドマネジメント部 部長 高田敦史様と株式会社資生堂「クレ・ド・ポー ボーテ」ブランドマネジャー 藤井恵一様に深甚なる謝意を表します。また、シンポジウムの開催や寄附講座の運営にあたりましては、早稲田大学の事務職員の皆様にご尽力いただきました。さらにシンポジウムを熱心に聴講いただいた皆様や、活発に質問した日本感性工学会感性商品研究部会の皆様のご協力あっての本書であり、深く感謝しています。また、本書は、同友館鈴木良二出版部長のご尽力により形になりました。ここに厚く御礼申し上げます。

本書がビジネスパーソンの実務や研鑽に役立つとともに、早稲田大学ビジネススクールの長沢ゼミの存在と活動を読者の皆様に知っていただけたら、望外の幸せです。

2015年　風薫る都の西北にて

著者　長沢　伸也

目次

第1章 ラグジュアリーブランディングの基礎

シンポジウム 基調講演
「日本発、ラグジュアリーブランドの可能性」
WBSラグジュアリーブランディング系モジュール責任者　長沢伸也 …… 3

ラグジュアリーブランドに学べ …… 9

活況を呈する、世界のラグジュアリー市場 …… 11

ラグジュアリー企業の特徴 …… 14

主なラグジュアリー企業・ブランド …… 23

ブランドランキングに見るラグジュアリーブランド ……… 28
企業業績とブランド価値の関係――ラグジュアリーブランディング研究の背景 ……… 31
問題なのは何をつくるか ……… 36
日本企業・製造業の嘆き（クエスチョン）とソリューション ……… 41
主体にとってのラグジュアリーとは？ ……… 44
客体としてのラグジュアリーとは？――ラグジュアリーとプレミアムは違う ……… 49
ラグジュアリーブランド、ラグジュアリー戦略、ラグジュアリーブランディング ……… 56
日本の製造業が目指すべき道筋 ……… 58
時計の例――セイコー「セイコー5」を買ってみた… ……… 60
時計の例――セイコー「グランドセイコー」を買ってみた… ……… 66
時計の例――シチズン「カンパノラ メカニカル」を買ってみた… ……… 71
パン・菓子の例――日本のものづくりの問題点 ……… 76
日本らしさ？ そうだ、できるとも！ ……… 79
感性を生かす ……… 83

目　次

第②章　ラグジュアリーブランディングの応用

研究会講演
「日本発、ラグジュアリーブランドの可能性」

ラグジュアリーブランディング研究の視座 …………………………………… 88

ジリ貧の日本企業の生きる道：ラグジュアリー ……………………………… 102

ラグジュアリー戦略は従来型マスマーケティングの逆張り ………………… 113

ラグジュアリーブランドの構成要素（試案） ………………………………… 118

ラグジュアリーブランドの「逆張りの法則」 ………………………………… 130

質疑応答 …………………………………………………………………………… 136

第③章　ラグジュアリーブランディングの実践

シンポジウムトークセッション
「世界と伍する、日本発ラグジュアリーブランドへの挑戦」

レクサスインターナショナル　高田敦史部長 ………………………………… 146

xiii

レクサスの商品戦略 148
レクサスのブランディング戦略 153

AMAZING IN MOTION 155

クレ・ド・ポー ボーテ　グローバルユニット　藤井恵一
　ブランドマネジャー 161

クレ・ド・ポー ボーテ　ブランドヒストリー 164
クレ・ド・ポー ボーテ　ブランドの概要 169
クレ・ド・ポー ボーテ　ブランドのバリュー 173
ラグジュアリーに必要なもの‥歴史や物語が必要。無ければ創り出せ ... 181
ラグジュアリーを育てたのは日本 188
ラグジュアリーに関する4P+ブランド 191
クリエイションで夢を売る‥問われるのはクリエイティビティー ... 200

〔付録〕長沢伸也　研究の歩み .... （巻末）付1

第 1 章 ラグジュアリーブランディングの基礎

シンポジウム 基調講演「日本発、ラグジュアリーブランドの可能性」

講演者：WBS教授、ラグジュアリー ブランディング系モジュール責任者
早稲田大学ラグジュアリー ブランディング研究所所長　長沢 伸也

司　会：WBS教授、ラグジュアリーブランディング系モジュール専門科目
「感性＆ファッション産業論」担当　山本 尚利

開催形態：早稲田大学ラグジュアリーブランディング研究所主催・WBSラグジュアリーブランディング系モジュール共催「日本発、ラグジュアリーブランドへの挑戦」シンポジウム（公開講座）

日　時：2014年9月30日

会　場：早稲田大学早稲田キャンパス大隈小講堂

対　象：ブランド戦略担当者やマーケティング戦略担当者
ラグジュアリービジネスやブランドビジネスに興味のある社会人

資料1　日本発、ラグジュアリーブランドの可能性

出所：長沢伸也（2014）「日本発、ラグジュアリーブランドの可能性」、『早稲田大学ラグジュアリーブランディング研究所主催・WBSラグジュアリーブランディング系モジュール共催「日本発、ラグジュアリーブランドへの挑戦」シンポジウム（公開講座）基調講演資料』、表紙

【総合司会（山本）】これより、基調講演「日本発、ラグジュアリーブランドの可能性」を行います。本日のシンポジウムの主催者である、早稲田大学ラグジュアリーブランディング研究所所長で、早稲田大学ビジネススクール（以下、WBS）MBAプロフェッショナルコースのラグジュアリーブランディング系モジュール責任者であります長沢伸也教授です。（拍手）

【長沢】ご紹介いただきました長沢でございます。よろしくお願いします。

今日は、ラグジュアリーブランドビジネスの現状を俯瞰し、日本発のラグジュアリーブランドが成功する可能性について述べます（資料1）。

第1章　ラグジュアリーブランディングの基礎

まずラグジュアリーブランドビジネスの現状として「活況を呈する、世界のラグジュアリー市場」をお話ししますが、これは簡単にいたします。ラグジュアリー市場をさらっとご紹介して、「そもそもラグジュアリーとは何か？」をお話しします。このシンポジウムをお聞きになって、結局ラグジュアリーって何だったのかなとわからないのでは困りますので。そして、「ラグジュアリーブランドとして、日本ブランドが成功するために〔強み・弱み〕」を考えたいと思います。基調講演は短めにしたいと思いますので、用意した内容の一部はトークセッションの中で、クレ・ド・ポー　ボーテとレクサスの話に絡めてご紹介したいと思います。

WBSラグジュアリーブランディング系モジュール責任者　長沢伸也

●●●●●●●●●●●●●●●●

本日の「日本発、ラグジュアリーブランドへの挑戦」シンポジウムの共催になっておりますWBS・MBAプロフェッショナルコースの中のラグジュアリーブランディング系モ

資料2　ラグジュアリー ブランディング系モジュールの特徴

1. 唯一無二
   - ラグジュアリーに特化した専門科目＋MBA科目
   - 欧州スタディトリップ（イタリア、フランス、スイス）、成果物（翻訳書）の出版
2. 対象とする（モジュールに向いている）学生像
   - いわゆるラグジュアリーブランドに限定しない
   - 在学生は、米国系スポーツブランド×2、ファッション×2、放送×2、自動車、食品卸、米国系ペットフード、店舗施工、欧州ラグジュアリーブランド
3. 授業内容・授業形態（特に、モジュール専門科目）
   - 著名ゲスト講師、双方向授業、グループワーク、英語科目
   - 演習は課題達成型（オリジナリティーと成果物が求められる）

出所：長沢伸也（2014）、同前、p.1

ジュールの責任者を務めておりますので、このモジュールの紹介をいたします。

モジュール制とは、簡単に申しますと「専門性を持ったMBA」で、専門性を武器に経営幹部を目指します。つまり、専門分野での深掘りした知識＋MBAとしてのマネジメント能力を養います。モジュールは全部で10モジュールありますが、当モジュールは「ラグジュアリーブランディング」を専門分野としますので、いわば「ラグジュアリーブランディングMBA」です。

ラグジュアリーブランディング系モジュールの特徴を資料2に示します。このように、ラグジュアリーブランディングに特化した唯一無二の存在でやっております。

第1章　ラグジュアリーブランディングの基礎

このモジュールは今年度（2014年度）まで3年間、LVMHモエ　ヘネシー・ルイ・ヴィトン [LVMH Moët Hennessy, Louis Vuitton] 社の寄附講座として運営しております。同社による寄附講座と私が就いている寄附講座教授（チェア・プロフェッサー）は、フランスのESSEC（エセック経済商科大学院大学）ビジネススクールに次いで、世界で2番目という快挙です。休憩時間には、外国人教授から「どうやったらなれるんだ？」と質問されたり、「自分を自国のLVMHチェア・プロフェッサーに推薦してくれ」と経歴書を勝手に送りつけて頼まれたりします（笑）。残念ながら、同社のご都合により今年度いっぱいで寄附講座は終了して、来年度からは他のモジュールと同様に冠講座ではなくなりますが、モジュール自体は継続します。

資料3は、モジュール募集の際の自己紹介ですので、非常に宣伝っぽくって恐縮です。一応ラグジュアリー研究の日本代表としてラグジュアリー関係の国際学術雑誌2誌と、他にもう1誌の編集委員（ボードメンバー）に就いています。今日（2014年9月末）現在、87冊、本を出版しています。11月に上梓する『グッチの戦略』と『機械式時計』という名のラグジュアリー戦略』が88冊目と89冊目です。年明けから年度末に上梓する『ラ

5

資料3　ラグジュアリー ブランディング系モジュール責任者 長沢伸也

1. 国際的実力派
    - フランス ESSEC ビジネススクール・Sciences Po（パリ政治学院）・立命館アジア太平洋大学各客員教授
    - LVMH モエ ヘネシー・ルイ ヴィトン寄附講座教授（世界で2番目）、アルビオン寄附講座教授
    - 国際会議・内外の学会で基調講演・招待講演多数（Helsingborg, Rīga, Neuchâtel 他）
    - 国際学術雑誌編集委員（Luxury: History, Culture, Consumption (Routledge), Luxury Research Journal (Inderscience), International Journal of Quality and Service Sciences (Emerald), Journal of Global Fashion Marketing (Routledge)）
    - 欧州スタディトリップ（伊仏瑞）、成果物（翻訳書）の出版
2. 圧倒的な出版実績・研究業績
    - 著書97冊：和書82冊、中6冊・韓5冊・英3冊・タイ語版1冊（出版予定を含む）
    - 論文398編：日本語220編、英語177編、中国語1編（印刷中を含む）
3. マスコミ出演・マスメディア登場多数
    - NHK「クローズアップ現代」、讀賣テレビ「ミヤネ屋」、日本テレビ「NEWS ZERO」、BS11「報道ライブ21」、FM TOKYO、J-WAVE 等
    - 日本経済新聞、讀賣新聞、毎日新聞、産経新聞、環境新聞、エコノミスト、プレジデント等

出所：長沢伸也（2014）、同前、p.2
(注)　本書増刷に当たり、シンポジウム講演資料掲載のデータを最新データに更新した。

第1章　ラグジュアリーブランディングの基礎

グジュアリー時計ブランドのマネジメント―変革の時―』、『アミューズメントの感性マーケティング―早稲田大学ビジネススクール講義録～エポック社社長、スノーピーク社長、松竹副社長が語る―』、『コミュニティ・デザインによる賃貸住宅のブランディング―人気シェアハウスの経験価値創造―』『地場産業の高価格ブランド戦略―朝日酒造・スノーピーク・ゼニス・ウブロに見る感性価値創造―』が90冊目〜93冊目です。そして、今日のシンポジウムの講演録が94冊目として出版できたらいいなと思っています。

資料4は私の略歴です。会社で工場勤務をした後、大学を替わりながら助手、専任講師、助教授、教授、大学院教授と歩んできました。この間、公募で4回、大学を移籍しております。環境アセスメント手法の研究により工学博士を取得しましたが、現在では専門を変えてビジネススクールでラグジュアリーブランディングを研究しております。大学教授というと、卒業した大学にずーっと残って他大学や実業を経験したことがない先生方が多いのは事実ですし、専門も変えずに重箱の隅をつつくような研究を続ける、というイメージを持っている一般の人々が多いようです。その中にあって、大袈裟にいえば「大学教授のイノベーション」ともいうべき、日本の大学業界では非常にめずらしいキャリアを歩んでおります。

資料4　長沢伸也略歴…大学教授のイノベーション？

1978年3月	早稲田大学理工学部工業経営学科卒業、工学士
1980年3月	早稲田大学大学院理工学研究科機械工学専攻博士前期課程修了、工学修士
1980年4月	日本軽金属株式会社技師、北海道・苫小牧工場勤務
1981年10月	明治大学工学部精密工学科専任助手
1986年12月	環境アセスメント手法の研究により工学博士（早稲田大学）
1988年4月	公募により産業能率大学経営情報学部情報学科専任講師
1990年4月	公募により亜細亜大学経営学部講師、助教授
1995年4月	公募により立命館大学経営学部教授（1998年より同環境・デザイン・インスティテュート教授併任）
2003年4月	公募により早稲田大学大学院アジア太平洋研究科専門職学位課程国際経営学専攻MOT専修教授、同大学大学院理工学研究科兼担教授
2007年4月	改組により早稲田大学大学院商学研究科専門職学位課程ビジネス専攻MOT専修教授。同大学大学院基幹理工学研究科および環境・エネルギー研究科兼担教授、現在に至る
2008年4月	早稲田大学大学院商学研究科博士後期課程商学専攻マーケティング・国際ビジネス専修教授（併任）、現在に至る
2008年9月	フランスESSEC（エセック経済商科大学院大学）ビジネススクール客員教授（併任、2009年7月まで）
2012年4月	早稲田大学大学院商学研究科ビジネス専攻MBAプロフェッショナルコース　ラグジュアリーブランディング系モジュール（2012～2015年LVMHモエ ヘネシー・ルイヴィトン寄附講座）責任者、早稲田大学ラグジュアリーブランディング研究所所長、現在に至る
2014年2月	Sciences Po. Paris（パリ政治学院）客員教授（併任、2014年3月まで）
2015年10月	立命館アジア太平洋大学客員教授（併任）、現在に至る
2016年4月	改組により早稲田大学大学院経営管理研究科専門職学位課程（早稲田大学ビジネススクール）教授、現在に至る
2017年2月	Sciences Po. Paris 客員教授（併任、予定）

出所：長沢伸也（2014）、同前、p.3を更新

ラグジュアリーブランドに学べ

ブランド論やブランドマネジメント論というのがマーケティング学者の中で結構盛んなのですが、そこでは次のようにいうのが常です。

「ブランドというと皆さんはルイ・ヴィトン［Louis Vuitton］やシャネル［Chanel］ばっかり考えるだろうけど、それだけがブランドではないぞ。アップル［Apple］やグーグル［Google］、コカ・コーラ［Coca-Cola］、マクドナルド［McDonald's］、日本企業ならトヨタ［Toyota］、ソニー［Sony］もブランドだぞ」

そういって、以後二度と再びラグジュアリーブランドの話に帰ってこないんです。そして、ひたすらマスマーケティング、マスブランドの話に終始します。

しかし、これは間違いではないかと思います。たとえば、街で道行く人に、あなたはブランドに興味はありますか？ 好きですか？ 持っていますか？ と訊けば、間違いなくルイ・ヴィトンやシャネルのことを答えます。

そうすると、これだけ世の中の人の心に深く、ブランドといえばラグジュアリーブ

資料 5　ブランド論・ブランドマネジメント論が盛んだが……

マーケティング学者のいうブランドはコカ・コーラ、アップル
いわゆるラグジュアリーブランドは除外・枕詞

×

街行く人がいうブランドはルイ・ヴィトン、シャネル、エルメス
いわゆるラグジュアリーブランドに学べ

○

出所：長沢伸也（2014）、同前、p.5
原出所：長沢伸也著（2002）『ブランド帝国の素顔 LVMH モエ　ヘネシー・ルイ　ヴィトン』日本経済新聞社、「はじめに」をもとに筆者作成

ランドだと思われているのに、マーケティング学者はわざわざこれを除外して、もっといえば「枕詞」にしか使わないで、すっ飛ばしていく。それは大きな間違いだろうと思います（資料5）。

これだけ広く深く皆の心に入り込んでいるラグジュアリーブランドに学ぶことは多いだろうと思っております。

第1章　ラグジュアリーブランディングの基礎

活況を呈する、世界のラグジュアリー市場

まず初めに、ラグジュアリービジネス全体を見てみましょう。ラグジュアリービジネスというときには、広義では高級車（ラグジュアリーカー）、パーソナルグッズ（ファッション、革製品、香水＆化粧品、時計・宝飾品などのいわゆるラグジュアリー製品）、ワイン＆スピリッツ（ブランデーなどの強い酒）、食品、家具、ヨット（帆船に限らず豪華クルーザーを含む）を指します。この広義のラグジュアリービジネス全体では7600億ユーロ（L'expansion N.786による推計）、最近は円／ユーロの為替レートの変動が大きいのですが1ユーロ＝140円程度とすると日本円で約100兆円超という巨大な市場規模です。日本円で約40兆円の高級車や約7兆円のワイン＆スピリッツなどを除いた狭義のラグジュアリービジネス、つまりいわゆるラグジュアリー製品の売上に限定しても、2012年で2120億ユーロ（同前）、日本円で約30兆円という大きな市場規模です。

図1のグラフが示すように、リーマンショック後に少し落ち込んだりしましたが、傾向としては右肩上がりで、ほぼ安定的に拡大を続けてきました。1997～2012年で

図1　世界のラグジュアリー製品市場の推移：安定的に拡大

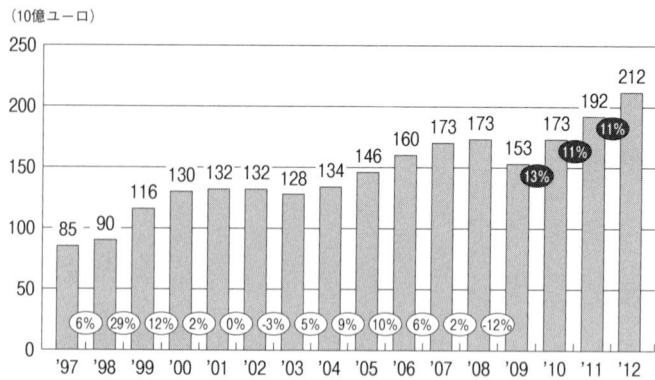

出所：Bain & Company（2013）をもとに筆者作成
（注）　本書掲載に当たり、シンポジウム講演資料掲載のデータを最新データに更新した。

2.5倍の伸び、年平均で6％というすばらしい成長を遂げています。リーマンショック後もすぐに回復しており、2010年からは3年連続で2桁の成長を続けています。ラグジュアリー市場は新たなピークに向かっているように見えます。

地域別のラグジュアリー製品の売上も、図2に示しますように、特にアジアでの売上がどんどん伸びておりますので、この先も売上増加が期待できる、有望であるということです。

あと、利益率が高いということも特徴です。図3に示しますように、LVMHモエヘネシー・ルイ ヴィトンやリシュモン［Richemont］などは、利益率が20％程度

第1章 ラグジュアリーブランディングの基礎

図2 地域別 ラグジュアリー製品の売上：売上増加期待

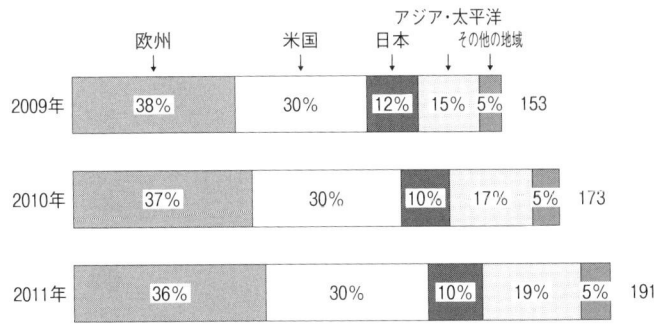

出所：長沢伸也（2012）「世界のラグジュアリー企業と業界の帝王、アルノー」、『週刊エコノミスト臨時増刊12月17日号』毎日新聞社、p.77、図2
原出所：Bain & Company（2012）をもとに筆者作成

図3 主要ラグジュアリー企業の売上高と営業利益：高い利益率

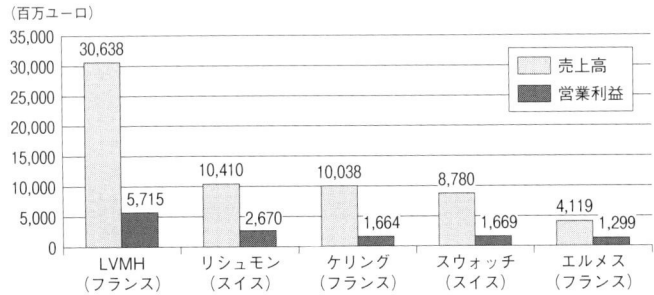

出所：筆者作成
（注）LVMH、ケリング、エルメスは2014年12月期、スウォッチは2015年1月期、リシュモンは2015年3月期。スウォッチについては、スイスフラン決算のため、当時の外為レートのCHF 1.05＝EUR 1で換算した。
本書掲載に当たり、シンポジウム講演資料のデータを最新データに更新した。

13

と高い水準であるといえます。

ラグジュアリー企業の特徴

●●●●●●●●●●●●●●●●

　図4はSMBC日興証券が昨年（2013年）にラグジュアリーファンドを立ち上げたときの販売用資料です。実は、私が頼まれまして、露払いのように、ラグジュアリー企業というのはこんなに魅力がありますよということをいって、その後ファンドマネジャーがこちらに投資してくださいという、ご紹介をやりました。私自身は貧乏学者なので、このファンドが有望であることは確信しても、指をくわえるばかりで投資できなかったのが無念です（笑）。

　パンフレット自体がきれいでラグジュアリーなだけでなく、ラグジュアリー企業の特徴を的確に捉えているので、眺めながら補足説明したいと思います。

　この「日興エドモン・ドゥ・ロスチャイルド［Edmond de Rothschild］・ラグジュアリーファンド」は、「主として、欧州のラグジュアリー株式に投資することにより、信託財産

第1章 ラグジュアリーブランディングの基礎

図4 日興エドモン・ドゥ・ロスチャイルド・ラグジュアリーファンド

出所：SMBC日興証券（2013）「日興エドモン・ドゥ・ロスチャイルド・ラグジュアリーファンド販売用資料」、SMBC日興証券、表紙

　「の成長を目指して運用を行います」というのがファンドの特徴です。人々が憧れる最高級の商品やサービス。近年、ラグジュアリー市場は非常に活況であり、世界で売上が伸びていますと、こういうわけです。

　昨年発売のファンドですので、その前年（2012年）の記事になりますが、ラグジュアリー市場は非常に活況であることが表1のように例示されています。

　今年（2014年）は、中国経済が減速気味ですし、特に習近平主席が発令した「倹約令」や「腐敗防止令」の影響で中国では少し状況が変わってきて前年比一桁成長になっていると思いますが、日本では底堅く好調なようです。

表1　活況を呈するラグジュアリー市場

- LVMH モエ ヘネシー・ルイ ヴィトン［LVMH Moët Hennessy. Louis Vuitton］：2012年純利益前年比＋12％
- プラダ［Prada］：アジア・太平洋地区の2012年8月から10月期売上高前年同期比＋36％
- エルメス［Hermès］：2012年純利益前年比＋25％
- PPR（現ケリング［Kering］）：2012年純利益前年比＋28％
- BMW：2012年中国新車販売台数前年比＋40％
- 中国のラグジュアリー市場規模：2012年は米国に次ぐ世界第2位に
- 日本の百貨店：2013年3月高級品売上高前年同月比＋15.6％

出所：SMBC日興証券（2013）、同前、p.2をもとに筆者作成

当ファンドは、「欧州株式市場は出遅れ感がある一方、利益成長見通しは相対的に高く、投資対象として魅力的であると考えます」。そこで、欧州株式市場に注目。欧州企業の中でも3つの魅力を有するラグジュアリー企業に投資します。3つの魅力とは、①利益率の高さ、②売上増加期待、③安定的な収益期待です。具体的に見てみましょう。

① 利益率の高さ

汎用品にはないブランド価値が付くことで、汎用品は相対的に低価格で利益が小さいのに対して、高級品（ラグジュアリーグッズ）は相対的に高価格で利益も大きくなります。したがって、高級品の利益率は

第1章 ラグジュアリーブランディングの基礎

図5　株式市場の利益率比較

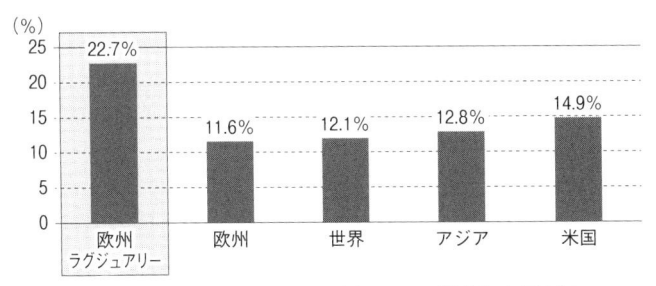

	欧州ラグジュアリー	欧州	世界	アジア	米国
(%)	22.7%	11.6%	12.1%	12.8%	14.9%

(注) 1. データは2012年12月末時点。利益率はROE（株主資本利益率）。
　　 2. 欧州ラグジュアリーは当ファンドが組入れを予定している外国投信の投信対象ユニバースのROEを時価総額で加重平均して算出。欧州はMSCI Europe、世界はMSCI AC World、MSCI EM Asia、米国はMSCI USAを使用。

出所：SMBC日興証券（2013）、同前、p.4.
原出所：バンク・プリヴェ・エドモン・ドゥ・ロスチャイルド・ヨーロッパ、MSCI Inc.、FactSetのデータをもとに三井住友アセットマネジメント作成

相対的に高い傾向にあります。

株式市場の利益率を比較したのが図5です。2012年12月末時点のROE（株主資本利益率）で欧州11.6％（MSCI Europeを使用）、世界12.1％（MSCI AC Worldを使用）、アジア12.8％（MSCI EM Asiaを使用）、米国14.9％（MSCI USAを使用）であるのに対して、欧州ラグジュアリーは22.7％（当ファンドが組入れを予定している外国投信の投信対象ユニバースのROEを時価総額で加重平均して算出）と極めて高いものになっています。

また、そのブランド価値の確立には時間がかかるため、汎用品にありがちな価格競争に巻き込まれにくく、高い利益率を維持

17

することが期待されます。ブランド価値には、目に見えない感性的な価値と目に見える実質的な価値から成ります。

目に見えない感性的な価値としては、王侯貴族やセレブが使用してきたことから憧れや豊かさの象徴となっていることです。つまり、歴史と伝統、ブランドネームから容易に想像できるイメージなどです。

目に見える実質的な価値としては、品質がよく、長く使用可能であることです。つまり、職人による手作り、リペア（修理）サービスの充実、リユース（換金）可能で資産価値があり廃棄されにくいなどです。

② **売上増加期待**

購入したい高級ブランドランキングは、1位ルイ・ヴィトン、2位エルメス、3位ブルガリ [Bulgari]、4位カルティエ [Caltier] となっているそうです（中小企業基盤整備機構によるデータ）。良いものを身に着けたい、高級車に乗りたい、高級ワインが飲みたいという、人々が憧れる夢。その夢を実現できる人々は確実に増えます。

図6に示しますように、高級品の主要顧客と考えられる世界の高所得層は、2020年には16.2億人まで増加すると予想されています。高所得層の増加は、今後ラグジュアリー

第1章 ラグジュアリーブランディングの基礎

図6　世界の高所得層の推移

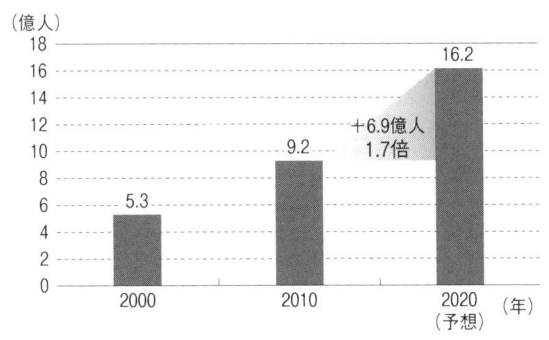

(億人)
- 2000年: 5.3
- 2010年: 9.2
- 2020年(予想): 16.2
- ＋6.9億人 1.7倍

(注) ここでは高所得層を「年間の可処分所得が35,000米ドル（約330万円、2013年3月末の為替、1米ドル＝94.22円で換算）を超える世帯の人口」としている。
出所：SMBC日興証券（2013）、同前、p.5
原出所：Euromonitor Internationalのデータをもとに三井住友アセットマネジメント作成

　市場の拡大に寄与すると期待されます。

　そして、ラグジュアリー市場の売上は、2010年の1730億ユーロから2025年には3850億ユーロ超と2倍超になると予想されています（Altagammaによる予想）。また、中国の海外旅行者は2012年の8318万人から2020年には2.5億人になると予想されています（中国旅遊研究院による予想）。

　高所得層の増加が著しい中国を一例として見ると、高級品が多い宝飾品や時計、革製品の輸入額は、すでにここ数年大幅な伸びを示しています。将来の高所得層の増加見通しや、ここ数年の中国の消費動向例等から、ラグジュアリー企業の売上増加が期

19

待されます。

③ 安定的な収益期待

欧州のラグジュアリー企業の代表格であるLVMHモエ ヘネシー・ルイ ヴィトンは、図7(a)に示しますように、リーマンショック後の不況下においても、その売上高は大きく落ち込むことなく、安定的に拡大を続けてきました。

これは、図7(b)に示しましたように、ブランド力に加え、特定の地域に偏らない「地域間ポートフォリオ」と呼ばれる世界各地での展開や、図7(c)に示しましたように、特定の製品に偏らない「事業間ポートフォリオ」と呼ばれる5つの事業（ビジネスグループ）の組み合わせが奏功していると考えられます。これらについては後ほど解説します。

日本では、価格競争の激化等から値下げを余儀なくされる企業が多く存在しています。

一方、ラグジュアリー企業は参入障壁が高く、コスト上昇を価格に転嫁しやすく、今後も安定的な収益が期待されます。

また、欧州ラグジュアリー株式のパフォーマンスは、欧州株式市場全体を大幅にアウトパフォームしています。つまり利益を上げていますよ、パフォーマンスは特にいいですよ、ということです。

第1章　ラグジュアリーブランディングの基礎

図7　LVMHモエ ヘネシー・ルイ ヴィトンの売上高推移と売上の地域別構成比率

(a) 売上高推移

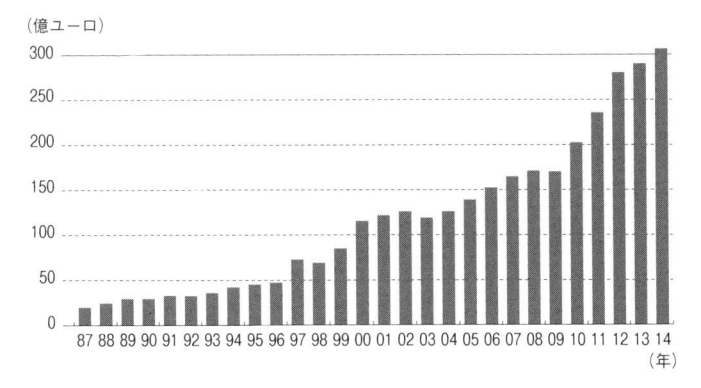

(億ユーロ)

[棒グラフ：1987年から2014年までの売上高推移。1987年の約20億ユーロから2014年の約300億ユーロまで増加傾向]

(b) 売上の地域別構成比率

- 欧州（除くフランス）19%
- フランス 10%
- 米国 24%
- 日本 7%
- アジア（除く日本）29%
- その他 11%

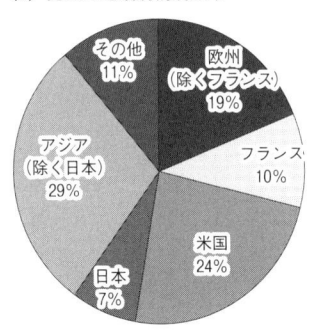

(c) ビジネスグループ別構成比率

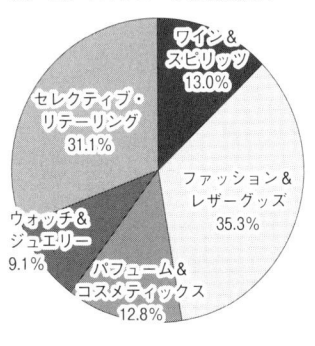

- ワイン&スピリッツ 13.0%
- ファッション&レザーグッズ 35.3%
- パフューム&コスメティックス 12.8%
- ウォッチ&ジュエリー 9.1%
- セレクティブ・リテーリング 31.1%

(注) 1. その他事業活動 [other activities] および減殺分 [eliminations] の▲1.3%があるため、合計は100%にならない。
　　 2. 本書掲載に当たり、シンポジウム講演資料のデータを最新データに更新した。
出所：LVMH Moët Hennessy. Louis Vuitton Annual Reports 1987-2014をもとに筆者作成

投資先は、たとえばLVMHモエ ヘネシー・ルイ ヴィトン。ルイ・ヴィトンやディオール [Dior] の持ち株会社です。こういう会社に投資しますよ。あるいはフィナンシエール・リシュモン [Compagnie financière Richemont]。カルティエほか、時計メーカーのジャガー・ルクルト [Jaeger-LeCoultre] とかIWC、あるいは筆記具のモンブラン [Montblanc] なんかも傘下に持っている持ち株会社であるリシュモンなどに投資しますよと、こういうPRでございます。

だから、ぜひこのファンドに投資しましょうとSMBC日興証券が勧誘しております。

私が、ではありません。念のため（笑）。

このようなファンドができて注目されているくらい、世界のラグジュアリー市場は活況を呈している、ということをここで申し上げたいのです。特に、ラグジュアリー市場やラグジュアリー企業の特徴がわかりやすいと思いましたので、ご紹介しました。

主なラグジュアリー企業・ブランド

今ちょっといいましたが、このLVMHモエ ヘネシー・ルイ ヴィトンという長い名前の会社は、日本円で3兆円以上の売上を持っているコングロマリット（複合企業体）です。先ほど図7(c)にお示ししましたように、大きく5つの事業（ビジネスグループ）から成ります。そして、**資料6(a)**に示しますように、ルイ・ヴィトン、ロエベ [Loewe]、セリーヌ [Céline]、ジバンシィ [Givenchy]、フェンディ [Fendi]、このファッション&レザーグッズの部門（セクター）だけでも、有名なブランドをいっぱい持っています。さらに、モエ・エ・シャンドン [Moët & Chandon] やドン・ペリニヨン [Dom Pérignon]、ヴーヴ・クリコ [Veuve Clicquot] などのワイン&スピリッツ部門。あとウォッチ&ジュエリー部門は、ブルガリ、タグ・ホイヤー [Tag Heueur]、ゼニス [Zenith]、ウブロ [Hublot]、ショーメ [Chaumet] を持っていますし、パフューム&コスメティクスはゲラン [Guerlain]、パルファン・クリスチャン・ディオール [Parfum Christian Dior]、パルファム ジバンシィ [Parfum Givenchy] などなど。セレクティブ・リテーリング部門では、世界最古の百貨店、

23

資料6 主なラグジュアリーコングロマリット（複合企業体）傘下の企業・ブランド一覧

(a) LVMH モエ ヘネシー・ルイ ヴィトン

LVMH モエ ヘネシー・ルイ ヴィトン	
ワイン＆スピリッツ	モエ・エ・シャンドン、ドン ペリニヨン、ヘネシー、ヴーヴ・クリコ、クリュッグ、メルシエ、ルイナール、シャトー・ディケム、ベルヴェデール、グレンモーレンジィ、シャンドン、クラウディー・ベイ、ニュートン
ファッション＆レザーグッズ	ルイ・ヴィトン、ロエベ、セリーヌ、ジバンシィ、クリスチャン ディオール、フェンディ、ベルルッティ、ケンゾー、ダナ・キャラン、マーク・ジェイコブス、エミリオ・プッチ、イードゥン
パフューム＆コスメティックス	ゲラン、パルファン・クリスチャン・ディオール、パルファム ジバンシィ、ケンゾー パルファム、メイクアップフォーエバー、フレッシュ、ベネフィット
ウォッチ＆ジュエリー	ブルガリ、タグ・ホイヤー、ゼニス、ウブロ、ショーメ、クリスチャン ディオール ウォッチ、デビアス、フレッド、クリスチャン ディオール ジュエリー
セレクティブ・リテーリング等	ル・ボン・マルシェ、サマリテーヌ、DFS、マイアミ・クルーズライン・サービス、セフォラ

(b) ケリング（前 PPR）

ケリング（前 PPR）	
ファッション＆レザーグッズ	グッチ、イヴ・サンローラン、ブリオーニ、ボッテガ・ヴェネタ、アレキサンダー・マックイーン、ステラ・マッカートニー、セルジオ・ロッシ、クリストファー・ケイン、バレンシアガ
ウォッチ＆ジュエリー	ブシュロン、ジラール・ペルゴ、ジャンリシャール、キーリン、ポメラート
スポーツ＆スタイリッシュライフ	プーマ、コブラ、エレクトリック、トレトン、ボルコム

(c) リシュモン

リシュモン	
ファッション＆レザーグッズ	アルフレッド・ダンヒル、ランセル、クロエ、シャンハイ・タン、アズディン・アライア、ピーター・ミラー、ネッタ・ポルテ、ジェームズ・パーディー
ウォッチ＆ジュエリー	カルティエ、ヴァンクリーフ＆アーペル、ピアジェ、ヴァシュロン・コンスタンタン、ジャガー・ルクルト、IWC、オフィチーネ パネライ、A. ランゲ＆ゾーネ、ボーム＆メルシエ、ロジェ・デュブイ、ラルフ ローレン・ウォッチ＆ジュエリー
筆記具	モンブラン

出所：長沢伸也（2014）、同前、pp.9-10

原出所：長沢伸也（2013）「ラグジュアリービジネスの世界は今」、『SMBC 日興証券5月講演セミナー 講演資料』、SMBC 日興証券を一部修正

ル・ボン・マルシェ [Le Bon Marché] 百貨店とか今改修中のラ・サマリテーヌ [La Samaritaine]、あるいは世界各地にあるデューティーフリーショッパーズ [Duty Free Shoppers] も、ここが持っているという巨大企業です。

いろいろなブランドをどうしていっぱい持つのだ？　というのは素朴な疑問でしょう。まず、ブランドビジネスという点では経営に共通する部分がありますので、複数のブランドを傘下に持てば経営資源を結びつけることによって生ずる相乗効果、つまりシナジー効果が見込めます。その上、一つの事業に属する複数のブランドを傘下に持つ、あるいは異なる事業に属するブランドを傘下に持てば両賭(か)け、つまりヘッジになります。

ファッションはシーズンごとやコレクションの出来不出来や当たり外れが大きく、今シーズンはこのブランドが素敵だといってウエアを2着も3着も買ったりしますし、その反対ですとソッポを向いて1着も買わなかったりします。リシュモン傘下のクロエ [Chloé] というブランドでは、かつて「パディントン・バッグ [Paddington Bag]」が大当りした年は、前年比売上が5倍だか10倍になったという話です。ファッションブランドが1ブランドだけですと当たり外れの波が大きいですが、ブランドが複数あれば、今シー

ズンはこっちのブランドは不調だけれどそっちのブランドは好調ということで会社全体としてリスク防御できます。これは、普通にいわれる「（同一事業内の）ブランドポートフォリオ」ということになります。

また、当たり外れの波が大きいファッションビジネスに対して、お酒は手堅いビジネスです。なにせ「禁酒法」などという法律で禁止しようとしても飲みたい人は闇市場から買ってでも飲むくらいです。大きくは落ち込まない替わりに、突然2倍、3倍も飲むということもないという手堅いビジネスです。したがって、両者を組み合わせるメリットは大きいのです。先ほど図7(c)で言葉だけ申し上げましたが、これが異なる事業を組み合わせる「事業間ポートフォリオ」です（拙著『ブランド帝国の素顔 LVMHモエ ヘネシー・ルイ ヴィトン』より）。

そして、お酒とファッションは「ラグジュアリー」という一点でつながっています。つまり、良いものを身に着けたい、高級ワインや高級シャンパンが飲みたいという、人々が憧れる夢を届けるビジネスなり企業なのです。

私どものWBSラグジュアリーブランディング系モジュールは、冒頭に申し上げましたように、2012年度から2014年度の3年間、LVMHモエ ヘネシー・ルイ ヴィト

26

第1章 ラグジュアリーブランディングの基礎

ン寄附講座として同社にスポンサーになっていただきました。このため、つい説明に力が入ってしまいました。

あるいは、前はPPRといっていましたが、つい最近（2013年6月）、ケリンググループと名前を変えたグループは、グッチ［Gucci］を中心に、イヴ・サンローラン［Yves Saint Laurent］、ブリオーニ［Brioni］、ボッテガ・ヴェネタ［Bottega Veneta］、アレキサンダー・マックイーン［Alexander McQueen］、ステラ・マッカートニー［Stella McCartney］という、非常にファッションに強い持ち株会社です。

あるいは、さっき出ましたが、リシュモングループ。ファッションブランドのダンヒル［Alfred Dunhill］、ランセル［Lancel］、クロエも持っていますが、やはりカルティエ、IWC、ヴァシュロン・コンスタンタン［Vacheron Constantin］、ランゲ＆ゾーネ［Lange & Söhne］など、ウォッチ＆ジュエリーに特色のあるグループです。

ブランドランキングに見るラグジュアリーブランド

各ブランドは有名でも、ラグジュアリー以外のマスブランドに比べれば大したことはなく、ブランドとはいっても特殊なブランドだとしてマーケティングやブランドの先生は無視されるのですが、そうでもありません。

たとえばインターブランド [Interbrand] 社の Best Global Brands というブランドランキングがありまして、2014年版ですと、やはり1位アップル、2位グーグル、3位コカ・コーラ、4位IBMというふうに、マーケティングやブランドの先生がいうところのお馴染みのブランドが並んでおります。ちなみに、この後にご登壇いただくトヨタも、堂々の8位に入っています。しかしながら、ここからラグジュアリーを抜粋しますと、**表3(a)** に示しますように、19位ルイ・ヴィトンをはじめ、41位グッチ、46位エルメス、……といたうように、100位以内にラグジュアリー企業がいっぱい、10社も入っているのです。残念ながら、日本企業は100位以内に10社も入っていません。

有名なブランドランキングはもう一つあります。ミルウォード・ブラウン [Millward

第1章 ラグジュアリーブランディングの基礎

表3 ブランドランキングに見るラグジュアリー企業

(a) Interbrand 社 Best Global Brands 2014

順位	ブランド	ブランド価値（$m）	前年順位
19	Louis Vuitton	22,552	17
41	Gucci	10,385	38
46	Hermès Paris	8,977	54
58	Cartier	7,449	60
60	Porsche	7,171	64
70	Prada	5,977	72
71	Tiffany & Co.	5,936	75
73	Burberry	5,594	77
83	Ralph Lauren	4,979	88
97	Hugo Boss	4,143	New

出所：Interbrand 社 Best Global Brands 2014より筆者抜粋
(注) 本書掲載に当たり、シンポジウム講演資料のデータを最新データに更新した。

(b) Millward Brown 社 BrandZ® Top10 Luxury 2014

順位	ブランド	ブランド価値（$m）	同前年比
1	Louis Vuitton	25,873	14%
2	Hermès	21,844	14%
3	Gucci	16,131	27%
4	Prada	9,985	6%
5	Rolex	9,083	14%
6	Cartier	8,941	40%
7	Chanel	7,810	10%
8	Burberry	5,940	42%
9	Coach	3,129	-4%
10	Fendi	3,023	-17%

出所：Millward Brown 社 BrandZ® Top 10 Luxury 2014.

Brown]社のBrandZ®です。算定方式と発表時期が違いますので、インターブランド社のブランドランキングBest Global Brandsとは順位や算定されるブランド価値評価額は一致しませんが、こちらではトップがグーグルで、以下、アップル、IBM、マイクロソフトという順になっております。トヨタはインターブランド社のブランドランキングでは8位でしたが、こちらでは26位になっています。先ほどのインターブランド社のブランドランキングからブランドを抜粋するという作業をいたしましたが、BrandZでは、わざわざラグジュアリーブランドのランキング"Top 10 Luxury"というのを提供してくれています。そこでは、表3(b)に示しますように、ルイ・ヴィトン、エルメス、グッチ、……という順に並んでいます。また、ルイ・ヴィトンは、全体では30位になっています。

インターブランド社のブランドランキングからの抜粋版とミルウォード・ブラウン社のラグジュアリーブランドのランキングでは、多少順位やブランドは変わりますが、このようにラグジュアリーブランドがずらりと並んでいます。したがって、ブランドランキングの上位になっていることからもわかるように、ラグジュアリーブランドは決してマイナーでも特殊でもなく、マーケティングやブランドの先生が除外するのは納得がいきません。

企業業績とブランド価値の関係
——ラグジュアリーブランディング研究の背景

今日はトヨタさんからレクサスのブランド部長にご登場いただきますので、トヨタとルイ・ヴィトンを比較したいと思います。インターブランド社のブランドランキング Best Global Brands ではトヨタは8位、ルイ・ヴィトンは19位でしたが、ミルウォード・ブラウン社のブランドランキング BrandZ ではトヨタは26位、ルイ・ヴィトンは30位と順位が近いので、説明するのに好都合な後者の数字を用いたいと思います。

資料7は、ミルウォード・ブラウン社のブランドランキング BrandZ によるトヨタとルイ・ヴィトンのそれぞれの順位とブランド価値に、私が調べた売上高を書き添えたものです。2014年発表のブランドランキングは前年の2013年度の売上高などに基づいて算出されますので、売上高は2013年度のものです。

そうすると、ミルウォード・ブラウン社のブランドランキング BrandZ でいうと、26位トヨタ、ブランド価値3.0兆円とありますが、30位ルイ・ヴィトン、同2.6兆円と肉薄

資料7　ブランド価値と企業業績　トヨタ vs ルイ・ヴィトン

順位	ブランド	ブランド価値	売上高
26位	トヨタ	3.0兆円	25.7兆円
30位	ルイ・ヴィトン	2.6兆円	1.23兆円（推計）

出所：長沢伸也（2014）、同前、p.15
原出所：Millward Brown 社 BrandZ® を基に筆者作成。＄1＝¥100として計算
（注）　本書掲載に当たり、シンポジウム講演資料のデータを最新データに更新した。

しています。ブランド価値は、3・0兆円と2・6兆円ですから、1割ちょっと、せいぜい15％しか違わないわけです。ところが売上高は、トヨタの25・7兆円に対して、ルイ・ヴィトンは1・23兆円（推計）ですから、21倍と21分の1と、大きく違っています。それにもかかわらず、ブランド価値はかなり肉薄しています。これは何なのでしょうね。だから、売上高がブランド価値に必ずしも直結していないということです。トヨタと同じ自動車のブランドでも、ポルシェ［Porsche］やフェラーリ［Ferrari］のように売上高や販売台数ではトヨタにはるかに及ばないブランドがブランドランキングの上位に顔を出しています。企

第1章　ラグジュアリーブランディングの基礎

業やブランドとして、売上高や販売台数のような「量」よりも、ラグジュアリーブランドのようなブランドイメージ、存在感や存在理由のような「質」が問われているのではないでしょうか。これは、日本企業が苦手とするところでもあります。

なお、資料7で、トヨタの2013年度の売上高25・7兆円は経済紙にも載っていますのですぐわかりますが、ルイ・ヴィトンの売上高はどこにも載っていませんので推計値です。これはどうやって推計するかというと、結構難しいのです。

持ち株会社であるLVMHモエヘネシー・ルイヴィトンは上場会社ですので、2013年の売上高が290・16億ユーロであることはファイナンシャルレポートに載っています。1ユーロ＝140円程度とすると、日本円で4・06兆円になります。しかし、これは前に述べましたように5つのビジネスグループ全体、60あまりの傘下のブランドの売上高の合計になり、ルイ・ヴィトンという単一ブランドの売上高ではありません。ファイナンシャルレポートには、傘下のブランド個別の売上高や売上比率は載っていません。ブランド個別の売上高や利益というのは、夢や憧れには相応しくない、ということなのでしょう。このように数字を隠すことができるのが持ち株会社のメリットの一つだと授業では教えています。

それはともかく、60あまりの傘下のブランドの売上高の合計であるなら、ルイ・ヴィトン単一ブランドの売上高は全体の60分の1かというと、そうではありません。実は、ルイ・ヴィトンで単一ブランドで売上高の3割、利益の半分程度を稼いでいるといわれています。LVMHモエ ヘネシー・ルイ ヴィトンは、ルイ・ヴィトン単一ブランドが中核になっているのです。LVMHモエ ヘネシー・ルイ ヴィトン全体の売上高が4・06兆円、その3割がルイ・ヴィトン単一ブランドの売上高であると仮定しますと、1・22兆円と計算されます。

これとは別の推計方法もあります。ルイ・ヴィトンのジャパン社であるルイ・ヴィトンジャパン社の売上高も非公表ですが、矢野経済研究所が1229億円と推計しています。LVMHモエ ヘネシー・ルイ ヴィトン全体の売上高に日本が占める割合は7％であるとファイナンシャルレポートに載っています。しかし、日本人は世界的にも有名な「ルイ・ヴィトン好き」ですので、ルイ・ヴィトン単一ブランドの売上高に日本が占める割合は、もう少し高いのではないかと思われますので、10％であると仮定します。そうすると、ルイ・ヴィトンのグローバルでの売上高は1・229兆円と計算されます。

ルイ・ヴィトン単一ブランドの売上高は、LVMHモエ ヘネシー・ルイ ヴィトン全体

の売上高から推計すると1・22兆円、ルイ・ヴィトン ジャパン社の売上高から推計すると1・23兆円となって、非常に似通った数字になります。正確ではないにしても妥当な数字と思われますので、資料7では後者の1・23兆円を用いました。

あるいは、機能的価値とブランド価値の関係を個人として考えてみます。たとえばルイ・ヴィトンのバッグは20万でも30万でも欲しい。だけど、聞いたこともないブランドの似たような鞄が1万円で売っていても、買う気がしないなということはよくあることです。しかし、鞄というのは物を運ぶ道具ですから、機能と便益という機能的価値である「物を運ぶ」という意味では500円か1000円のトートバッグでも用が足りるわけです。だけど、500円、1000円の鞄じゃ駄目、1万円の鞄じゃ駄目。物を運ぶだけ以外の効用があるから、20万でも30万でも欲しいと、こうなるわけです。これは何なのでしょうね。機能的価値だけでなく、このような感性的価値や、感性的価値のある感性商品を創ることが問われているのではないでしょうか。これも、日本企業が苦手とするところでもあります。この感性的価値や感性品質を私は30年間研究しています。

ルイ・ヴィトンなどのラグジュアリーブランドのように、消費者の心の中に確固たるポジションを確立することは、高い収益性やブランド価値の確保につながります。これは、

ラグジュアリーブランドのマネジメント手法を活用し、ブランドを確立させることが、収益性やブランド価値の向上を促しうることを示唆しています。また、収益性の低い国内の製造業やものづくり企業にとっても、このことは参考となるはずです。

これらがラグジュアリーブランディング研究の背景です。さしあたって、欧州のラグジュアリーブランドにお手本があるから、ベンチマークして、日本の企業や商品に応用しようというのが大きな目標です。

問題なのは何をつくるか

わが国の製造業やものづくり企業の話になってきたので、ここからちょっとMOT（技術経営）の講義みたいになります。

私はビジネススクールで教鞭を執っていますので、ビジネススクールっぽく、「日本のものづくりを牛丼のキャッチコピーに喩えよう！」などと叫んで、「うまい、安い、早い、が神髄だ！」と、**資料8**のように授業しております。QCDというのは、クオリティー、

第1章 ラグジュアリーブランディングの基礎

資料8 問題なのは何をつくるか

日本企業は QCD に強み。牛丼のコピーでいえば：
1.「うまい」 全社的品質管理 TQC を生み出し対応
2.「安い」 原価企画（手法は VE）を生み出し対応
3.「早い」 トヨタ生産方式を生み出し対応
これら管理技術は、いずれも事実上日本生まれ＝日本企業の強み
次の新製品に移るまで、長期間大量に生産し QCD を「KAIZEN（カイゼン）」した
しかし、1990年代に新製品のライフサイクルが劇的に短縮した
→得意の「KAIZEN」効果が出る前に次の製品に何をつくるかが問題に
　＝ゲームのルールが変化

出所：長沢伸也（2014）、同前、p.17
原出所：長沢伸也・川栄聡史共著（2003）『キリン「生茶」・明治製菓「フラン」の商品戦略――大ヒット商品誕生までのこだわり』日本出版サービス、「あとがき」をもとに著者作成

　コスト、デリバリーのことです。英語の頭文字を採ってQCDと申します。

　たとえばQ、クオリティー。品質です。牛丼でいうと、「うまい」です。全社的品質管理、TQCというのは、本来アメリカ人統計学者のデミング博士により日本に統計的品質管理として紹介されたのですが、日本的品質管理として独自の発展を遂げましたので、事実上日本生まれです。あるいはC、コストに関しては原価企画です。英語ではtarget costingと申しますが、これはトヨタ自動車で生まれて世界に広がった手法です。これも分析に用いるVE（価値分析）というのは、アメリカのGEの購買部長であったマイルズ部長が考案した手法

ではありますが、原価企画として日本で体系化されました。あと、D、デリバリー。納期です。必ずしも納期を縮める効果だけでなく在庫や手待ちをなくす管理技法なのですが、早いに相当するジャスト・イン・タイム生産方式ないしはトヨタ生産方式を大野耐一副社長が生み出してものづくりを行ったわけです。QCDに対処するための日本的品質管理、原価企画、トヨタ生産方式というこれらの管理技術はいずれも事実上日本生まれでしたから、日本企業のものづくりは強かったのです。

そして、次の新製品に移るまで長期間、大量に生産して、クオリティーとコストとデリバリーをKAIZEN（カイゼン、改善）、KAIZEN、またKAIZENとやっていたから、日本製品は強かったのです。しかしながら、90年代から新製品のライフサイクルが劇的に縮まります。もともと長かった化学製品も半分に、もともと短かった半導体なんかはさらにその半分に縮まって短くなってしまいました。そうすると、KAIZEN、KAIZEN、またKAIZENなどとやって、得意の「KAIZEN」効果が出る前に、もう次の新製品に移っちゃうわけです。そうすると、「どのようにつくるか」よりも「何をつくるか」が問題になります。ビジネススクール的に申しますと、「ゲームのルールが変化した」ということになるわけです。ところが日本企業はこれに気がつかないわけです。

第1章 ラグジュアリーブランディングの基礎

資料9　日本企業の新商品開発マネジメントの現状

短いライフサイクルに対応
　①とにかく次々に新製品を出し続ける　→　利益なき繁忙
　②売れ筋に素早く対応　→　SCM（サプライチェーンマネジメント）
　③確実にヒットさせる　→　新商品開発マネジメント［狭義］
ライフサイクルを延ばす工夫
　④1人の顧客に沢山買ってもらう　→　CRM（関係性マネジメント）
　⑤他社に真似されない技術で差別化　→　研究開発マネジメント
　⑥他社に真似されないよう特許で阻止　→　特許・知財マネジメント
　⑦デザインなどの感性品質で差別化　→　デザインマネジメント
　⑧ブランドイメージを高めて差別化　→　ブランドマネジメント

出所：長沢伸也（2014）、同前、p.18
原出所：長沢伸也・川栄聡史共著（2003）、同前、「あとがき」をもとに著者作成

そこで、どうするか。企業の打ち手としては、**資料9**のようになります。

とにかくライフサイクルが短くなったんだから、短くなったなりに対応しなければなりません。そこで資料9の①です。つまり、次々に新製品を出し続ける。利益なき繁忙ですね。これは日本の製造業の多くが嵌まっているわけです。他の打ち手としては、売れないなりに売れ筋というのはありますから、それを素早くキャッチしてくって売り切っちゃえという手があります。これは②SCM、サプライチェーンマネジメントです。あるいは確実にヒットさせるということも考えられます。③の新商品開発マネジメント［狭義］です。

一方で、ライフサイクルを延ばす工夫も大事ですね。1人のお客さんにたくさん買ってもらおう。④のCRM、関係性マネジメントですね。あるいは、他社に真似されない技術で差別化しよう。特許、知財で差別化しよう。⑥の特許・知財マネジメントです。あるいは、デザインなどの感性品質で差別化しよう。⑦のデザインマネジメントですね。さらにはブランドイメージを高めて差別化しよう。⑧のブランドマネジメントです。

この①以外のメニューは、ビジネススクールで全部教えていることであります。そのうち、③新商品開発マネジメント［狭義］、⑦デザインマネジメント、および、⑧ブランドマネジメントが私の担当科目ということになっております。

先ほどはコスト競争から抜け出るにはラグジュアリーを目指しましょうと申し上げたわけですが、新商品開発マネジメントの観点からも、ブランドイメージを高めて差別化するブランドマネジメントは打ち手として有力ですね、そのお手本なのですからラグジュアリーを目指しましょうと申し上げたいわけです。

第1章　ラグジュアリーブランディングの基礎

日本企業・製造業の嘆き（クエスチョン）とソリューション

●●●●●●●●●●●●●●●●●●

結論を先にいいますと、日本の製造業は、ラグジュアリー戦略を適用しましょう、もっといえばラグジュアリーブランドを目指しましょう。そして、外貨を獲得しましょう。もっと儲けしましょう。これらが私のメッセージであります。

社長さんがたにお目に掛かると、資料10に示したようなことをよく尋ねられます。

たとえば、①「わが社の製品は品質が良くて価格も安いのに売れない。先生、商品開発論が担当だったらなぜか教えてくれ」といわれるんですが、それは価格競争に陥っていたり、低付加価値、低ロイヤルティー、横並びになっていたりしているということですから、もっと高価格化、高付加価値化、高ロイヤルティー化、独自性、創造性を発揮すればいいのにと私は思います。

②「何をつくればヒットするのか、わからない。先生、教えてくれたら何でもつくってみせる」と豪語されると、その生産力はすごいけれど、何をつくっていいかわからないというのはあまりにも情けないなと思います。「マーケット・イン（お客様は神様です）」の

41

資料10　日本企業・製造業の嘆き（クエスチョン）とソリューション

① 「わが社の製品は品質が良くて価格も安いのに売れない」
　価格競争、低付加価値、低ロイヤルティ、横並び→高価格化、高付加価値化、高ロイヤルティ化、独自性・創造性・想像性
② 「何をつくればヒットするのか、顧客が喜ぶのかわからない」
　マーケットイン→自社の強み・こだわりを生かすプロダクトアウト
③ 「生産工場を中国に移転したが、内陸部やミャンマーに再移転」
　生産の海外流出・空洞化 → 日本を基点に日本から世界に発信
④ 「激化する競争を勝ち残れるか？　その方法は？」
　機能・便益志向→感性価値（経験価値、感動）志向
⑤ 「わが社もブランドなのに、ブランドランキングでは低迷している」
　低ブランド力→ブランド力向上。ブランドアイデンティティ＝らしさ
⑥ 「日本ブランド、Made in Japan, 地場・伝統産業が崩壊の危機」
　従来型マーケティング戦略・ブランド戦略→最大手を除き間違いだらけ。従来のブランド論も間違い。ラグジュアリーブランドに学べ

出所：長沢伸也（2014）、同前、p.19.

し過ぎではないでしょうか。もっと自社の強み、こだわりを生かすような良い意味での「プロダクト・アウト（殿様商売）」をすればいいというのが、私の意見です。

③「生産工場を中国沿岸部に移転したけれど、人件費が上がってきたので内陸部やミャンマーに再移転した」。それは生産の海外流出・空洞化ですし、いったいどこまで行くのでしょうか。失礼ながら、時間稼ぎや対症療法ではないでしょうか。こんなことをしていると企業が疲弊いたしますし、ブランドも疲弊いたしますなくて、日本を起点に、日本から世界に発信するのが正しいと思っています。

あるいは、④「激化する競争を勝ち残れ

第1章　ラグジュアリーブランディングの基礎

るか？　そのための方法を教えてくれ」というお尋ねに対しては、機能・便益ではなくて感性価値、専門用語では経験価値といいますが、平たくいえば感動とかを訴えましょう、と申し上げたい。

あるいは、⑤「わが社もブランドなのに、ブランドランキングでは低迷している」と。広告会社にいわれるままにイメージ広告に大枚をはたいて、ブランドランキングで1位か2位上がって、「まあ、こんなものか」という会社が多いわけですが、そもそもブランドアイデンティティは「らしさ」ですから、自身の会社の「らしさ」を磨き抜くのが先決であろうと思います。

あと、⑥「日本ブランドや Made in Japan（メイド・イン・ジャパン）、あるいは地場・伝統産業は崩壊の危機にある」とよくいわれます。日本企業で海外展開している企業は確かに多いのですが、ブランドランキングのところで述べましたように、グローバルなビッグビジネスといえる企業、もっといえば、アップルやコカ・コーラに比肩するようなグローバルカンパニーはほとんどありません。そして、従来型マーケティング戦略やブランド戦略で戦おうとするのですが、そうした従来型マーケティング戦略やブランド戦略は最大手企業、もっとはっきりいうと、世界シェアが3位以内の企業のためのものです。最大手企

◆　43

業を除いた4位以下の企業が選択するのは、間違いだと思います。P&Gの戦略を世界4位、5位のメーカーが採ったって、上手くいかない。むしろラグジュアリーブランドに学べばいいというのが、私の主張であります。

主体にとってのラグジュアリーとは？
――ラグジュアリーは心の問題

●●●●●●●●●●●●●●●●●●●

このスライドはググって見つけた画像です。出典元が怪しいのでお手元の講演資料からは省いております（本書でも掲載省略）。どこぞの部族の人間が4人映っております。この中で、誰が酋長か？ と尋ねると、皆さん、真ん中の人が酋長だと答えるわけです。どうしてかと根拠を訊くと、**資料11**に示しますように、他の人は半裸なのに真ん中の人は1人だけ色のついた服を着ているからだ、とか、1人だけ椅子に座っているから、あるいは体つきが他の3人が痩せているのに1人だけ恰幅がいいから、表情が威厳に満ちていると か、いろいろ根拠をいうわけです。

第1章　ラグジュアリーブランディングの基礎

資料11　主体にとってのラグジュアリーとは？

- 誰が酋長か？…服、着席、表情、体つき、…
- 服を着ていない南の島の原住民だと…爬虫類の首輪で誰が酋長かわかる
- 肉体も服もないミイラは誰か？…副葬品で高貴な人とわかる
- 自身を際立たせる［distinguish oneself］ものがラグジュアリー
- モノに囚われるのではない。モノに囚われる心に囚われるのだ（親鸞聖人）
- ➢モノの問題（QCD、機能・便益）だけではない
- ➢自分のためのラグジュアリー（心理的要因）
- ➢他人のためのラグジュアリー（社会的要因）
- ➢自分と他人（仲間うち）のためのラグジュアリー

出所：長沢伸也（2014）、同前、p.20

服が決め手だというならば、じゃあ、服を着ていない南の島の原住民だと、誰が酋長(おさ)や長かわからないの？ というと、私はわかると思います。1人だけトカゲや爬虫類の首輪をしていたり、他の人がしていない鼻輪をしていたりして、皆ほとんど裸で服を着ていなくても、この人が酋長だとわかると思います。あるいは、もう肉体が滅びて、生きた人間が存在していなければ、偉い人かどうかわからないの？ というと、それでも私はわかると思います。肉体も服もないミイラは誰か。残念ながら美人かどうか、美男子かどうかは、もはやわからない。けれども、一緒に添えられて埋められている埋蔵品、副葬品があります。勾(まが)

玉なんかが一緒に出土すると、このミイラが生前は高貴な身分の人だ、王族だとわかるわけです。

ということは、別に本人がいなくても、肉体がなくても、際立った人だとわかることになります。これがラグジュアリーの意義や効用の本質だと思います。自身を際立たせる、英語でいうとdistinguish oneselfという効用が、受け手である本人と周りの人にとってのラグジュアリーの意味や意義であると考えられます。つまり、本人が「俺は酋長だ」と思い、周りの人に「あの人が酋長だ」と思わせるわけです。そうすると、どうもモノだけ、トカゲの首輪だけの問題ではない。ラグジュアリーというのは、鞄や時計のことだけではないのです。心の問題です。

以前、京都の東本願寺の前を歩いていたら、親鸞聖人のありがたい言葉が並んでいました。そのうちの1つに、こうありました。「モノに囚われるのだ」。出典は『歎異抄』ではないかと思いますが、ちょっと自信がありません。「モノに囚われる」とは、もちろん物欲のことですね。「モノに囚われる心」ですから、やはり、心の問題なわけです。

そうすると、コモディティ（汎用品）では重要なモノの問題、つまりQCD（クオリ

ティー、コスト、デリバリー）や機能・便益だけではないのです。自分のためのラグジュアリー。つまり、「俺は酋長なんだ」「俺は偉いんだ」「俺は金持ちなんだ」と実感する心理的要因です。あるいは、他人のためのラグジュアリー。「あの人は偉いんだ」「あの人は金持ちなんだ」とわからせる社会的要因です。こうした心理的要因や社会的要因がラグジュアリーでは重要になります。

あと、本日皆様に差し上げたテキスト『ラグジュアリー戦略』には、自分のためのラグジュアリーと他人のためのラグジュアリーの中間として、自分と他人から成る仲間うちのラグジュアリー、つまり気の置けない仲間うちに「さすが」と認められるのが大事だなんて書いてあります。

「心の問題」と平たく申しましたが、「どういう意味を持つか」「どういう意義を感じるか」ということですから、これは大袈裟に申しますと記号論 [semiotics] ということになります。

「記号論」とは、一般に記号といわれるものの本質・在り方機能を探求する学問です。米国のパース [Charles Peirce] とスイスのソシュール [Ferdinand de Saussure] に始まるとされ、論理学・言語学・人類学・芸術などに関連します。フランス人のラグジュアリー

研究者はこの記号論が大好きで、議論を吹っ掛けられて辟易(へきえき)します。また、認識論［epistemology］、つまり認識の起源・本質・方法・限界などについて考察する哲学の一部門にも関係することになります。

哲学や認識論が出てきましたし、この次に「客体としてのラグジュアリーとは？」という見出し明しますので、それと対比させて「主体にとってのラグジュアリーとは？」を説にしました。あえて使った主体［subject］とは、一般には自覚や意志に基づいて行動したり作用を他に及ぼしたりするものです。特に哲学では作用などを他に及ぼす当のものを指しますし、認識論では主観と同義です。個人的、実践的、歴史的、社会的、身体的な自我の働きが強調される場合、この主体という言葉が用いられます。難しく感じるようでしたら、もちろん「消費者あるいは買い手にとってのラグジュアリー」と考えていただいて結構です。

客体としてのラグジュアリーとは？
――ラグジュアリーとプレミアムは違う

ラグジュアリーはモノだけの問題ではないので、主体あるいは買い手にとっての心の問題も重要だと申しました。そうすると、客体としてのラグジュアリーとは何か？　ということにもなります。客体 [object] とは、一般には主体の認識・行為などの対象となるモノです。特に哲学では意識から独立して存在する外界の事物を指しますし、認識論では客観と同義です。つまり、モノはどういうモノか、ということになります。売り手つまりブランド側が提供し、買い手つまり消費者が購入する物理的なモノです。もちろん最終的には、鞄や時計のことになるわけです。しかし、鞄であればすべての鞄がラグジュアリーか、時計であればすべての時計がラグジュアリーか、というと違いますね。ある種の要件を充たした鞄やある性質や特徴を有した時計のことになるわけです。つまり、主体あるいは買い手がラグジュアリーであると認識したり、ラグジュアリーとして身に着けたりする対象となるモノはどういうモノか、という少し抽象的なことになります。

資料12　ラグジュアリーとプレミアムは違う

**価格が高い製品・ブランドはラグジュアリー？プレミアム？
ラグジュアリーとプレミアムは同じ？**

プレミアムは比較級（比較優位）、ラグジュアリーは最上級（最高無比）
以前のレクサスはプレミアム、ポルシェやフェラーリはラグジュアリー
ラグジュアリーは「逸品」「類い稀」「プライスレス」
「高くても売れる」「高くても熱烈なファンがいる」

出所：長沢伸也（2014）、同前、p.22
原出所：J. N. カプフェレ、B. バスティアン共著、長沢伸也訳（2011）『ラグジュアリー戦略』東洋経済新報社、pp.109-179,「マーケティングの逆張りの法則」をもとに筆者作成

　抽象的なことはどうしても小難しくなります。そこで、ここからは、送り手であるブランド側にとって何がラグジュアリーかを、ラグジュアリーとプレミアムは違うというお話を通して説明いたします。

　資料12に示しますように、価格が高い製品やブランドは気分によってラグジュアリーブランドとかプレミアムブランドといったりすることが多いようです。ということは、突き詰めると両者は同じ？ みたいな議論が多いようですが、両者は違います。

　プレミアムは比較級、すなわち比較優位です。英語でいうとコンパラティブ [comparative]という英語を使います。中学校

50

第1章　ラグジュアリーブランディングの基礎

の時に英語の文法を習うと、形容詞の変化で high, higher, highest という、原級に対して比較級、最上級がありましたが、その比較級です。大変失礼ですが、ちょっと以前のレクサスは、常にメルセデス [Mercedes] よりも良い性能でメルセデスよりもお買い得みたいな売り方をしておりました。あくまでもメルセデスと比較してどうか、ですから、それをやっている限りは比較級ですのでプレミアムです。

しかしながらラグジュアリーは比較級ではなく、最上級です。英語でいうとスパーラティブ [superlative] という英語を使います。ポルシェが好きな人は、フェラーリよりも最高時速が5キロ速いから、あるいは、価格がフェラーリよりもこれだけ高いから・安いからポルシェがいいということはいいません。天才フェルディナント・ポルシェ [Ferdinand Porsche] 博士が心血を注いで開発したポルシェ911が欲しい！　あるいは創業者エンツォ・フェラーリ [Enzo Ferrari] が熱い想いを込めて真っ赤に塗った赤いフェラーリが欲しい！　ということになり、比較級には全然ならないわけです。他のクルマでは駄目！　ということになり、比較級には全然ならないわけです。ラグジュアリーは最上級なのです。

英語の superlative は辞書を引きますと、もちろん文法用語としては最上級ですが、「最高の」「無比の」という日本語訳がついております。ラグジュアリーは「最高無比」だと、

51

私が翻訳した『ラグジュアリー戦略』で著者のジャン＝ノエル・カプフェレ [Jean-Noël Kapferer] 教授とヴァンサン・バスティアン [Vincent Bastien] 教授はいっております。同書では、比較級と対になっている場合は「最上級」、そうでない場合は「最高無比」と訳し分けております。本日、皆様に差し上げましたが、500頁を超える大作ですので、じっくりお読みください。

ラグジュアリーは「最上級」「最高無比」でご理解いただければよいのですが、必ずしもご理解いただけない場合、私は次のように補足いたします。

「無比」はもちろん、比べるものがありません。この英語は、「匹敵するものがない」「及ぶものがない」、要するに、「似たようなものがない」という感じです。ラグジュアリーは、他に似たようなものや比べるものがあってはいけないのです。日本語としては、「極上（の）」がニュアンスとして近いと思います。ラグジュアリー製品は「極上の品」です。これは英語ですと、item of the highest quality となって、先ほどの high の最上級である highest がちゃんと使われます。あるいは、「逸品」という表現は古いでしょうか。英語ですと、レアリティ [rarity] ですが、この単語は「稀少性」という意味もあります。ラグジュアリー

第1章　ラグジュアリーブランディングの基礎

は「類い稀」なのです。ダイヤモンドのように天然由来で稀少なものや、期間限定や○○店限定、○○個限定のように人為的に稀少なものを含めて、稀少性をどのようにマネジメントしていくかはラグジュアリーの要諦の一つであり、大きな課題です。なぜなら、企業として売上を上げるためにたくさん売れば稀少性は薄まっていくという二律背反を本質的に抱えているからです。

要するに、ラグジュアリーは「類い稀」なのです。したがって「似たようなものがない」わけですから、「替わりが効かない」、「替わりがない」、したがって「これでなくては駄目なんだ」ということになります。似たようなものや替わりのものがあると、その価格に引っ張られてしまいますけれど、似たようなものや替わりがなければ、価格が高くても構わないことになります。そして、「これでなくては駄目なんだ」ですので、いくら高価格であったとしても欲しいと思ったら価格は関係なしに欲しくなりますし、高価格でも売れることになります。したがって、プライスレスということになります。プライスレスという言葉は、だいぶ以前になりますが、マスターカード [Mastercard] のテレビ宣伝で使われておりました。うろ覚えですが、「クラシックのコンサート、○ドル。マンハッタンのクラブ、○ドル。コンサートを一緒に聴いた後にクラブで繰り広げられる親子の会話、プライスレ

ス。お金で買えるものはマスターカードで」という感じの素敵なCMだったと記憶しています。この priceless は、「値踏みできない」「お金では買えない」というところから転じて「とても高価な」という意味にもなります。代わりや似たようなものがあるとその価格に引っ張られたり値踏みされたりしてしまいますけれど、代わりがなければ値踏みをしようにもできませんから、とても高価であっても売れることになります。

しかし、ラグジュアリーを「高級品」とするのは間違いだと思います。なぜなら、単に「とても高価な」「高価格（の）」ならまだしも、他に同じようなものがいっぱい存在する中で単に価格を高くしただけではラグジュアリーにはならないのです。プライスレスの結果としての高価格なのですから、本質的にはプライスレスなのです。シャネルやフェンディのデザイナーとして有名なカール・ラガーフェルド［Karl Lagerfeld］は、「価格が問題にならなくなった時がラグジュアリーだ［Luxury is when price does not matter］」と何かのインタビューでいっていましたが、まさにこのことです。

したがって、ラグジュアリーは、単なる高価格なモノではなくて、買い手が「高くても欲しい」と思うモノ、売り手から見ると「高くても売れる」「高くても熱烈なファンがいる」モノということになります。ここで、モノは製品に限りません。ブランドということもあ

第1章　ラグジュアリーブランディングの基礎

り得ます。

ですから、ラグジュアリーは、アカデミックにはカブフェレ教授らのいう「最上級」「最高無比」、バカデミックには長沢のいう「逸品」「類い稀」「プライスレス」「高くても売れる」「高くても熱烈なファンがいる」ということでいかがでしょうか。(笑)

なお、ラグジュアリー [luxury] は、中国語では「奢侈 [*she chi*]」という漢字を当てるそうです。しかし、この語は日本では「奢侈禁止令」のようなネガティブなイメージがあるので、使いたくありません。「贅沢」も、「贅沢は敵だ」とか「贅沢三昧」とかが連想されて良くないイメージがあるので、同様に使いたくありません。ラグジュアリーの本場フランスは、フランス語でリュクス [luxe] といいます。これに冠詞ドゥ [de] がついてドゥ・リュクス [de luxe]、これがそのまま英語になってデラックス [deluxe] となります。したがって、語源的にはラグジュアリーを「デラックス (な)」と訳すのは間違っていないのですが、「デラックス品」とか「デラックス産業」などというと、なぜか、けばけばしい安物や新宿・歌舞伎町あたりのピンク産業か何かと誤解されてしまいます (笑)。いずれも意味的には合っているのですが、日本語としてはどうも具合が悪くなりますので、避けております。

ラグジュアリーブランド、ラグジュアリー戦略、ラグジュアリーブランディング

資料13には、ラグジュアリーブランド、ラグジュアリー戦略、ラグジュアリーブランディングと、似たような言葉をいっぱい並べています。

しかし、これらが全部同じなのかというとそうではない。私はどういうふうに区別しているかというと、ラグジュアリーは「これでなくては駄目なんだ」ですから、

- ラグジュアリーブランド：高くても売れる製品、高くても熱烈なファンのいるブランド
- ラグジュアリーブランディング：高くても売れる製品、熱烈なファンのいるブランド構築の実践
- ラグジュアリー戦略：高くても売れる製品、熱烈なファンのいるブランドを生み出すための理論・方法論

第1章 ラグジュアリーブランディングの基礎

資料13　ラグジュアリーブランド、ラグジュアリー戦略、ラグジュアリーブランディング

ラグジュアリーブランド
＝ラグジュアリー戦略
＝ラグジュアリーブランディング

「ラグジュアリーブランド」…高くても売れる製品、熱烈なファンのいるブランド

「ラグジュアリーブランディング」…高くても売れる製品、熱烈なファンのいるブランド構築の実践

「ラグジュアリー戦略」…高くても売れる製品、熱烈なファンのいるブランドを生み出すための理論・方法論

出所：長沢伸也（2014）、同前、p.21

ということになります。だから、企業が実践するブランド構築はラグジュアリーブランディング。その目指すもの、その結果出来るのがラグジュアリーブランド。その理論的背景がラグジュアリー戦略です。だから、ラグジュアリーブランドを目指して、ラグジュアリー戦略に基づきラグジュアリーブランディングを実践するのです。

コルベール委員会 [Comité Colbert] とマッキンゼー [McKinsey] はラグジュアリーブランドを「強いブランディング [strong branding]、上質 [superior quality]、悠久さ [timelessness]、割増価格 [premium pricing]、恰好よく贅沢なデザイン [stylish and extravagant design]」としています。

日本の製造業が目指すべき道筋

ラグジュアリーブランドを目指して、ラグジュアリー戦略に基づきラグジュアリーブランディングを実践する。これこそが、日本の製造業が目指すべき道筋なのです。

日本でつくると品質は良いけれど価格が高くなるわけです。日本の製造業が目指すべき道筋は何か。**資料14**に示すように、そこへ新興国メーカーが低価格製品により追い上げてきますので、ジリ貧になっているわけです。そうすると価値づくりを忘れて、そもそもゲームのルールが変わったのに、どうやって安くつくるかしか考えない。当然、行き着くのはコストダウンの消耗戦。先ほど申しましたように、ブランドも企業も疲弊いたします。

安くつくるために工場をアジアに移転した。たとえば、中国沿岸部に移転した。沿岸部も人件費が高くなったら、もっと奥地に行く。あるいは日中関係は微妙になった、というので、今度はベトナム、ミャンマーです。一体、こんなことをいつまでやっているのでしょうか。バングラデシュ、スリランカまで行ったら、もうアジアは終わりですから、そうするとあとは北アフリカ、エボラ出血熱で騒然となっている中央アフリカ、あるいはマダガ

第1章　ラグジュアリーブランディングの基礎

資料14　日本でつくると高くなる：日本の製造業が目指すべき道筋

新興国メーカーの低価格製品による追い上げでジリ貧
価値づくりを忘れ価格を下げるだけ＝コストダウンの消耗戦
安くつくるため工場をアジアに移転→移転の連鎖＝時間稼ぎ

✕

日本らしさを生かして高くても売れる製品、
「これでなくては駄目なんだ」と熱烈に支持されるブランドを創る
→ラグジュアリー戦略に基づきラグジュアリーブランディング

○

出所：長沢伸也（2014）、同前、p.23
原出所：長沢伸也編（2014）『ジャパン・ブランドの創造―早稲田大学ビジネススクール講義録』同友館、pp.i-ix、「はじめに」に基づき筆者作成

スカル島まで行ったら、もう地球上で行くところがなくなるんです。大変失礼ですが、それは場当たり、時間稼ぎや対症療法でしかないと思います。

日本でつくると高くなるのですから、日本らしさを生かした高くても売れる製品。これでなくちゃ駄目なんだと、熱烈に支持されるブランドをつくるのが正しい。それがラグジュアリー戦略に基づくラグジュアリーブランディングだと申し上げたいと思います。

時計の例——セイコー「セイコー5」を買ってみた…

●●●●●●●●●●●●●

時計の例を挙げます。

日本の時計メーカーは、機械式時計も一部つくってはいますが、クオーツ時計、ソーラー時計、ソーラー電波時計、GPS時計などに注力しています。特にソーラー電波時計は精度が10万年に1秒ですから、ほとんど完璧です。「時を計る」と書く時計本来の機能としては完璧です。しかしながら、価格は1万円から十数万円がせいぜいです。最近のソーラーGPSという、サハラ砂漠の真ん中でもタイムゾーンを自動的に制御するという大そうな時計だって、せいぜい20万円です。

これに対しまして、スイスの時計メーカーは、いまだに機械式手巻き時計や機械式自動巻き時計に注力しています。その精度はいまだに日差は1日数秒から十数秒と、明らかに劣るわけです。しかしながら、価格は数十万円から数千万円のものまであって、非常に高価です。彼らは時計とはいわない。タイムピースというわけです。タイムピースとしての魅力、ブランドとしての魅力があるわけです。だから、日本企業もこっちを目指したほう

第1章　ラグジュアリーブランディングの基礎

資料15　時計の例

日本の時計メーカー：ソーラー電波時計、GPS時計などに注力
精度は10万年に1秒＝「時を計る」時計本来の機能として完璧
価格は1万円から数十万円がせいぜい

スイスの時計メーカー：機械式手巻き・自動巻き時計に注力
その精度は日差数秒から十数秒と明らかに劣る
価格は数十万円から数千万円のものまであり非常に高価
「タイムピース」としての魅力、ブランドとしての魅力

出所：長沢伸也（2014）、同前、p.24
原出所：長沢伸也（2014）、「監修者による解説」、ピエール＝イヴ・ドンゼ著、長沢伸也監訳『「機械式時計」という名のラグジュアリー戦略』世界文化社、pp.5-10に基づき筆者作成

がいいんじゃないかと提言したいと思います（**資料15**）。

後ほど出てきますが、セイコーの最高峰ブランド「グランドセイコー [Grand Seiko]」やシチズンの最上位ブランド「カンパノラ [Campanola]」は、国産ブランドとしては破格の30万円から70万円ほどという高価格ながら最近はよく売れていて両社の決算に貢献しています。しかし、スイスの一流ブランドでは、その価格帯は入門製品の価格帯またはそれ以下であり、はるかに高価格で、「タイムピース」としての魅力、ブランドとしての魅力にあふれています。

ご来場の方の企業名をお教えいただいて

図8 通販の広告「あの『SEIKO-5』が、今甦る！」

出所：(株)ルイ・アンヌ「ジャパンライブラリー」全面広告、日本経済新聞、2014年9月26日付夕刊8面より抜粋

いますので、セイコーウォッチの方がいらっしゃっているのも十分承知の上で申しますが、これはほんの4日前（2014年9月26日）の新聞広告です。通販の広告です。双眼鏡や足裏磁気治療器など20あまりがぎっしりと並んでいる全面広告の中に、「あの『SEIKO-5』が、今甦る！」とありますので、大写しします（図8）。

このセイコー5（ファイブ）は機械式腕時計です。「自動巻き・中三針・日付け・曜日・防水の5つの機能を持つことで名付けられたセイコー5。その時刻の正確さ・耐久性には定評があり世界の国々では今も人気が…。通常セイコー5は中国での製造ですが、本品は中東向けの日本製です。た

第1章　ラグジュアリーブランディングの基礎

いへん入手が困難な、マニア垂涎のレアモデルを、今回50本限定でお届けします。」とあります。これは逆輸入しているということです。

ちなみに、中国製のセイコー5は1万円で売られております。メイド・イン・ジャパンの価値は、絶対額で5000円だと考えるか、相対価格として中国製に対して5割も高いと考えるか、いずれにしてもこんなに差があって価値があるわけです。

ご丁寧に買ってみました（笑）。現物を見てからと思ったので、この通販ではなくて、新宿の家電量販店の時計館で買いました。日本で売られているセイコー5は中国製で1万円なのに対して、中東向けの日本製セイコー5は1・4万円〜2万円（金色モデル）いたします。メイド・イン・ジャパンは価値があると思って買ってみました。ところが、がっかりいたしました。

当然セイコーの保証書が付くと思ったら、逆輸入した商社が印刷ではなくコピーを八つ折りしたお粗末な使用説明書兼保証書が付いておりました。しかも、機械式腕時計ですから、機構が摩耗したり潤滑油が切れたりしますので、オーバーホール（定期保守、予防保全）が4、5年に1回必要になります。このオーバーホールの費用を尋ねたら、3〜4万

◆　63

資料16 セイコー「セイコー5」を買ってみた…

日本で売られている「セイコー5」は中国製で1万円
中東向け「セイコー5」は日本製で1.5〜2万円
逆輸入商社の保証書、オーバーホールに3〜4万円、しかも…

セイコー自らが日本製「セイコー5」を日本で10万円で売ったら？
セイコー自らが保証してオーバーホールを3〜4万円でしたら？

出所：長沢伸也（2014）、同前、p.25

円かかるといわれました（資料16）。えっ？　時計が1万5000円なのにオーバーホールに倍以上の3〜4万円かかる？　えーっ、それはないだろうと思って絶句していると、家電量販店の販売員がさらに畳み掛けるんです。「でもね」、と。恐る恐る何なのか訊いたら、「4、5年後だと、もっと高くなって4〜5万円かな」「いや、街の時計屋さんもずいぶん少なくなっているからね。4、5年後、そもそもオーバーホールをやってくれる時計屋さんが残っていて見つけられるといいけどね」ですって。販売員の結論は、「5年で使い潰すつもりで買ってください」。こんなことをいわれたら、かなり買う気はめげますよ

ね。それでも、今日、皆さんに紹介するためと思って、躊躇しながら買いました（笑）。これは大きな間違いじゃないですか、セイコーさん。せっかく良い時計をつくっているのに安すぎるうえに知らんぷり。私よりちょっと上の団塊の世代の人たちは、初任給でほぼ同額のセイコー5を買うというのが夢だった時代があるわけです。ですから、「あの『SEIKO-5』が、今甦る！」なのです。定年まで勤め上げた団塊の世代の人たちが、初任給で買ったセイコー5を再び手に入れることで、青春が甦るのです。甦った青春が5年で潰れてよいとは思えません。

セイコー自らが日本製のセイコー5を日本で、せめて10万円で売ったらどうかと思います。セイコー自ら保証してオーバーホールを3〜4万円でやります、街の時計屋さんが消えても会社が存続する限りいつまでもオーバーホールしますよ、あなたがいつまでも使いたければいつまでも使えますよ、といえば、よっぽど価値があると思うんですがね。それが私の提案でございます。

時計の例——セイコー「グランドセイコー」を買ってみた…

● ● ● ● ● ● ● ● ● ●

この安価な「セイコー5」だけですとセイコーさんに申し訳ないので、一応セイコーさんに義理立てして、一番高い最高峰モデルも研究費で教材として買ってみました（笑）。

図9が購入したグランドセイコー　メカニカルハイビートGMTです。これは今年（2014年）6月発売の出たてで、63万円プラス消費税で68万円です。

ハイビート3万6000とは何かというと、機械式機構が1秒間に10振動、だから1時間に3万6000振動するわけです。ですから、チッチッという機械音も細やかで針の動きも滑らかです。あと、透明な裏蓋（シースルーバック）から見える「てんぷ」という装置がほんわかほんわかと動くのが、ものすごく速いんです。楷書体ともいうべき端正なデザインや研磨の仕上がりの見事さとともに思わず見とれてしまいます。

私が買ったのは、グランドセイコー　メカニカルハイビート約70万円です。グランドセイコーでも、普通のメカニカル50万円、スプリングドライブ50万円、クオーツ30万円。みんなグランドセイコーです。私はメカニカルハイビートを最も評価しますので購入しまし

第1章 ラグジュアリーブランディングの基礎

図9 グランドセイコー メカニカルハイビート GMT 9S86（手巻つき）（SBGJ001 63万円＋税）

出所：グランドセイコー－セイコーウォッチ株式会社 ウェブサイト
http://www.seiko-watch.co.jp/gs/collection/9s86/

たが、グランドセイコーが欲しい人はクオーツの30万円からのモデルも買える。セイコーさんは何に力を入れていらっしゃるのか、私的にはちょっとわからない。約70万円のグランドセイコーを買った私は、30万円のグランドセイコーは許せません（笑）。ブランドが混乱しています（**資料17**）。ラグジュアリー戦略を採用して、メカニカルハイビートだけに絞って、もっと高価格にシフトすればよいのに、残念です。もっと高価格にシフトすればよい、というのには根拠があります。

セイコーのハイビートは1968年に生まれ、当時、世界最高レベルの高精度を達成しました。3万6000振動の機構は、

資料17　セイコー「グランドセイコー　メカニカルハイビート」を買ってみた…

グランドセイコー
「メカニカルハイビート」70万円、「メカニカル」50万円、
「スプリングドライブ」50万円、「クオーツ」30万円

同じ36000振動のゼニス「エル・プリメロ」70万円〜800万円
「エル・プリメロ」には文字盤に覗き窓があるモデルも

出所：長沢伸也（2014）、同前、p.26
原出所：長沢伸也（2014）、「監修者による解説」、ピエール＝イヴ・ドンゼ著、長沢伸也監修・訳『「機械式時計」という名のラグジュアリー戦略』世界文化社、pp.5-10に基づき筆者作成

セイコーだけが実現しているわけではありません。LVMH傘下のスイスの時計ブランドであるゼニス社のエル・プリメロ［El Primero］というムーブメントを使ったシリーズがあり、世界的にはこちらのほうが有名です。この3万6000振動のゼニス「エル・プリメロ」ムーブメントはセイコーより1年あとの1969年に生まれました。セイコーのハイビートが58万円〜63万円（税抜）であるのに対して、「エル・プリメロ」には文字盤に覗き窓が設けられたオープンタイプやトゥールビヨンタイプ（ダイヤモンドセットを除く）も含めて62万円〜737万円（税抜）と、セイコーと同程度から10倍以上高いものまであります。

第1章　ラグジュアリーブランディングの基礎

しかも、1969年にエル・プリメロが生まれた年はセイコーが世界初のクオーツ時計である「アストロン」を発売した年でもあります。つまり、いわゆるクオーツショックが始まるきっかけの年でもありまして、スイスの時計産業が危機を迎えます。ゼニス社も経営危機となり、1975年にはアメリカの会社に買収されて、機械式腕時計の製造を中止します。そこで製造機械と図面の廃棄を命じられたところを、ゼニスの技術者シャルル・ベルモ [Charles Vermot] が身の危険を冒して天井裏に図面と金型、カム、切削工具を隠します。果たせるかな、84年に機械式腕時計作りを再開した時に、天井裏に隠してあった図面と工具ですぐに再開できたという、うるうるする話が付いているわけです。このようにストーリーがあるわけです。残念ながら、セイコーさんはいい時計なのですが、そういうストーリーが聞こえてこない。この辺が価格の差になって出るのかなと思います。

実は、「エル・プリメロ」ムーブメント搭載のゼニス「エル・プリメロ ダブルマティック (03.2400 4046/21.C721 165万円＋税)」もLVMH寄附講座教授ということで社員割引にしていただき、すでに購入しております（**図10**）。スイスの世界遺産の町であるル・ロックル [Le Locle] にあるゼニスの本社工房も見学に二度行っていますし、この「エル・プリメロ ダブルマティック」製造責任者のニコラ [Nicolas] さんにも会っています。

図10 ゼニス［Zenith］「エル プリメロ ダブルマティック［El Primero Doublematic］（03.2400　4046/21.C721　165万円＋税）」

出所：ゼニス オフィシャルウェブサイト
http://www.zenith-watches.com/jp_jp/collections/#el-primero

グランドセイコーにはない24時間タイムゾーン表示（ワールドタイマー）、ビッグデイト表示（日付表示は通常、1〜31の数字を記した1枚のディスクが回転して表示されるのに対して、10の位と1の位とが別々に回転する2枚のディスクで表示されるため数字表示が大きい）にクロノグラフ（ストップウォッチ）機能、アラーム機能まで付いていて「語りどころ満載」であり、お気に入りはこちらです。しかも、ゼニスのワールドタイマーは、私の生まれた年である1955年に誕生していますので、私は天頂（英語でゼニス［zenith］）に導かれてこれを購入したのです（笑）。

時計の例
──シチズン「カンパノラメカニカル」を買ってみた…

●●●●●●●●●●●●●

シチズンさんも本日いらっしゃることがわかりましたので、やはり義理立てしまして一番高い最高峰モデルを教材で買ってみました（笑）。「カンパノラ メカニカルコレクション」です。これは今年（2014年）8月発売の出たてで、53万円プラス税ですから57万円ぐらいのものです。それまでカンパノラは、クオーツか太陽光発電駆動で、文字盤が漆塗りのモデルなどがいくつかあって、25万円から40、50万円ぐらいのレンジでしたけれども、もっと高価格で、しかも初の機械式ということなので買ってみました（図11）。

スイス時計によく見られるギョーシェ［guilloché］（波縞模様）やコート・ド・ジュネーブ［Côtes de Genève］（波打つような縦縞模様）といった紋様ではなく、砂紋や和傘、和紙をモチーフにして鍍金(めっき)を重ねた文字盤は和風テイストで凝っています。そして何より、シチズンが2012年に買収したエボーシュ［ebauche］（半完成品ムーブメント）の名門メーカー、スイスのラ・ジュー・ペレ［La Joux Perret］社製ムーブメントを搭載

図11 カンパノラ メカニカルコレクション（NZ0000-58W 53万円＋税）

出所：カンパノラ オフィシャルサイト http://campanola.jp/

しているのが最大の魅力です。ただし、「スイス製」ではなく「メイド・イン・ジャパン」です。

ラ・ジュー・ペレ社は半完成品ムーブメントのメーカーですので、親会社となったシチズン以外の時計メーカーにも納品して使われています。スイスのボーム＆メルシエ［Baume & Mercier］社もその一社で、同社「クリフトン［Clifton］1830 マニュアル（10060 140万円＋税）」もラ・ジュー・ペレ社製ムーブメントを搭載しています（図12）。カンパノラが42時間パワーリザーブ（ゼンマイを巻き上げてから動き続ける時間）なのに対して倍以上の90時間パワーリザーブですし、18Kレッドゴール

第1章 ラグジュアリーブランディングの基礎

図12 ボーム＆メルシエ［Baume & Mercier］ クリフトン［Clifton］
1830 マニュアルワインディング（Ref. 10060 140万円＋税）

出所：スイス製高級ウォッチ-ボーム＆メルシエ ウェブサイト
http://www.baume-et-mercier.jp/home.html

ドのケースということもあって2.6倍も高いのですが、気になって仕方がありません。

気にはなるのですが、ボーム＆メルシエのクリフトン・ラインでは、ラ・ジュー・ペレ社と並ぶエボーシュの名門メーカー、スイスのデュボア・デプラ［Dubois Dépraz］社製ムーブメントを搭載している「クリフトン コンプリートカレンダー（Ref. 10055 49万円＋税）」ムーンフェイズ（新月、上弦、満月、下弦という月の満ち欠けの相を表示する機構）付きを既に教材として購入しております。本当は、ラ・ジュー・ペレ社製ムーブメント搭載のクリフトンも欲しいのですが、カンパノラメ

資料18　シチズン「カンパノラ メカニカル」を買ってみた…

カンパノラ
「メカニカル」58万円、「ソーラー」40万円、「クオーツ」30万円
×

「カンパノラ　メカニカル」と同じ「ラ・ジュー・ペレ」社製ムーブメント搭載のボーム＆メルシエ「クリフトン」151万円
〇

出所：長沢伸也（2014）、同前、p.27
原出所：長沢伸也（2014）、「監修者による解説」、ピエール＝イヴ・ドンゼ著、長沢伸也監修・訳『「機械式時計」という名のラグジュアリー戦略』世界文化社、pp.5-10に基づき筆者作成

カニカルの方で安く買ったから、もういいや、と思うことにしております（笑）。
シチズンの最高峰モデルであるカンパノラのラインナップはメカニカルが58万円、ソーラーが40万、クオーツが25万というところなんですが、グランドセイコーと同様です。ブランドが混乱しています（**資料18**）。ラグジュアリー戦略を採用して、メカニカルだけに絞って、もっと高価格にシフトすればよいのに、残念です。同じラ・ジュー・ペレ社製ムーブメントを搭載しているボーム＆メルシエのクリフトンは2.6倍もするのですから、もっと高価格にできないわけがありません。
ボーム＆メルシエのクリフトンは151

万円いたします。18Kレッドゴールドのケースとかいろいろ条件が違うので、たぶんステンレス・ケースのモデルがあれば75万円ぐらいだろうとは思います。しかし、それでもカンパノラの4割は高いわけですし、そもそもステンレス・ケースのモデルはなく、18Kレッドゴールドのケースのモデルしかないのですから、同じエボーシュメーカーのムーブメントを搭載しても、やはり2・6倍高いのです。だからシチズンさん、カンパノラはもっと高く売れると私は思っております。

以上のように、セイコーさんもシチズンさんも、良い時計をつくっているのに残念です。もっと高く売れるのに売ることができていないということを申し上げたいわけです。モノは良いわけですから技術力や生産力は高いわけです。モノが良いのに高く売れない、換言すれば、技術力や生産力は高いのに高く売れないのは、技術力や生産力の問題ではありません。マネジメントの問題です。

機械式時計は「時を計る」という本来の機能を表す精度という点では、ソーラー電波時計にかなわないのですから、趣味か実用かといえば実用よりも趣味のウエイトがはるかに大きいわけです。趣味、好み、楽しみ、道楽というテイストの世界ですのに、趣向、味、面というテイストが不足していると思います。

この問題は、時計製造だけにとどまらず、日本のものづくり全般にいえることです。わかりやすいかと思って時計の例でお話ししました。槍玉に挙げましたセイコーさん、シチズンさん、失礼しました。(笑)

パン・菓子の例──日本のものづくりの問題点

●●●●●●●●●●●●●●●●●●●●

あるいはパン、お菓子。フランスの高級お菓子ダロワイヨ [Dalloyau] は不二家の子会社「ダロワイヨ ジャポン」社によるライセンス生産です。あるいはフランスの高級パンのポール [Paul] というのは、敷島製パンの子会社「レアール パスコ ベーカリーズ」社によるライセンス契約です。考えてみれば、パンやお菓子は生ものなので、賞味期限もありません。ですから、日本で展開するにあたって全量を船便や航空便で輸送するわけにもいきませんから、ライセンス生産・販売になるわけです。本国で作らないとなると、味は大丈夫なの? ということになりますが、いずれもフランス本国のパティシエ(菓子職人)やブーランジェール(パン職人)は日本のパン・菓子作りの技術を絶賛して、ライセンスを

第1章　ラグジュアリーブランディングの基礎

資料19　パン・菓子の例

フランス高級菓子「ダロワイヨ」は不二家子会社「ダロワイヨ ジャポン」によるライセンス生産・販売

フランス高級パン「ポール」は敷島製パン子会社「レアール パスコ ベーカリーズ」によるライセンス生産・販売

フランス本国のパティシエ（菓子職人）やブーランジェール（パン職人）は、日本のパン・菓子作りの技術を絶賛してライセンスを快諾

高い技術を持っていて、美味しいお菓子やパンを作ることができるのなら、「暖簾借り」をせずに自らのブランドで展開したら？

出所：長沢伸也（2014）、同前、p.28
原出所：長沢伸也編集（2014）『ジャパン・ブランドの創造―早稲田大学ビジネススクール講義録』同友館、pp.i-ix、「はじめに」に基づき筆者作成

　快諾したそうです。そうすると、どうしてそんなに高い技術を持っていて、美味しいパンやお菓子を作れるのに、自らはブランドがつくれずに、ライセンスで甘んじているの？ということは大いに疑問に思います（資料19）。

　これらの例が端的に示しますように、日本のものづくりの技術力やクリエーション力はすごいんです。だけどビジネス、価値づくり、商品づくり、ブランドづくりはまだまだだと思います。そうじゃなくて、ものづくりの技術力、クリエーションはすごいんだから、それらを生かしたビジネス、価値づくり、商品づくり、ブランドづくりをしたら？というのが私の提案です（資

77

資料20　これらの例が端的に示すように…

~~日本のものづくりの技術力、クリエイション力はすごい！
でも、ビジネス（価値づくり・商品づくり・ブランドづくり）はまだまだ…~~

ものづくりの技術力、クリエイション力はすごいのだから、それを生かしたビジネス（価値づくり・商品づくり・ブランドづくり）をしたら？

出所：長沢伸也（2014）、同前、p.29
原出所：長沢伸也編集（2014）『ジャパン・ブランドの創造－早稲田大学ビジネススクール講義録』同友館、pp.i-ix、「はじめに」に基づき筆者作成

資料21　グローバル化

~~グローバル化：
日本ブランドから世界ブランド・多国籍（無国籍）ブランドを目指す~~

グローバル化：その国のテイストが世界に通用・評価
日本的な文化や感性、価値観に基づく価値づくり・商品づくり、
さらには「日本」発のブランド創造が求められている

出所：長沢伸也（2014）、同前、p.30
原出所：長沢伸也編集（2014）『ジャパン・ブランドの創造－早稲田大学ビジネススクール講義録』同友館、pp.i-ix、「はじめに」に基づき筆者作成

料20)。

あるいはグローバル化。日本ブランドから世界ブランドを目指す。グローバル化というのは、多国籍ブランド、ひいては無国籍ブランドを目指すことではないはずです。その国のテイストが世界に通用、評価されることですから、日本的な文化や感性、価値観に基づく価値づくり、商品づくり、さらには日本発のブランド創造が求められていると思います(資料21)。

卓越した品質だけでなく、ルイ・ヴィトンやエルメスはフランスらしさやパリへの憧れが、スイスの時計はスイスらしいタイムピースへのこだわりが評価されているのです。

●●●●●●●●●●●●●
日本らしさ？ そうだ、できるとも！
●●●●●●●●●●●●●

「日本らしさ」というと、クールジャパンのことだと思われる方も多いと思います。マスコミ的には、クールジャパンというと、漫画、アニメ、オタク、萌え、伝統産業、こういうふうにくるわけですが、それはちょっと違うんじゃないの？ と思います(資料22)。

資料22　日本らしさ？　そうだ、できるとも！

クールジャパン≒漫画、アニメ、おたく、萌え、伝統産業、…

✕

クールジャパン≒「日本らしさ」に充ちた価値・商品・ブランド
・フランス人は「MUJI（無印良品）」にZEN（禅）の精神を感じて割高でも人気
・インドで普及している和製レトルトカレーは日本的創意工夫に充ちている
・アジアで人気の日式緑茶（無糖茶）や美白化粧品には日本の感性・美意識
・訪日観光客が買うニコン メイド・イン・ジャパンのカメラには日本のものづくり

〇

出所：長沢伸也（2014）、同前、p.31
原出所：長沢伸也編集（2014）『ジャパン・ブランドの創造―早稲田大学ビジネススクール講義録』同友館、pp.i-ix、「はじめに」に基づき筆者作成

たとえばフランス人は無印良品の海外ブランドであるMUJIが大好きです。特に大学教授とかデザイナーは大好きです。なんと無印良品に禅［Zen］の精神を感じるそうです。日本人で無印良品を買う時に、禅の精神を感じる人はいないと思うんです。だけど彼らは、「わけあって安い」「無駄を削ぎ落とす」というコンセプトが禅のイメージと重なるというのです。無駄をそぎ落として本質を極めるのは禅の精神だと、こういうわけです。もっともそれは、禅が「Zen」としてフランスに普及しているという土壌があってのことです。日本人は誰もそう思っていないのに、フランス人はいわば勝手に無印良品に禅の精神を感

第1章　ラグジュアリーブランディングの基礎

じ、高級感のあるブランドとして市場に受け容れられたのです。これは戦略的に打ち出せば高く売れるんじゃないかと思うわけです。

念のため申しますと、無印良品あるいはMUJIは、一度も「禅の精神」といって売ったことはないのです。これは無印良品を展開する株式会社良品計画の松井忠三会長（当時）と松崎暁取締役海外事業本部長（当時。現社長）に確認しております。

インドで普及している日本のレトルトカレーも同様のケースといえるでしょう。インドで非常に売れているそうです。経済成長著しいインドでは共働き夫婦が増え、以前のようにスパイスを何十種類も使って何時間もカレーを煮込む家庭が減っています。そこにうまく浸透したのが日本のレトルトカレーです。価格としては割高ですが、作る手間が省けて、そのうえ味もいい。カレーはもちろんインドが本場です。私が子供の時に観たテレビのCMに、ターバンを巻いたインド人が登場して、「インド人もびっくり」と叫ぶカレーのCMがありました。このCMさながら、「インド人もびっくり」する日本的創意工夫に充ち、利便性の高いレトルトカレーがカレーの本場であるインドで評価されているという現実に、私は日本製品の限りない可能性を感じずにはいられません。

あるいはアジアで人気の「日式緑茶」、いわゆる無糖茶ですね。あるいは、美白化粧品

81

といったものは日本の感性、美意識に基づいています。現地メーカーのお茶の5割から2倍の価格です。化粧品はもっと高いようです。あるいは、訪日観光客が秋葉原のカメラ屋で買うニコンのカメラは、メイド・イン・アジアの普及価格帯ではなく、最上位のメイド・イン・ジャパンだとのことです。一式100万円以上するそうですが、それには日本のものづくり精神が感じられているわけです。

ウォシュレット、シャワートイレのたぐいもそうです。西洋人はずっと洋式便器で何百年も暮らしていたのに、お尻を洗う機構を便器に組み込むという発想がなかったのです。日本に来た外国人客、何がそれを、日本人が創意工夫でお尻も洗うようにしたわけです。日本に来た外国人客、何が気に入ったかというと、あのトイレだ、あれこそ日本の「おもてなし」だ、持って帰りたいという人も多いとのことです。

世界から見れば、日本はやはり、ものづくりの国なのです。日本らしさが感じられるものづくりや、日本のものづくり精神、あるいは「日本らしさ」に充ちた価値・商品・ブランド。これこそがクールジャパンなのではないでしょうか。

マーケティング学者フィリップ・コトラー［Philip kotler］は『マーケティング3・0』で、これからのマーケティングには「真・善・美」が求められると主張しましたが、フランス

感性を生かす

「感性」を生かすとか重視する、あるいは「感性に訴える商品」というと、何か浮ついたニュアンスに受け止める人もいるようです。しかし、そうではありません。

世の中には、多くの製品やサービスがあふれています。それらを購入して生活の中で使用したり提供を受けたりすることで、私たちの生活は豊かになったり、快適になっていきます。したがって、私たち生活者に望まれ、市場で成功する製品やサービスを生み出すためには、使用する人間の立場での使い心地や受け容れられ方をとらえることが、企業におけるマーケティング活動の一環として重要です。

特に最近は社会全体が「人間重視・生活重視」の動きにあり、「感性の時代」とか「感

でのMUJIやインドでのレトルトカレーなどの工業製品の例は、日本的な文化や感性、価値観に基づく商品開発・管理、さらには「日本」発のブランド創造が求められていることを示しているのではないでしょうか。

資料23　感性を生かす

× 主観的な感性は当てにならぬ、マネジメントできぬ、排除しろ

○
つくり手の感性を磨き、感性を生かした商品づくり
受け手の感性に訴える商品づくり
受け手がつくり手の感性に共鳴し「これでなくては駄目なんだ」

出所：長沢伸也（2014）、同前、p.32
原出所：長沢伸也編著（2002）『感性をめぐる商品開発―その方法と実際』日本出版サービス、pp.3-23、第1章「感性工学とビジネス」に基づき筆者作成

　性社会」という言葉が一つのキーワードとして多用されるようになってきています。このため、製品やサービスにおいても、人間の感覚や感性を問題にすることが多くなっており、感性マーケティング、感性工学、感性ビジネス、感性マネジメント、感性商品、感性デザイン、感性品質、感性評価などということが頻繁に聞かれるようになってきました。

　「感性」とは何か、は哲学的で難しいのですが、これらの人間の「感覚」と「感じ方」を合わせて「感性」とすると、企業は商品開発において「感性」を重視し、「感性に訴える商品」を提供する必要が生じています。上記のように考えると、「感性に

第1章　ラグジュアリーブランディングの基礎

訴える商品」とは、生活者にとって「魅力ある商品」、「価値ある商品」のことであり、「売れる商品」と同義です。したがって、これは商品開発上、本質的かつ根本的な課題です。

日本的な感性を生かそうというと、主観的な感性は当てにならない、マネジメントできない、むしろ排除しろ、などと批判を受けます**(資料23)**。けれども、つくり手の感性を磨き、つくり手の感性を生かした商品づくりをして、それが受け手の感性に訴える商品になるのです。受け手がつくり手の感性に共鳴すると「これでなくては駄目なんだ」となるわけです。こういう「日本らしさ」に充ちた価値・商品・ブランドをつくる。そして、高くても売れる製品、高くても熱烈なファンのいるブランドで儲ける、そして世界から尊敬とともに外貨を獲得するのが正しいと思っております。

用意したスライドはまだまだあるのですが、時間ですので飛ばしましょう。これで基調講演を終わります。ご清聴ありがとうございました。(拍手)

第2章 ラグジュアリーブランディングの応用

研究会講演
「日本発、ラグジュアリーブランドの可能性」

講演者:: WBS教授、ラグジュアリーブランディング系モジュール責任者
早稲田大学ラグジュアリーブランディング研究所所長　長沢　伸也

司　　会:: 日本感性工学会感性商品研究部会副部会長
鈴木正次特許事務所副所長　弁理士　山本　典弘

開催形態:: 日本感性工学会感性商品研究部会第53回研究会

日　　時:: 2014年12月6日

会　　場:: 早稲田大学早稲田キャンパス11号館11階1105指導室

対　　象:: 日本感性工学会感性商品研究部会会員

今日の講演タイトルは、2014年9月30日にレクサスのブランドマネジャーと資生堂、クレ・ド・ポー ボーテのブランドマネジャーを招いて開催したラグジュアリー・シンポジウムで、私が行った基調講演と同じですし、配布資料もほぼ同じです。シンポジウムをお聴きになった方も大勢いらっしゃいますし、シンポジウムでは、時間が足りなくて講演資料の前半だけで後半は省略してしまいましたので、今日は後半の部分を中心にお話しします。

ラグジュアリーブランディング研究の視座

私は、ラグジュアリーブランディングを研究しています。なぜ、ラグジュアリーブランディングを研究しているかというと、理由は大きく3つあります（資料1）。

(1) マーケティング学者が無視・除外

まず、ラグジュアリーブランドが一般の人の心の中に深く入り込んでいることと、それにもかかわらず研究している学者があまりいないからというのが大きな理由です。

第2章 ラグジュアリーブランディングの応用

資料1 ラグジュアリー ブランディング研究の視座

1. ラグジュアリーブランドが一般の人の心の中に深く入り込んでいるにもかかわらず、マーケティング学者は無視・除外している。
   - 規模が小さい？ 特殊？ でもブランド価値は高い →強いブランドづくりはラグジュアリーブランドに学べ
   - 研究しにくい：インタビュー困難、本社・工房の見学困難、財務情報も入手困難、消費者アンケートも困難 →ある程度の「仕込み」が必要
   - 訳がわからない、従来のマーケティング理論やブランド理論が通用しない →「マーケティングの逆張りの法則」
2. ラグジュアリーブランドはヨーロッパの老舗や地場・伝統産業、ものづくり企業
   - 日本の老舗は存亡の危機。でもヨーロッパより歴史は長い →歴史を経営資源の一つとして生かすラグジュアリーブランドに学べ
   - 日本の地場・伝統産業は存亡の危機 →クオーツショックを乗り越えてラグジュアリーで復活したスイス時計産業に学べ
   - 日本のものづくり企業は存亡の危機：日本が得意だった中価格帯は挟み撃ちに会いジリ貧 →高くても売れるラグジュアリーブランドに学べ
3. ラグジュアリーブランドを育てたのは日本
   - 後述

出所：長沢伸也（2014）「日本発、ラグジュアリーブランドの可能性」、『感性商品研究部会第53回研究会講演資料』、pp.1-28、日本感性工学会感性商品研究部会

道行く人に「あなたはブランドが好きですか？持っていますか？」と訊くと、「ええ、好きです。持ってます、ルイ・ヴィトン [Louis Vuitton]」とこう答えるわけです。だから一般の人にとっては、ブランドというとルイ・ヴィトンやシャネル [Chanel] のことを思い浮かべます。つまり、ヨーロッパのラグジュアリーブランドを指すわけです。ところがマーケティングの学者は違いまして、「それだけがブランドじゃないぞ。

コカ・コーラ [Coca-Cola]、マクドナルド [McDonald's]、日本企業ならトヨタ [Toyota]、ソニー [Sony] もブランドだぞ」といって、以後、二度と再びラグジュアリーに帰ってこないのです。だけど、一般の人がブランドといってラグジュアリーブランドを思い浮かべるぐらい強いブランドのありようは、経営学者やマーケティング学者が除外したり無視したりするのはおかしいと思いますし、強いブランドを構築するのに参考になるはずです。

でも、研究している学者はあまりいないのです。なぜかというと、ラグジュアリーブランドは規模が小さいからとか特殊だからという理由のようです。しかし、ブランドの研究であれば、企業の規模や売上よりもブランド価値を重視すべきでしょう。そして、ブランド価値ランキングのベスト１００にラグジュアリーブランドは１０ブランドもランキング入りしています。これに対して、日本企業のブランドは１０ブランドも入っていません。ですから、ラグジュアリーブランドはブランド価値の高いブランドを研究する上で外せませんので、規模が小さいとか特殊というのは当たらないと思います。むしろ、本当のところは、研究しにくいことに加えて、訳がわからないからではないかと私は思っています（笑）。

ラグジュアリーブランドが研究しにくいことは確かです。私はラグジュアリーブランディングを専門の一つにしており、指導している学生も取り組んでいますが、これがなか

第2章　ラグジュアリーブランディングの応用

なか大変なのです。

研究のため、ラグジュアリー企業の日本法人（ジャパン社）代表にインタビューしようと思っても叶いません。即、断られるか、「インタビューをお受けしてよいか本国に問い合わせてみる」とのことで期待して待っていても「お受けできない」と断られます。いっそのこと、本国経営者に日本法人を通じてインタビューを申し込んでも、「忙しい」と断られるのが常です。

また、ラグジュアリー企業の本社や工房の見学を希望しても、「公開していない」と断られることが多いのです。「製品がすべて」ということなのか、工房の建物の写真を公開しても住所すら公開していないことさえあります。運よく本社や工房を見学できても、写真を撮れなかったり撮れても掲載を禁止されたり、そもそも見聞した内容はもちろん、見学したこと自体を口外するなと禁止されたりもします。

さらに、ラグジュアリー企業の売上や利益などの財務情報も入手困難です。ラグジュアリー企業の多くはコングロマリット（複合企業体）の傘下にあり、持ち株会社としてのグループは上場していて売上や利益は開示されていても、内訳としての個別ブランドの売上や利益は明らかにされません。コングロマリットという形態を採るメリットの一つなので

すが、研究として調べるほうは大変です。

消費者アンケートも難しい。学生や若い社会人に「ルイ・ヴィトンについて伺います」「グッチ[Gucci]について伺います」は回答してもらえます。しかし、「エルメス[Hermès]は？」「シャネルは？」「カルティエ[Caltier]は？」となると、ブランド名は知っていても高価なので所有していない人が多く、イメージのみの回答となります。「フェンディ[Fendi]は？」「トッズ[Tod's]は？」「バリー[Bally]は？」となると、回答できず未記入になるか、「どちらともいえない」が頻発して、有効なアンケートになりません。かといって、真のユーザーと思われる富裕層に尋ねようとすると、ブランドの上得意顧客リストや百貨店の外商顧客リストが必要となり、個人情報保護もあって、事実上、実施不可能です。

海外でも状況は同じらしく、ラグジュアリーの教科書とブランドごとのファッションや製品の写真集はあっても、企業の事例研究の成書は皆無のようです。そんな困難な状況の中で、私は、『ブランド帝国の素顔LVMH モエ ヘネシー・ルイ・ヴィトン [LVMH Moët Hennessy, Louis Vuitton]』（日本経済新聞社）でLVMH モエ ヘネシー・ルイ・ヴィトンを、『ルイ・ヴィトンの法則』（東洋経済新報社）でルイ・ヴィトンを、『シャネルの戦略』

第2章　ラグジュアリーブランディングの応用

（東洋経済新報社）でシャネルを、『グッチの戦略』（東洋経済新報社）でグッチをそれぞれ取り上げてきました。もちろん内容は自負していますが、それぞれに苦労したことを鮮明に覚えております。振り返ってみると、ある程度の蓄積と経験値が身について成果が出るようになるまでの「仕込み」としての根気と努力が必要だったと思います。

研究している学者があまりいない大きい理由は、訳がわからないからではないかと私は思っています。訳がわからないとは、従来のマーケティング理論やブランド理論が通用しないということです。従来のマーケティング、極論すればP&G社のようなマスマーケティングのための理論はアメリカ生まれですし、ブランド理論の嚆矢となったのはカリフォルニア大学のアーカー［David Aaker］教授の理論ですので、これもアメリカ生まれです。これに対して、ラグジュアリーブランドは、アメリカにはほとんどありません。ティファニー［Tiffany］とハリー・ウィンストン［Harry Winston］くらいです。ラルフローレン［Ralph Lauren］は、ラグジュアリーブランドというよりもファッションブランドかもしれません。これに対して、ラグジュアリーブランドのほとんどはヨーロッパです。フランス、イタリア、スイス、あとブランドは限られますがドイツ、スペイン、オースト

93

リア、オランダといった国々です。

歴史もなく民主主義・平等主義のアメリカと、歴史があり王侯貴族が今でもいたり最近までいて階級主義が色濃く残るヨーロッパが同じわけがありません。私が訳した『ラグジュアリー戦略』には、「マーケティングの逆張りの法則」という章があるくらいです。

この内容は後ほど紹介いたします。従来のマーケティングが全部逆になるということなので、従来のマーケティングやブランド論に精通しているマーケティング学者には耐えられないのかもしれません。しかし、従来のマーケティングに精通していることが、ラグジュアリーブランディングを理解する近道かもしれません。なぜなら、全部否定してひっくり返せばよいのですから（笑）。

ですから、日本で誰も研究していないのだから私も避けよう、ではなくて、誰も研究していないのなら私がやろう、という認識と覚悟がまず一つあります。私はもともと工学畑出身の工学博士ですが、現在はラグジュアリーブランティングをビジネススクールで教えています。その理由は長くなるので省略しますが、元からマーケティングやブランドを専門にしていたわけではありません。いや、傍流よりももっと外れているので傍傍流です（笑）。コカ・コーラやマクドナルドのマーケティングやブランドを専

門にしている先生がすでに100人いるのに、私が101人目になっても仕方ありません。格調高くいえば、早稲田大学校歌「都の西北」の一節にある♪進取の精神♪です。あるいは「リスクを取った」というと恰好いいですね。格調低くいえば、単なる天邪鬼か変人ともいえますが（笑）、「マーケティングの逆張りの法則」にならって「逆張り」をしているということにします。

(2) **ラグジュアリーブランドはヨーロッパの老舗や地場・伝統産業**

あともう一つ大事な理由があります。ルイ・ヴィトンは1854年創業です。今年（2014年）が創立160周年の記念イヤーのパリの老舗の鞄屋なのです。あるいはブルガリは1884年創業です。今年が130周年の記念イヤーのブルガリ［Bulgari］は、ローマの老舗の宝飾店なわけです。同じように、ヨーロッパのラグジュアリーブランドというのは、それぞれの国の老舗、しかも同族経営だった老舗や地場・伝統産業が、今日ラグジュアリーブランドとして世界に飛躍しているわけであります。

ところが日本で老舗企業、あるいは地場・伝統産業というと、ほとんど不況産業の代名詞です。売上は下がる一方。職人はどんどん高齢化するし、後継者もいない。もう潰れそう。イメージだけでなく、こういう現実です。

でも、日本の老舗は、虎屋の500年、千總の460年など、概してヨーロッパの老舗よりも歴史は長いのですから、歴史を経営資源の一つとして生かしているラグジュアリーブランドに学ぶ必要があると思います（虎屋については拙著『虎屋の伝統と革新』、千總については、拙著『京友禅「千總」450年のブランド・イノベーション』をそれぞれ参照）。

ラグジュアリーブランドのブランド価値ランキングでルイ・ヴィトンに次ぐグッチは、フィレンツェで地元に密着して、職人技を大事にしています。グッチは、日本の頑固なものづくり、鞄づくりなら甲府の印傳屋上原勇七や北海道のソメスサドル、帆布製鞄になりますが京都の一澤信三郎帆布とほとんど変わらない特徴を有しています。それなのに、片や世界的ラグジュアリー、片や甲府や北海道、京都の地場産業に甘んじているというのはとてももったいないと思います。もっと世界に通用するブランドだと思うんです（グッチについては拙編著『グッチの戦略』、印傳屋上原勇七とソメスサドルについては、拙編著『地場・伝統産業の経験価値創造』、一澤信三郎帆布については拙編著『ヒットを生む経験価値創造』および『感性マーケティングの実践』をそれぞれ参照）。

いま、グッチと印傳屋上原勇七の名を挙げましたけれども、実はこの2ブランドはコラ

第2章　ラグジュアリーブランディングの応用

ボしております。グッチのアイコンバッグで把っ手が竹で出来ている「バンブーバッグ」を印傳屋上原勇七の鹿革印傳でつくった「バンブー印傳バッグ」が印傳屋上原勇七の南青山のお店に先日飾ってありました。「参考展示」とあって価格の記載がなかったので店員さんに尋ねると、「私たちではわかりません。グッチで訊いてください」とのこと。さらに買えないのか尋ねると、「印傳屋上原勇七では売っておりません。グッチのお店で買ってください」。私ども社員も、グッチのお店でないと買えないのです」とのことでした。コラボですから、対等、同格のはずです。グッチはさすがです。天正10年（1582年）創業という430年以上の老舗、印傳屋上原勇七に目を付けたのですから。印傳屋上原勇七もさすがです。グッチのお眼鏡にかなったのですから。でも、その販売の仕方は対等ではなく不平等条約みたいだと思います。印傳屋上原勇七に代表される日本の地場・伝統産業の実力を感じるとともに、もどかしさも感じました。

　世界的ラグジュアリーファッションブランドは、パリやミラノなどフランスやイタリアの街角にある老舗ですが、スイスの時計工房なんかは山の中にあります。ジュネーブの街なかや郊外の工業団地にももちろんありますが、かなりの企業は発祥の地であるジュラ山脈の麓やジュウ渓谷 [the Vallée de Joux] 沿いの山間の町や村にあります。まさに地場

産業です。

ジュネーブからスイス国鉄で二度乗り換え、2時間以上かけて最後は山岳鉄道みたいな盲腸線の終点のル・ブラッシュ [Le Brassus] という小村にオーデマ ピゲ [Audemars Piguet] の本社工場があります。その2駅手前のル・サンティエ [Le Sentier] という町に、ジャガー・ルクルト [Jaegar-Le Coultre] やブランパン [Blancpain] が本社・工房を構えています。その町は水面標高1004mのジュウ湖 [the Lac de Joux] の湖畔ですから、標高1000m以上の町ということになります。あるいは、ピアジェ [Piaget] の本社兼ムーブメント工房はスイスとフランスの国境沿いの林道でしか辿り着けない山深いラ・コート・オ・フェ [La Côte-aux-Fées] という村にありました。鉄道はなく、ジュネーブから車で3時間ぐらいかかりました。比較的大きな町のイヴェルドン・レ・バン [Yverdon-les-Bains] から、どんどん山奥に入って行きました。スイスとフランスの国境を3回ぐらい行ったり来たりしていると知らされましたが、国境検問所や国の標識もありませんので、まったくわかりませんでした。くねくねとした細い林道なのに、切り出した丸太が満載のトラックに追いついてしまいました。分岐点もめったにありませんので、30分ぐらいずっとそのトラックのお尻を見ながら、あの積荷の巨大な丸太が荷崩れして落ちてきたら

第2章　ラグジュアリーブランディングの応用

直撃されて死んじゃうよね、なんて怯えながら、やっとの思いで行きました（笑）。道案内も道標も何もありません。人家がポツリと見えて、初めて「ここよりラ・コート・オ・フェ」という案内が出ていて、やっとその村に着いたのだとわかりました。

だけどそんな山奥に、世界に名の轟いているピアジェやジャガー・ルクルトの本社工房があるのです。ものすごく驚きました。本当に山の中の町工場、おらが村の会社が世界に名を轟かせている。これに対して、日本ではそういう会社はもう潰れそうなわけですから、それは大きな間違いであろうというのが、私の基本的な考え方であります。しかも、スイス時計産業は、クォーツショックを乗り越えてラグジュアリーとして復活したのですから、スイス時計産業に学ぶ必要があります（拙監訳『機械式時計』という名のラグジュアリー戦略』および拙監訳『ラグジュアリー時計ブランドのマネジメント』を参照）。

老舗企業や地場・伝統産業だけでなく、日本の中小のものづくり企業もピンチです。たとえば、日本の鞄・靴製造業は、風前の灯火です。価格の高いものはヨーロッパのラグジュアリーブランドの鞄・靴が売れます。価格の安いものは香港や中国などアジアの国からどんどん入ってきます。日本の中小メーカーが得意なミドルレンジの中価格帯は、上からと

下からの両方から攻められて席巻されています。まさに挟み撃ちです。どんどん狭まってジリ貧です。いま、国は関税の原則無税化を目指してTPP（環太平洋パートナーシップ）を締結しようとしています。原則無税化でもコメや農産物は例外にして守ろうとしていますが、鞄・靴は例外化の対象になっていません。ということは、TPPが締結されたら鞄・靴の輸入は無税化されます。関税がかかっている現在でもヨーロッパ製とアジア製がどんどん入ってきているのに、これで無税化されたら日本の鞄・靴製造業は止めを刺されるのが目に見えています。

鞄・靴はファッション業界では「ファッション小物」と呼ばれますが、ファッション製品の本丸の洋服、アパレルも状況は同じです。価格の高いものはヨーロッパのラグジュアリーブランドの服が売れます。価格の安いものはバングラデシュなどアジアで生産されるファストファッションがどんどん入ってきます。鞄・靴と同じ構造ですね。日本の中小アパレルメーカーが得意なミドルレンジの中価格帯は挟み撃ちに遭い、どんどん狭まっています。実は百貨店でも、この中価格帯の日本製が売場面積でも品揃えでも利益率でも厚かったのに、どんどん縮小しています。やはりTPPが締結されて海外製が無税化されたら、日本の中小アパレルメーカーは厳しいと思います。この構造は中小だけでなく、大手

第2章　ラグジュアリーブランディングの応用

であってもまったく同じです。国内アパレル大手といわれるオンワードもワールドも、すでに赤字に陥っています。

だけど、それがパリやミラノ、ローマの老舗、ヨーロッパの老舗だったならば、世界的ラグジュアリーになれるのです。同じような鞄とか靴をつくっているのに、洋服をつくっているのに、片や潰れそうというのは大きな間違いですよね。でも、彼らと日本のそういう企業との間の共通点というのはものすごく多いわけです。何度もいいますが、世界的ラグジュアリーは単にヨーロッパの老舗企業や地場・伝統産業のことですから、何とかなるはずですし、何とかしないといけないのです。

これは老舗や地場・伝統産業、中小ものづくり企業に限らず、大手を含めて日本のものづくり全般にもいえると思います。食品も異物混入事件で図らずも明らかになったように低価格の加工食品はほとんどアジア製です。反対に高価格なチョコレートやマカロンはフランスやベルギーなどのヨーロッパ製です。また、挟み撃ちほどひどくはありませんが、テレビや携帯電話は韓国製、電気製品は低価格のアジア製に押されています。自動車は、高価格のヨーロッパ製になかなか太刀打ちできません。このように考えると、日本のもの

◆101

づくり全般に、高くても売れるラグジュアリーブランドに学ぶ必要があると思います。

(3) ラグジュアリーブランドを育てたのは日本

ラグジュアリーブランディングを研究している理由の三番目は、ラグジュアリーブランドを育てたのは日本だからです。これは、後で詳しく触れますので、ここでは省略します。

ジリ貧の日本企業の生きる道：ラグジュアリー

●●●●●●●●●●●●●●●●●●●●

日本の地場・伝統産業は需要や売上は減少するし、そうかといって小さい会社では世界展開は厳しいなんて、よく聞きます。けれども、先ほどいいましたように、世界的ラグジュアリーブランドはヨーロッパの地場・伝統産業なんですから、何ら変わるところはないのです（資料2）。

あるいは、グッチを見習え、ルイ・ヴィトンを見習えって私がいうと、無理、無理、とてもそんなのは無理。いや、そもそも日本企業がラグジュアリーになれるわけがないとか、強く否定する人が多いのです。けれども、それは今のラグジュアリーブランドを見て、無

第2章　ラグジュアリーブランディングの応用

資料2　日本の地場・伝統産業の悩み：危機的状況

需要・売上の減少
世界展開も難しい

世界的ラグジュアリーブランドは欧州の地場・伝統産業
→ラグジュアリー戦略、ラグジュアリーブランディング
ルイ・ヴィトンは1978年、パリとニースの2店舗だったのを
日本に自ら進出、一挙6店舗開店してグローバル化開始

出所：長沢伸也（2014）、同前、p.18
原出所：長沢伸也編著（2007）『ルイ・ヴィトンの法則―最強のブランド戦略―』
　　　東洋経済新報社、pp.137-139、表1「店舗出店推移トピックス」

理、無理といってるんですが、もともと地場・伝統産業のファミリービジネスだったさえない街角のブランドが、世界的なラグジュアリーブランドになるために何をやったか、どうやって大きくなったかって、そのプロセスを学ぶべきというのが私の主張であります。その結果だけ見て無理というんじゃなくて、それはもともと小さかったわけですから。

たとえば、ルイ・ヴィトンは1854年創業だけど、創業から124年間、ロンドンには出たこともあるけど撤退したりしてるから、1978年時点でパリとニースの2店舗、フランス国内2店舗しかなかったんです。だけど、この年に突然、東京、東

京、東京、大阪、そして大阪と、一挙に6店舗、極東の島国に店舗を出して、極東の島国でパリの老舗の地味な鞄が、ばか売れすることを発見したわけです。この意味で、日本がラグジュアリーを発見した。ラグジュアリーが日本を発見した。以後、80年にシャネルが乗り込んできます。80年代を通じてバブルということもあって、ヨーロッパのラグジュアリーブランドは押し寄せてくるわけです。

今、東京、銀座、表参道あるいは世界の目抜き通りにラグジュアリーブランドが並んでますけれども、1978年以前には全くなかったのです。今から想像できないかもしれないけれど、それより遡れば全くなかったわけですから、それを考えれば、日本の企業にもチャンスはあると私は思います。

これは、何も地場・伝統産業に限った話ではありません。電機産業、自動車産業だって、今、新興国メーカーが追い上げてきています。どうするか。歴史に学ぶことは重要です。

そもそもスイスの時計産業だって40年前、クオーツショックが起こったわけです。クオーツショックっていうのは、1969年のクリスマスの日にセイコーが、セイコー・アストロンといって、クオーツ時計をひっ下げて入ったわけです。当初、価格は高かったんですが、70年代、劇的に価格が安くなって、精度が良かったものだから、スイスの時計産

104

第2章　ラグジュアリーブランディングの応用

業は壊滅的な打撃を受けました。統計では産業人口が半減したといわれますけども、取材してみたら、たとえばジャガー・ルクルトでも950人が350人に減ったとか、IWCでも400人が100人に減ったことがわかりました。あるいはスイスの時計工房ってなぜか3階建てなんだけど、当時は1階しか電気が点いてなくていてもう人がいなかったという証言もありましたから、実感としては3分の1といわれています。300人規模の小規模な会社は、3分の1の100人未満になると、時計がつくれなくなるから倒産しちゃったわけです。

なんだけど、そのスイスの時計産業が劇的に復活したのは、ラグジュアリー化で生き延びたわけですから、それは日本の製造業が生きる道を示しているんじゃないかと思います**(資料3)**。

今のラグジュアリーブランドを見るんじゃなくて、彼らが何をやってラグジュアリーになったかを学ぶ必要があります**(資料4)**。

それでは、ラグジュアリーになるというのは、どういうことなのでしょうか。

たとえば100円の時計を1万人に売ると、売上が100万円になります。しかしながら、100万円の時計を1人に売っても100万円の売上ですよね。これ、どっちを目指

資料3　日本が誇る電機産業・自動車産業の悩み：危機的状況

新興国メーカーの低価格製品による追い上げでジリ貧

クオーツショックにより40年前瀕死のスイス時計産業は劇的に復活
　　→日本製造業が生きる道

出所：長沢伸也（2014）、同前、p.18
原出所：長沢伸也（2014）「監修者による解説」、ピエール＝イヴ・ドンゼ著、長沢伸也監修・訳『「機械式時計」という名のラグジュアリー戦略』所収、世界文化社、pp.5-10をもとに筆者作成

資料4　ご説はごもっとも。でも、そうはいっても……

今のラグジュアリーブランドを見ると、とても真似できない
100円の時計を1万人に売って100万円の売上

欧州の老舗が何をやってラグジュアリーブランドになったかを学ぶ
100万円の時計を1人に売って100万円の売上
→製品、価格、流通、プロモーション、顧客が異なる＝イノベーション

出所：長沢伸也（2014）、同前、p.19
原出所：長沢伸也編著、福永輝彦・小山太郎・岩谷昌樹共著（2014）『グッチの戦略—名門を3度よみがえらせた驚異のブランドイノベーション—』、東洋経済新報社、pp.5-24、「プロローグ」をもとに筆者作成

第2章 ラグジュアリーブランディングの応用

すんですか？　ということになります。しかしながら、そうはいってもなかなかねっていうのは、何がなかなかなのでしょうか。

結局、100円の時計と100万円の時計は同じ時計といっても、製品は明らかに違うはずですし、また違ってなきゃいけないよね。どうしてこれが100万円なんですか？　100円の時計とどこが違うんですか？　と訊かれて、ちゃんと説明がつかないと売れませんよね。

製品が違うわけです。当然、価格も100円と100万円、違います。そうすると流通も違います。100円の時計は百均ショップで売ってるわけです。百均ショップに横並びで突然100万円の時計が置いてあって、そんなの売れるわけないですよね。そうすると、売場、売る店も変えなきゃいけなくなります。プロモーションも当然、安いのを訴える100円の時計よりは、100万円の時計はストーリーとかヒストリーを売らないと、売れないことになります。最大の問題は100円の時計を買う顧客と100万円の時計を買う顧客は、顧客が異なるわけです。イノベーションというのは技術革新ではなくて、あらゆるビジネスの革新がイノベーションですけども、顧客が異なるというのもイノベーションですね。

107

ラグジュアリーを目指すというのは、だから製品もイノベーション、価格もイノベーション、流通もイノベーション、プロモーションもイノベーション、そして肝心の顧客も変わって、すべてがイノベーションになるのです。イノベーションとなるとどうしても尻込みしますから。そうするとなかなかご説ごもっともといっても、なかなかできないということになるのかな。それはイノベーションが難しいことにほかならないことになります。

そうすると、今度は、ご説はごもっとも。でも、そうはいっても、何をしたらいいかわからない、経験もないっていわれます。しかし、ラグジュアリーが教えるところによると、夢、憧れ、希望、イメージ、物語、歴史、個人。個人とは、創業者とかデザイナーとか、技術者、職人、大使、アンバサダー、あるいは女神、ミューズですね。あるいは原産国効果ですね。メイド・イン・ジャパン。時計だったらスイス・メイド。ちなみに、スイスには連邦議会が定めたスイス・メイド法という法律があって、コスト全体の半分以上はスイス製であることと決まっているそうです。あと稀少性、真正性、世界観、情熱、熱狂、クリエイティビティー、オリジナリティーが必要です（資料5）。

留学生の人もいるから、英語でもう一度。ドリーム、アドミレーション、デザイア、イメージ、ストーリー、ヒストリー、レアリティー、オーセンティシティー、ブランドユニ

第2章　ラグジュアリーブランディングの応用

資料5　ご説はごもっとも。でも、そうはいっても……

何をしたらよいかわからない、経験も無い

夢、憧れ、希望、イメージ、物語、歴史、個人（創業者、デザイナー、技術者、職人、大使、女神）、原産国効果（メイド・イン・ジャパン）、稀少性、真正性、世界観、情熱、熱狂、クリエイティビティー、オリジナリティーのマネジメント＝ラグジュアリー戦略

出所：長沢伸也（2014）、同前、p.19
原出所：長沢伸也（2014）「監修者による解説」、ピエール＝イヴ・ドンゼ著、長沢伸也監修・訳『「機械式時計」という名のラグジュアリー戦略』所収、世界文化社、pp.5-10をもとに筆者作成

バース、パッション、エンシュージアズム、クリエイティビティー、オリジナリティーが必要です。これだけ英語を並べますと、もっともらしく聞こえますね（笑）。こういう、およそ定性的なものをマネジメントしなければいけなくなるんです。これらを今までマネジメントした経験もないし、どうやっていいかわからないというけど、それはラグジュアリーブランドがこれまでやってきたことを見れば、参考になるでしょう。

日本企業には無理、そもそも日本では無理だともいわれます。けれども、1978年にルイ・ヴィトンが日本に一挙に6店舗進出したとき、陣頭指揮したのが秦郷次郎

資料6　ご説はごもっとも。でも、そうはいっても……

日本企業には無理。日本では無理

ラグジュアリー企業は元々はフランスやイタリアの地場・伝統産業
ラグジュアリー企業のグローバル化は日本から始まった
ラグジュアリーブランディングは日本発（秦モデル）
スイス時計産業は日本企業が撃破し、日本の顧客が救った
欧州高級百貨店は日本の百貨店が手本（髙島屋モデル）

出所：長沢伸也（2014）、同前、p.20
原出所：長沢伸也（2014）「監修者による解説」、ピエール＝イヴ・ドンゼ著、長沢伸也監修・訳『「機械式時計」という名のラグジュアリー戦略』所収、世界文化社、pp.5-10をもとに筆者作成

さんです。この人がラグジュアリーブランディングの基本的なモデルをつくっているわけです。だから日本人がつくっているわけです。そしてまた、日本市場がラグジュアリーブランドをつくっております（**資料6**）。

あと、スイスの時計産業は歴史的にはクオーツショックっていいますけど、地元の人、あるいはラ・ショー・ド・フォンにある国際時計ミュージアムのガイドは、みんな、セイコーショックっていいますよね。セイコーにやられた、日本の企業にやられたと恨み込めていうわけですけども。だけど、機械式時計で復活を目指して、トゥールビヨンなんていう複雑機構、あるいは

110

ムーンフェイズという月の満ち欠けを示す機能が付いた時計が、宝石が1個も付いてなくても、何百万円あるいは1000万円超える時計を評価して買ってくれたのは、日本の消費者なんです。だから、スイスの時計産業を壊滅的に打撃を与えたのは日本の会社、そこからラグジュアリー化で救ったのは日本の消費者。だから日本企業にやられ、日本の消費者に救われたという、スイスにとって日本は特別な位置付けです。

先ほど、銀座や表参道にブランドが並んでいるけれども、昔はそんなことなかったっていいましたけど、デパートもそうだったんです。昔は日本の冴えないブランドしか入ってなかったんです。今日のように、デパートの特に1階とか、2階、特選フロアにラグジュアリーブランドが並んでいるのは、ひとえに日本の百貨店の成功モデルが輸出されてるからですね。もっと具体的にいえば、日本橋髙島屋でエントランスの吹き抜けの周りをラグジュアリーブランドがぐるりと取り囲んで成功したのを、髙島屋と当時提携していたパリのプランタン百貨店が真似して導入し、隣のギャラリー・ラファイエットも真似していったのです。こういうことですから、日本橋髙島屋がモデルになっている。これは世界へ輸出されているわけです。ラグジュアリーブランドを築いたのは日本なんです。

そうすると、日本には老舗や地場・伝統産業がいっぱいあって、こだわりのものづくり

資料7　ご説はごもっとも。でも、そうはいっても……

市場は有限＝ゼロサム
市場占有率（シェア）の取り合い＝他社を蹴落とせ

×

クリエイションは無限＝市場は無限
共存共栄（シェア）が可能＝他社を蹴落とす必要なし
「和を以て貴しと為す」＝心おきなく高付加価値化に注力

○

出所：長沢伸也（2014）、同前、p.20
原出所：長沢伸也（2014）「監修者による解説」、ピエール＝イヴ・ドンゼ著、長沢伸也監修・訳『「機械式時計」という名のラグジュアリー戦略』所収、世界文化社、pp.5-10をもとに筆者作成

をいっぱいにしていますし、世界のラグジュアリーブランドはヨーロッパの老舗や地場・伝統産業だし、それを育てたのは日本ですから、こんなに条件がそろってるわけです。しかも、市場は有限でゼロサムということはシェアの奪い合いだから、他社を蹴落とせって話ばかり聞こえてきますけれども、ラグジュアリーブランディングはクリエイションの問題です。クリエイションは無限ですよね。そうすると共存共栄という意味のシェア、ルームシェアのシェア、つまり共存共栄が可能であって、他社を蹴落とす必要はありません。とにかく自分自身のクリエイションに専念すればいいことになりますから、他社を蹴落とす必要はな

112

第2章　ラグジュアリーブランディングの応用

い。「和を以て貴しとなす」という、日本古来の日本らしさにぴったりです。各社が心おきなく高付加価値化に注力すれば、他社のことは関係なくなるから、日本人や日本企業のテンペラメントに非常に合ってるんじゃないかというのが私の主張です（資料7）。

ラグジュアリー戦略は従来型マスマーケティングの逆張り

最後、まとめ的になりますけども、先ほどいいましたラグジュアリー戦略は従来型マスマーケティングの逆張りだと、こういっているわけです（第3章の表1）。しかし、もうちょっと付け加える必要があるなと今、私は思っております。

併せて、ラグジュアリーブランドとして日本ブランドが成功するために、日本ブランドの強み・弱みを考えてみました（表1）。

PRODUCT（製品）の強みとしては、日本ブランドはご存知のように、高い品質と技術力を持っています。ただし、過剰品質気味ですね。弱みとしては、卓越した品質・絶対的品質でないことです。それから、強みとして、こだわりの品質・ものづくりです。デザイ

◆ 113

表1 ラグジュアリーブランドとして日本ブランドが成功するために（強み・弱み）

項　目	強　み	弱　み
PRODUCT（製品）	高い品質・技術力（過剰品質気味） こだわりの品質・ものづくり 良いデザイン、機能美も	卓越した品質・絶対的品質でない こだわり・職人見えず、物語なし 感性品質（経験価値）が少ない
PRICE（価格）	比較的高価格も	低価格も。絶対価値がない
PLACE（流通チャネル）	高級イメージの流通チャネルも 商品知識豊富な販売員	イメージの悪い流通チャネルも 流通チャネルを支配できない
PROMOTION（プロモーション）	芸術的な広告・イメージ広告も	パブリシティ（メディアに取り上げられること）が下手
BRAND（ブランド）	100年以上の老舗が多い 長期的視野	自社のアイデンティティ不明 アメリカ式経営に傾斜

出所：長沢伸也（2014）、同前、p.21

ンも良いですし、機能美を感じさせるものもあります。しかし、そのこだわりや職人が見えません。物語もありませんし、感性品質、専門的には経験価値といいますが、これが少ないのです。

製品をつくるのは、ものづくりです。ものづくりには、生産の4Mといわれる4要素があります。マン、マシン、マテリアル、メソッドのことですが、やはりマンは職人ですね。これはもう絶対ですが、同じ職人でも、やはり手づくりとか名人芸

114

の部分があることというのが大事だと思うんです。昨今なかなか手づくりというのはないかもしれないけど、もちろん服を縫うのも針と糸で手縫いなら間違いなく手作業だけども、たとえばミシンを使ったとしても、100人に1人ぐらいしかいない選り抜きのミシン職人じゃないと縫えないっていうのは、WACOAL DIA（ワコールディア）のレースなんといってるんです（長沢伸也編著、早稲田大学ビジネススクール長沢研究室共著『経験価値ものづくり―ブランド価値とヒットを生む「こと」づくり―』）。それはミシンという機械で縫ってるかもしれないけれど、限りなく手仕事に近いイメージがありますよね。

だからそういう手仕事、あるいはそれに準ずるような職人技が必要だと思います。

あと当然、つくり方あるいは縫い方ですね。エルメスのケリーバッグ［kelly］はクウジュセリエといってますけども、一般にはサドルステッチですね。サドルステッチというのは何かというと、1つのミシン穴に、普通、ミシンって上から糸を1本通すのですけど、同じ穴に下からも糸を通して2本交互に縫うのがサドルステッチです。これは何でかというと、まさにサドルのためです。サドルは日本語でいう鞍ですが、サドルで騎手が足を掛ける細い革の部分が鐙です。あれは幅が1センチもないんだそうですね。だいたい鞍自体が1キロもなくて500グラムとか、鎧のようにごつそうに見えるけど、500グラムぐら

115

いしかないんですね。騎手が踏ん張る足を掛けるところは1センチもないんだけど、競馬で最後の第4コーナー回りましたなんていう追い込みになりますと、騎手がみんな立ってハイヤーッなんてやるから、ものすごい負荷が掛かって、それがぶちっと切れると馬から落ちて落馬して本当に死んじゃいますから、切れてはいけないわけ。その縫い方がサドルステッチなんです。その縫い方をハンドバッグに応用するから、エルメスのケリーバッグやソメスサドルの革の鞄はとても丈夫になると、こういう理屈になります。ですから、その工法、縫い方も特徴になるだろうというふうに思います。

PRICE（価格）は、日本企業の製品にも比較的高価格のものもあります。しかし、低価格のものもあります。そして、絶対価値がない。

PLACE（流通チャネル）では、化粧品などのように高級イメージの流通チャネルもありますし、商品知識豊富な販売員は強みです。しかし、一方でドラッグストアのようなイメージの悪い流通チャネルも併存・併用しています。そして、決定的な弱みとして、流通チャネルを支配できないことです。

流通チャネルも、結局高いものって売れにくいんですよね。新潟の燕・三条にあるスノーピークのキャンプ用テントでいうと、他社が2万円の商品のところを、スノーピークは12

第2章　ラグジュアリーブランディングの応用

万円で売っていたわけです。以前は卸を通してスポーツ用品店で売っていて、スポーツ用品屋さんの店頭に並ぶと、他のメーカーの商品は2万円なわけです。2万円、2万円、2万円、12万円、2万、2万、2万円ってなるから、まずそもそも置いてもらえないのね。仮に置いてもらったとしても、お客さんが、2万円、2万円、12万円、何でこれだけ高いの？　って話になりますよね。そのときに店員が、「この商品は、これこれそれで、永久保証で三条の金物でつくってるから、丈夫で長持ち、結局お得です」っていうふうに力説してくれても、売れるかどうかわからないのに、多くの店員さんは商品知識がない、あるいはそういう情熱がないから、「ええ。これは高いんですよ」としかいわない。これでは売れないと思う。そうすると当然、流通チャネルはなるべくなら直営店あるいは自社、自分で売るのがベストということになります。

PROMOTION（プロモーション）では、芸術的な広告・イメージ広告も見られます。
しかし、概してメディアに取り上げられるパブリシティが下手です。もっといえば、取り上げられるようにメディアに仕掛けるのが下手です。プロモーションも当然、普通に広告しただけでは単に高いだけになっちゃいますから、やはりそれにストーリー、ヒストリーを売るわけですから、そうするとその説明をするとなると、通常の広告では、特にテレビ

117

の5秒とか10秒のCMでは伝えきれない。むしろ、パブリシティでじっくり取り上げられるのが大事と。そう考えると、より具体的な条件が出てくるので、それは日本の地場・伝統産業にも応用が可能なレベルにブレークダウンを私はしているつもりです。だけど、日本ブランドはなかなか難しいことになります。

BRAND（ブランド）としては、100年以上の老舗が多いですし、長期的視野は強みです。しかし、自社のアイデンティティや存在理由が不明です。そして、何よりもアメリカ式経営に傾斜しているのが悪いとは申しませんが日本企業には合っていないと思います。

日本ブランドの強みを生かしたり伸ばしたりしながら、弱みを克服または改善していけば、日本ブランドがラグジュアリーブランドとして成功することは十分に可能だと思います。

●●●●●●●●●●●●●●●● ラグジュアリーブランドの構成要素（試案）

それでは、日本企業がラグジュアリーブランドを目指すことになったとします。ラグ

第2章 ラグジュアリーブランディングの応用

ジュアリーブランドの構成要素として、どんなものが考えられるか、事例を交えながら説明します（**表2**）。これらは、今日現在の私の試案です。もっと研究が進むと、多少の増減や修正が起こると思いますので、暫定版としてお聞きください。それでも、具体的に提案しないとなかなかできないので、意欲的にお示ししているとご理解ください。

① ネーム

当然ですが、ブランド名、つまりネームが必要です。これは、普通のブランド論でもブランドの構成要素になっています。ネームとは、文字によって表記し、発音できる正式名称です。ただし、ラグジュアリーブランドでは、出自の国を感じさせることが望ましいと思います。たとえば、「ルイ・ヴィトン」というネームは、いかにもフランスふうです。同じフランスの鞄ブランドでランカスター・パリ［Lancaster Paris］というブランドもありますけれど、ランカスターって聞いてもあまりフランスふうに聞こえないし、損していると思います。やっぱりそれっぽいのが大事かなと思います。

日本ブランドは、日本らしいネームが望ましいと思います。一澤信三郎帆布は、長年、漢字表記は流行らない、英語名かローマ字に変えろと言われ続けたそうですが、最近では外国人観光客が「漢字がクール」といって、むしろ喜ばれるそうです。

表2　ラグジュアリーブランドの構成要素（試案）

構成要素	説明	事例
①ネーム	文字によって表記し、発音できる正式名称	ルイ・ヴィトン（いかにもフランス風）
②ロゴ	ネームを特徴的な字体や色彩で表記した連結文字（ワード・マーク）と、その他の装飾的な図形、記号、色彩等のシンボルマーク	**LOUIS VUITTON**
③色、形、素材、パターン	他ブランドと識別できる色、形、素材（造形の3要素）やパターン	LとVの組み文字（モノグラム）、花と星、ダミエ柄（市松模様）、こげ茶
④アイコン	アイコン的製品、アイコン的特徴	スピーディ、キーポル
⑤旗艦店	ブランドの全商品を取り揃えるとともにブランドの世界観を魅せる店。一等地に立地	パリ・シャンゼリゼ通り本店　ルイ・ヴィトン表参道店
⑥聖地（地名）	創業の地、工房所在地、博物館、美術館等	パリ近郊のアニエール（ルイ・ヴィトンの元本社工房と博物館がある）
⑦人物（人名）	創業者、デザイナー、技術者、職人、大使、女神、著名人等	創業者：初代ルイ・ヴィトン　デザイナー：M.ジェイコブス、N.ジェスキエール
⑧世界観	名前を読まなくてもブランドを認識可能にするものすべて。たとえば、ブランドの想像力、ブランドとともにある生活、ブランドに内在する神話、ブランドの価値体系等	旅（ルイ・ヴィトンといえば「旅」のブランド）
⑨正当性	ブランドの存在理由や権威付けの源（事業、素材、歴史、文化、生活様式）	19世紀の貴族社会、特にウージェニー皇后御用達
⑩夢	ブランドの認知度と普及度の差	認知度は絶大、普及度はかなり高い

出所：長沢伸也（2014）、同前、p.22を一部修正
原出所：長沢伸也（2009）「ブランドマネジメント」、JIDA編『プロダクトデザイン―商品開発に関わるすべての人へ』所収、ワークスコーポレーション、2009年、p.71、表に加筆

第2章　ラグジュアリーブランディングの応用

ちなみに、「ルイ・ヴィトン」のことを省略して「ヴィトン」と一般の人はいったりします。しかし、正式なブランドネームは「ルイ・ヴィトン」です。表記では「ルイ」と「ヴィトン」の間にナカグロ（・）が必要です。しかし、持ち株会社の「LVMHモエヘネシー・ルイヴィトン」では、「ルイ」と「ヴィトン」の間はナカグロではなく半角スペースです。

このように、ラグジュアリーブランドの日本語表記では、ナカグロだったり、半角スペースだったり、詰めてつなげる場合もあったりしますので、本を出版したり解説を書くときには非常に神経を使います。

なぜそのように表記するかは、私のせいではありません（笑）。各ブランドが日本で展開する際に、片仮名表記を定めて、メディアにも要請するので表記は統一されています。

もともとフランス語やイタリア語などですから、原語での発音が正確に片仮名で表現されるとは限りません。たとえば、国際会議のディナーで同席したイタリア人教授に、日本人ですからグッチを知らないはずがないので、仕方なく「グッチ」と発音したら通じませんでした。イタリア「オーッ、グーチ」といわれました。「グ」に強いアクセントがあり、「グッチ」というよりは「グーチ」に近い感じです。これには驚きました。

さらに驚いたのが時計ブランドのジャガー・ルクルトです。標高1004mのジュウ湖の湖畔の本社工房を見学した際に、コミュニケーション・マネジャーが「ジェイジャ」「ジェイジャ」と何回かいうので、何かと思って尋ねたら、わが社だと答えます。そこで、改めてJaeger-LeCoultreの発音を尋ねたら、スイスのフランス語圏のスイス・ロマンドですからフランス語読みで「ジェイジャ・ルクゥールトル」とのことです。私は仰天して、「日本ではジャガー・ルクルトと呼んでいるぞ」と教えたら、「誰もフランス語読みできないから構わないのだ」とのことで、その割り切り方にいっそう驚きました。時計ブランドでは、ドイツのランゲ＆（アンド）ゾーネも、Lange & Söhne ですから、ドイツ本国では、「ランゲ・ウント・ゼーネ」と発音します。

ネームは何でもよいというのは言い過ぎですが、むしろ統一的に用いることのほうが重要なように思います。

② ロゴ

ロゴも普通のブランド論でも同じでして、ネームを特徴的な字体や色彩で表記した連結文字（ワード・マーク）と、その他の装飾的な図形、記号、色彩等のシンボルマークです。

たとえば、「ルイ・ヴィトン」というロゴは、他の字体とかでは駄目で、正規のロゴでな

122

第2章　ラグジュアリーブランディングの応用

ければなりません。

③ 色、形、素材など

他ブランドと識別できる特徴的または象徴的な色、形、素材（造形の3要素）やパターンがあるのが望ましいと思います。ほかにも、シャネルの白と黒、アイボリーやツイード素材などということになります。たとえば、ルイ・ヴィトンですと焦げ茶色ということになります。ほかにも、シャネルの白と黒、アイボリーやツイード素材などがあります。包装材や広告に多用されるティファニー・ブルーと呼ばれるティファニーの水色の包装紙や紙バッグ、エルメスのオレンジなどもそうです。

形ですと、フランク・ミューラー［Frank Muller］のトノー型の時計があります。トノー型とは、長四角で中央部分が樽のように膨らんでいる形です。なお、このブランドを「ミューラー」と伸ばしている人が多いのですが、正しくは「ミュラー」です。ちなみに、「なんちゃって」のような日本ブランドで、「フランク三浦」という安い時計のブランドがあります。時計雑誌によると、「みうら」の「み」を強くアクセントを置いて発音し「う・ら」は弱く発音するのがコツだそうで、そうするとほら、「フランク・ミュラ」。（爆笑）

素材は、たとえばフェンディといったらやっぱり毛皮だよねとか、プリングル・オブ・スコットランド［Pringle of Scotland］はニットだよね、みたいに素材そのもので特徴が

123

出るブランドというのもあります。

専門的には何というのかよくわかりませんけれど、私がいう2次素材に特徴があるブランドもあります。それは何かというと、シャネルのハンドバッグやディオールのレディーディオールのようなマトラッセですね。日本語では、膨ら織りといいます。これは、革の中に綿を詰めて、そこをミシン掛けすると綿がふっくら膨らむ。ああいうのをマトラッセというんですけども、それは素材そのものかというと、それは平面ですよね。平面のマトラッセを組み立てて鞄にするわけだから、立体にする前の平面という意味の2次素材に特徴があれば、マトラッセなんかも特徴になるかなと思います。あるいは、見せびらかしの反対の「奥ゆかしいラグジュアリー」の典型になりますが、ボッテガ・ヴェネタ［Bottega Veneta］のイントレチャートという革を編み込むつくり方。あれも素材は革で変わらないけれど、その編み込んだ状態を布、あるいは革相当にして、鞄や財布をつくるわけですから、2次素材に特徴があるわけです。それも必要かなというふうに思っております。

色や形は目立ちますが、これからは素材の質感がだんだん大事になってくると思いますし、日本はハイテク素材を含めて素材に強みがありますので、日本ブランドは素材や質感

をもっと生かすべきだと私は思います。

④ **アイコン**

プロダクトは卓越した品質だけあればいいかっていうと、どうもそうじゃない。絶対的品質、感性品質だ、経験価値だ、これだけだと何か足りないなと最近思うようになっています。博士課程の杉本香七さんが研究しているアイコン製品というのは必要なんじゃないか。要するに、そのブランドを象徴するような特徴ある製品というのが要るんじゃないかと、最近思うようになりました。

アイコン的製品です。アイコンはiconですので宗教のほうではイコンといいますが、イコン画のイコンです。キリスト教の教えが一目でわかるイコン画のように、ブランドのテイストや特徴がその一品でわかる製品です。これがあるブランドは強い。

ルイ・ヴィトンならスピーディやキーポルバッグでしょう。シャネルなら、いわゆるシャネルスーツ、カメリア（椿）の柄やブローチ、バイカラーシューズ、チェーンベルトバッグなど、たくさんあります。グッチなら把っ手が竹でできたバンブーバッグがあります。

あるいは製品そのものではなく、アイコン的特徴もあります。そのブランド独特のパターンや模様のことです。ルイ・ヴィトンならLとVの組文字と花と星、つまりLVモノ

グラムみたいな模様も特徴になると思います。あるいは市松模様のダミエ柄もルイ・ヴィトンのアイコン的特徴です。模様は色ではないので、造形の3要素である色、形、素材のほうではなくこちらに入れております。シャネルならカメリア（椿）の柄や模様、水兵さんのようなボーダー（縞）柄などです。

⑤　旗艦店

　旗艦店、英語でいうとフラッグシップショップは、ファッション事典などでは「ブランドの全商品を取り揃える店」と説明されていますが、ラグジュアリーブランドではそれだけでは足りないと思います。「ブランドの全商品を取り揃えるとともにブランドの世界観を魅せる店」と定義すべきだと思います（長沢伸也編著、早稲田大学ビジネススクール長沢研究室共著『地場・伝統産業の経験価値創造』）。単に見せるだけではなくて魅せるのです。そして一等地に立地するのが必須条件です。町外れに全商品取りそろえていても、旗艦店っていうかということになりますから。日本なら、銀座か表参道になります。

　私は大学の研究室と自宅以外に、個人用オフィスを表参道に持っています。そうすると、「それはすごいですね」とか、「この先生はひょっとして偉いのかな」と思ってもらえる効果があります（笑）。これが個人用オフィスを新宿区戸塚町に持っていますといっても、

126

第2章　ラグジュアリーブランディングの応用

「ああ、そうですか」だけか、「それってどこですか？」と訊かれるのがオチです（笑）。

このプレステージ効果はラグジュアリーブランドの必要条件です。ルイ・ヴィトンのパリ・シャンゼリゼ通り本店やルイ・ヴィトン表参道店は、「私たちは一流ブランドです」と暗にいっているわけです。極論すると、儲かったから一等地に店を持つのではなく、儲けるために一等地に店を持つのです。ですから先行投資です。お金が要ります。ラグジュアリーブランドが巨大な資本グループ傘下に入る大きな理由の一つでもあります。

⑥　**聖地（地名）**

ラグジュアリーブランドには国名よりももっと具体的な地名の出る聖地が必要だと思います。創業の地とか工房の所在地、博物館や美術館等の所在地が候補です。ルイ・ヴィトンでは、ルイ・ヴィトンの元本社工房と博物館があるパリ近郊のアニエール [Asnières] が聖地になるわけです。入口の通りはルイ・ヴィトン通り [Rue Louis Vuitton] です。

⑦　**人物（人名）**

ラグジュアリーブランドには具体的な人物の人名も大事です。創業者、デザイナー、技術者、職人、大使、女神、著名人等です。ルイ・ヴィトンの創業者はもちろん、初代ルイ・ヴィトンですし、デザイナー、正確にはアーティスィティック・ディレクターを1997

◆　127

年〜2013年まで務めたマーク・ジェイコブス［Marc Jacobs］や、彼の後を引き継ぎ2013年から現在もその任にあるニコラ・ジェスキエール［Nicolas Ghesquiere］という名前が出てきます。ほか、職人や大使、女神もなり得ます。たとえばシャネル、創業者も有名ですけど、シャネルの5番でいえば、「寝るときにほんの数滴、身にまとって寝る」といったマリリン・モンロー［Marilyn Monroe］なんかも思い出されますから、必ずしも創業者である必要はないわけです。

⑧ 世界観

世界観もラグジュアリーブランドには必要だと思います。世界観とは、ブランドユニバースのことで、名前を読まなくてもブランドを認識可能にするものすべてです。たとえば、ブランドの想像力、ブランドとともにある生活、ブランドに内在する神話、ブランドの価値体系等です。ルイ・ヴィトンといえば「旅」のブランドです。ルイ・ヴィトンのお店に行くと、アンティークの古いトランクが展示してあります。もちろん売り物ではなく、昔の人が旅に出るときにルイ・ヴィトンのトランクを持って行ったということを示しています。旅のブランドだから、旅に欠かせないアイテムを出してよろしいということになるわけです。エルメスは「馬」あるいは「馬車」です。

128

第2章　ラグジュアリーブランディングの応用

⑨　正当性

正当性もラグジュアリーブランドには必要だと思います。正当性とは、ブランドの存在理由や権威付けの源です。平たくいえば、ラグジュアリーだということを拠って立つ根拠や起源が要ると思います。具体的には、事業、素材、歴史、文化、生活様式などが候補になり得ます。ルイ・ヴィトンなら、19世紀の貴族社会です。特に初代ルイ・ヴィトンは、ルイ・ナポレオン3世の皇后であったウージェニー皇后のお抱えトランク職人でしたので、皇后御用達だったわけです。これがルイ・ヴィトンが一流だという裏付けになっています。

⑩　夢

夢もラグジュアリーブランドには必要だと思います。夢とは、ずいぶんロマンチックでつかみどころがないように感じられるかもしれません。しかし、カプフェレ教授とバスティアン教授は、「夢の方程式」として、ブランドの認知度と普及度の差が夢であるとしています（J.N.カプフェレ、B.バスティアン共著、長沢伸也訳『ラグジュアリー戦略』）。ルイ・ヴィトンですと、認知度は絶大ですが、しかし普及度もかなり高くなってきたので、このあたりがルイ・ヴィトンの課題かなというふうに思います。

129

この10個でいいのか、10個さえあればいいのかといわれると、ちょっと研究しないといけませんね。特に博士課程の人たちと今後、詰めていこうと思います。それでも、ラグジュアリーを目指す日本企業に具体的な指針になると思いますので、ここで披露いたしました。

ラグジュアリーブランドの「逆張りの法則」

●●●●●●●●●●●●●●●●

フランスのトップ・ビジネススクールであるHEC(アッシュ・ウー・セー)の看板教授であるカプフェレ教授と元ルイ・ヴィトン・マルティエ共同社長だったバスティアン教授が著した『ラグジュアリー戦略』の第3章に、"Anti-Laws of Marketing"が列記されております。「マーケティングの法則の反対」ということなのですが、「マーケティングの逆張りの法則」と訳しました。「逆張り」というと、株式相場の良い時に株を売り、悪い時に株を買うという株の相場を張るみたいで、ラグジュアリー感にいささか欠けます(笑)。しかし、直訳ではインパクトがないので、思い切ってそう訳しました(J.N.カプフェレ、B.バスティアン

第2章 ラグジュアリーブランディングの応用

資料8　マーケティングの逆張りの法則

1. 「ポジショニング」のことは忘れろ、ラグジュアリーは比較級ではない
2. 製品は傷を十分に持っているか？
3. 顧客の要望を取り持つな
4. 熱狂者でない奴は締め出せ
5. 増える需要に応えるな
6. 顧客の上に立て
7. 顧客がなかなか買えないようにしろ
8. 顧客を非顧客から守れ、上客を並の客から守れ
9. 広告の役割は売ることではない
10. 標的にしていない人にもコミュニケーションせよ
11. 実際の価格より常に高そうに見えるべきである
12. ラグジュアリーが価格を定め、価格はラグジュアリーを定めない
13. 需要を増やすために、時間が経つにつれて価格を引き上げろ
14. 製品ラインの平均価格を上げ続けろ
15. 売るな
16. スターを広告から締め出せ
17. 初めて買う人のために、芸術へ接近するように努めろ
18. 工場を移転するな

出所：長沢伸也（2014）、同前、p.22
原出所：J. N. カプフェレ、V. バスティアン共著、長沢伸也訳『ラグジュアリー戦略』東洋経済新報社、2011年、p.7、目次

共著、長沢伸也訳『ラグジュアリー戦略』。

「マーケティングの逆張りの法則」として、18の法則が挙げられております（資料8）。

この「マーケティングの逆張りの法則」にあるように、ラグジュアリー戦略では、「売るな」とか、「顧客の上に立て」とか、とにかく驚くようなことがいっぱい書いてあります。

「マーケティングの逆張りの法則」の第1法則が

131

「『ポジショニング』のことは忘れろ、ラグジュアリーは比較級ではない」という法則です。とにかく普通のマーケティングでは鉄則であるセグメンテーションとか、ターゲティングとか、ポジショニングみたいなことは、もう忘れろというのです。「ラグジュアリーは比較級ではない」、そしてラグジュアリーは最上級、最高無比のスパーラティブだといっております（資料9）。これについては、シンポジウムの基調講演で、ラグジュアリーの定義として詳しく触れましたので、ここでは省略いたします。

「マーケティングの逆張りの法則」の第2法則は、「製品は傷を十分に持っているか？」という法則です。完璧なのがラグジュアリーではないのです。その反対で、製品は十分に傷を持っていることが大事です。これは誤解を招きそうな表現ですので補いますと、「痘痕（あばた）も笑窪（えくぼ）」です。つまり、傷を魅力に高めろということです（資料10）。

たとえば時計でいうと、ソーラー電波時計の百万年に1秒という精度は完璧です。わずかな光さえあれば、放っておいても正確に動き続けるので便利です。このことは実用性という意味では便利ですばらしいわけですが、ラグジュアリーとしての魅力はむしろ、手間がかかる機械式時計、特に手巻き式時計にあります。

早稲田大学の同僚の会計の先生でI先生という時計マニアの先生がいらっしゃいます。

第2章 ラグジュアリーブランディングの応用

資料9　マーケティングの逆張りの法則　その1

「セグメンテーション」「ターゲティング」
「ポジショニング」
→商品の同質化、コモディティ化、価格競争、……

×

「ポジショニング」のことは忘れろ、
ラグジュアリーは比較級（comparative）ではない
→最上級・最高無比（superlative）だ

○

出所：長沢伸也（2014）、同前、p.23
原出所：J. N. カプフェレ、V. バスティアン共著、長沢伸也訳『ラグジュアリー戦略』東洋経済新報社、2011年、pp.109-179、第3章「マーケティングの逆張りの法則」をもとに筆者作成

資料10　マーケティングの逆張りの法則　その2

製品は完璧であるべきだ

×

製品は傷を十分に持っているか？
→「痘痕も笑窪」傷を魅力に高める

○

出所：長沢伸也（2014）、同前、p.23
原出所：J. N. カプフェレ、V. バスティアン共著、長沢伸也訳『ラグジュアリー戦略』東洋経済新報社、2011年、pp.109-179、第3章「マーケティングの逆張りの法則」をもとに筆者作成

お弟子さんから時計を100本持っていると聞いたので、研究会の懇親会の席で話題を振ったら、「100本ではありません。200本です」と。「失礼しました。すごいですね」と詫びると今度は、「いや、高い時計は10本ぐらいですよ」と。「それもすごいですね」というと、「いや、それが大変なんですよ、長沢先生」というから、「何ですか」と訊いたら、待ってましたとばかりに、とうとうと語り始めます。

手巻き式時計が大半なので、毎晩、100何十個、竜頭を巻くっていうんですね。中には24時間もたない時計があるから、何個かは朝にも巻く。あと自動巻き式時計も何十個かはあるので、オートワインダーという電源付いてがらがら回る自動巻き式時計専用ぜんまい巻き機も5台ある。最初に買ったオートワインダーはかなり古くてモーターの回転音がうるさくて、夜、書斎で書き物をしてると、ガランガランって、先生、うるさくて困るんですよって畳みかけられました（笑）。

私は「時計マニアだそうですね」と話しかけただけなのに、その後も延々と語られましたし、「うるさくて困るんです」とはいうのだけれど、何か嬉しそうなんですね（笑）。そもそも、本当に困るのであれば、買わなければいいわけですし、手放せばいいんです（笑）。自慢しているとしか私には聞こえない。だから、「痘痕も笑窪」ということです。

第2章　ラグジュアリーブランディングの応用

私もI先生には及びませんが時計好きですから、ゼンマイがほどけて止まってしまった機械式時計が竜頭を1巻き2巻きした途端にメカが動き出すのは、命を吹き込むような感じがしますから、手間で嫌だと思ったことはなく、そもそも手巻き式時計を買うときからそれは承知しているわけですから、確かに楽しみがあると私は感じます。

それなのに、日本ブランドのスプリングドライブ式の時計は、ぜんまいを巻いて、そのほどける力でメカを動かす代わりに発電してクォーツを動かすというのは、ぜんまいを巻く楽しみとクォーツ式の精度の良さという「良いところどり」だとのことですが、私には中途半端で、手巻きの魅力をむしろ殺いでいるように思われます。

ホンダの創始者である本田宗一郎は、デザインについて以下のようにいっています。

「デザインは目で見る交響曲でなければいけないと思う。それぞれのポジションの一つ一つを全体のバランスをくずさずに、デザイン化していかなければならない、といってバランスばかり気にかけすぎると、個性のない八方美人的なデザインになってしまう恐れがある。不調和というものは調和に転化する一つの要素である。人間というものは、どこか抜けたところがないとおもしろくない。それを一つの魅力とか美しさにまで高めるのがデザインだと思う。しかも、実用性を完全に満たした上でのデザインが、本当のデザインだ

◆　135

と思う。」（本田宗一郎『得手に帆あげて』三笠書房、pp.186-188、1985年（オリジナルは、わせだ書房、1977年）より）

本田宗一郎の「抜けたところを一つの魅力とか美しさにまで高める」というのは、「製品は傷を十分に持っているか？」と同じことをいっていると思います。日本ブランドの製品デザインは、概して「個性のない八方美人的なデザイン」になっているのではないかと思います。

こんな調子で、「マーケティングの逆張りの法則」が18あるのですが、2つだけご紹介して、残りは拙訳『ラグジュアリー戦略』をお読みいただければ幸いです。

ほか、まだまだお伝えしたいことはたくさんございますが、もう時間になっていますので、これで終わります。（拍手）

質疑応答

【司会（山本副部会長）】　どうもありがとうございました。会場のほうからご質問があれ

ばお願いします。

【質問者1】 なるほど、ラグジュアリーを目指さなければ、という気になりました。しかし、ラグジュアリー戦略を応用しましょうといっても、わが社はラグジュアリーブランドではないので、どうしたらよいのかわからないというのが正直なところです。何か具体的なアドバイスをお願いします。

【長沢】 ご質問のように、ラグジュアリー戦略を応用しましょうといっても、どうしたらよいのかわからないといわれることが多いので、ラコステ［Lacoste］の中国進出の事例をご紹介します。

ラコステは、ポロシャツのメーカーでラグジュアリーブランドではないと思うかもしれませんけれど、何と中国では3大ラグジュアリーの1つになっています。中国人に2007年に行った意識調査で、典型的なラグジュアリーとして、シャネル、ロレックス、ラコステと答えたというんです。

これは何でそうなったかというと、まずそもそも、ラコステっていうのは人の名前なんですね。ルネ・ラコステ［René Lacoste］という1920年代の全仏チャンピオンなんです。奥さんも全仏チャンピオン、お嬢さんの娘カトリーヌ［Catherine］も世界チャンピ

オンというテニス一家なんです。今上天皇は軽井沢で美智子皇后とテニスをして結ばれたというように、テニスというのは貴族のスポーツなわけです。そのテニスなので、まず上海テニスマスターズ・トーナメントのスポンサーになったんです。それに合わせて上海に旗艦店を構えたんです。

しかも当時、中国にはファッション誌がなかったので、香港の中華系のファッションエディターをニューヨークファッションウイークにご招待したんです。そこでラコステのファッションショーに招待したわけです。そのときのラコステ・ブランドは、クリストフ・ルメール［Christophe Lemaire］という新鋭がデザインしていました。ルメールは2010年にエルメスに引き抜かれたぐらい冴えていた人ですから、彼がいいデザインをしていたわけです。すると、中国人エディターがラコステはすごい、ルメールはすごいって書きまくるわけです。その記事を見た中国人、特に上海の人が上海テニストーナメントを見て、旗艦店を見るから、ラコステがすごいラグジュアリーだと思うわけです。日本人に聞いても、ヨーロッパの人に聞いても、ラコステ、うーん、スポーツメーカーと答えるんだけど、こういう作戦で中国では見事に3大ブランドになったというわけです。これ、日本ブランドも応用できますよね。だから応用すれば、ラグジュアリーになれるんじゃないかという、

138

第2章 ラグジュアリーブランディングの応用

具体的な例も学ぶことができるということを申し添えたいと思います。

【司会（山本副部会長）】 どうもありがとうございました。ほか、いかがでしょうか。

【質問者2】 ありがとうございます。じゃあ、ちょっと私のほうから。私は、ちまちまと中小企業、町工場の経営改善を指導しております。

江戸時代からの老舗企業、日本の場合は展開できてなくて、客観的ですけど、ヨーロッパのいわゆる老舗企業、展開できてるっていうところの経過からいくと、たとえば、伊万里とか九谷とかっていうのはヨーロッパに出ているじゃないですか。その当時はうまくいってたと思うんですけど、日本国内で地場産業がつくったそこそこのものは、交流する市場がなかったんですかね。日本、あるいは日本のちょっとした周りに似たような同じような文化を持つ雰囲気がなかったんですか。

【長沢】 市場がなかったというよりも、市場を開拓しなかったと思いますね。日本の老舗は、知る人ぞ知るイコール知らない人は知らなくて当たり前という状態だよね。それではまずいと思う。たとえば、やはり新潟でこれも取材もしてるんだけど、玉川堂っていう鎚起銅器の店とか、あるいは富山県高岡市の能作なんかは実演するのね。たとえば、銀座三越で職人が行って職人が実演すると、結構高いんだけど実演を見た人は納得するわけ。

高くても価値があるっていうので、それで買っていく。特設販売で期間限定だったんだけど、ちゃんとそうやって店を出していくっていう、そういうやり方を採っているので成功しています。やっぱり一般消費者に訴えるのは、アイコン製品か職人技、特に職人技を見せるっていうのが一番効果があると思います。こだわりのものづくりしてるのか、どこにこだわってるのかっていうのは、目の前でつくって見せれば一番わかると思う。その努力が足りないと思う。そのあたりがヒントになると思います。

こうやってラグジュアリー戦略を適用して日本の老舗、地場・伝統産業がラグジュアリー化して、存亡の危機から脱するどころか、世界に飛躍して外貨を稼ぐ。外貨を稼ぐっていうと、経済産業省も喜ぶそうですね。（笑）

いや、でも本当、まじめな話、外貨を稼がなきゃと思いますよ。

日本は人口がどんどん減少するのだから内需だけに頼っているのではジリ貧です。ご紹介したスイスの山奥の地場産業で、しかも壊滅状態の危機にあったスイス時計は、何と95％が香港や日本など、スイス以外に輸出されています。これは驚くべき数字です。

日本の輸出額がもっとも大きいのは自動車です。依然として世界に誇る自動車会社でも、トヨタや日産の輸出比率は50％程度です。最近絶好調の富士重工やマツダでも輸出比

率は80％程度ですから、95％輸出されるというのが、いかにすごい数字かおわかりいただけると思います。

物価がとにかく高いスイスでつくった製品が自国でほとんど消費されずに輸出されている事実は、日本の企業も国全体としても学ぶ必要があると思います。

【司会（山本副部会長）】 ありがとうございました。それでは時間もちょうどよろしいんで、これで終わりたいと思います。どうもありがとうございました。（拍手）

第3章 ラグジュアリーブランディングの実践

シンポジウム トークセッション「世界と伍する、日本発ラグジュアリーブランドへの挑戦」

【パネリスト】

Lexus International レクサスブランドマネジメント部 部長　高田　敦史

株式会社資生堂「クレ・ド・ポー ボーテ」ブランドマネジャー　藤井　恵一

【司会】

WBS教授、ラグジュアリーブランディング系モジュール責任者
早稲田大学ラグジュアリーブランディング研究所所長　長沢　伸也

【総合司会】

WBS教授、ラグジュアリーブランディング系モジュール専門科目
「感性＆ファッション産業論」担当　山本　尚利

※開催形態、日時等は第1章の基調講演に同じ。

【総合司会（山本）】 プログラムナンバー3のトークセッションに移らせていただきます。基調講演に引き続き長沢先生が司会で、レクサスの方と資生堂の方がパネラーに上がられまして、トークセッション「世界と伍する、日本発ラグジュアリーブランドへの挑戦」を行います。

【長沢】 引き続きトークセッションの司会をさせていただきます。まずはトークセッションのパネリストをご紹介します。レクサスインターナショナル、レクサスブランドマネジメント部部長の高田敦史様でいらっしゃいます。よろしくお願いします。

【高田】 よろしくお願いします。（拍手）

【長沢】 株式会社資生堂クレ・ド・ポー ボーテ ブランドマネジャーの藤井恵一様でございます。

【藤井】 よろしくお願いします。（拍手）

【長沢】 それでは、あんまりシナリオみたいなことは考えておりませんが、先ほどの私の基調講演にもありました、マーケティングの4Pから取り上げたいと思います（表1）。最初のPはプロダクト、商品ですね。プロダクトに続いて、プライス、価格です。次はプレース、場所という単語

第3章 ラグジュアリーブランディングの実践

表1 ラグジュアリー戦略は従来型マスマーケティングの「逆張り」

項　目	マーケティングの定石	ラグジュアリー戦略
PRODUCT （製品）	十分な品質（適合品質、過剰品質不可） 相対的品質 F&B（機能・便益、使用適合性、要求への一致）	卓越した品質（こだわりの品質、物語のある製品） 絶対的品質 感性品質（経験価値）
PRICE（価格）	低価格 相対価値	高価格（適正価格） 絶対価値
PLACE （流通チャネル）	広い流通チャネル（店舗数増、通販や量販店…）	限定された流通チャネル（流通を支配、支配できないチャネルは用いない）、旗艦店
PROMOTION （プロモーション）	大量の広告（テレビ広告等）	パブリシティ（メディアに取り上げられること）重視
BRAND （ブランド）	従来のマーケティング理論・ブランド理論（ブランドエクイティ・ランキング）	従来のマーケティング理論・ブランド理論の逆張り

出所：長沢伸也（2009）『それでも強いルイ・ヴィトンの秘密』講談社、p.22、表「ルイ・ヴィトンのラグジュアリー戦略」を一部修正

になっていますが、流通チャネル、要するにどこで売るか。そしてプロモーションの話であります。この辺りから始めたく思います。

製品について、普通のマーケティングでは十分な品質が要求されます。特に過剰品質はよろしくないですね、高くなるから。あるいは相対的品質、機能便益がいいというわけです。しかし、ラグジュアリー戦略では、むしろ卓越した品

質、こだわりの品質、物語のある製品、あるいは絶対品質、感性品質あるいは経験価値と専門的にいいますが、この辺を目指そうということになります。

きっと、レクサスもクレ・ド・ポー ボーテも卓越した品質だと思いますので、その辺からお話しいただきたいと思います。

まずはそれぞれのブランドのご紹介を5分ほどいただきたいと思います。

じゃあ高田様から。

レクサスインターナショナル　高田敦史部長

●●●●●●●●●●●●●

【高田】レクサスの高田でございます。レクサスと申しましたけども、トヨタ自動車のレクサスインターナショナルという組織に属しておりまして、レクサスのブランディングをしております（図1）。

今日はえらいところに来たなと思っていまして。これは×とか出るんですか、最後に（笑）。できるだけ×をいただかないように、ご説明していきたいと思います。じゃあ5分

146

第3章　ラグジュアリーブランディングの実践

図1　レクサスの新ブランディング戦略　AMAZING IN MOTION

出所：高田敦史（2014）「LEXUS の新ブランディング戦略」、早稲田大学ラグジュアリーブランディング研究所主催・WBS ラグジュアリーブランディング系モジュール共催「日本発、ラグジュアリーブランドへの挑戦」シンポジウム（公開講座）トークセッション資料、p.1

表2　高田部長略歴（網掛け部分：広告・宣伝関係）

1985年	トヨタ自動車入社　宣伝部配属
1992年	商品企画部（東京）
2000年	TMT（タイ）商品企画部、宣伝部
2003年	TMAP（シンガポール）商品企画部
2005年	商品企画部（本社）
2010年	トヨタマーケティングジャパン
2012年6月	LEXUS INTERNATIONAL レクサスブランドマネジメント部 部長

出所：高田敦史（2014）、同前、p.2

ぐらいで、なるべく先生に見えないぐらい速くやったほうがいいなと思いまして、×を付けられるとまずいので先生は見ないでください（笑）。

自己紹介をしろということでございますので、私は1985年にトヨタ自動車に入りました。表2のように、タイとシンガポール駐在も経験し、それぞれで楽しい時間を過ごしました。表では赤で書いてあるのが広告とか宣伝の仕事です（本書では網掛け部分）。ブルーで書いてあるところでは商品企画の仕事をしておりました。そして、2012年の6月、2年前（シンポジウム開催時）にレクサスインターナショナルという社内カンパニーが立ち上がりまして、そこのレクサスブランドマネジメント部という新しい部署の部長をやっております。そんな経歴でございます。

レクサスの商品戦略

商品のほうから簡単にざっとご紹介をしてまいります。

図2が昨年度（2013年度）末時点でレクサスが持っていたラインナップになります。

148

第3章　ラグジュアリーブランディングの実践

図2　レクサスの商品ラインナップ

	導入モデル
セダン	LS　GS　ES IS　HS
ハッチバック	 CT
SUV	   RX　LX　GX

出所：高田敦史（2014）、同前、p.4

網掛けをしてあるのが日本で売っているモデルで、それ以外は日本では売っていない、海外で売っているモデルでございます。皆さんご存じの車もあるかと思います。

このようなレクサスのラインナップに対して、ジャーマンメーカーはもっともっと商品が多いです。

最近でいいますと、うちのCTというハッチバック、日本で400万円ぐらいですけど、それよりもっと安いものを入れてきておりますし、これ以外にクーペ、コンバーチブル、もっと小っちゃなSUV、だいたい見当でうちの2倍から3倍の商品数があります。そういう中で今年（2014年）入れた、ないしは発表してこれから入

149

図3　レクサスの商品ラインナップ（新モデル）

出所：高田敦史（2014）、同前、p.5

れていく商品が図3のRC、RCF、NXであります。

このNXというSUVは先日導入をしました。ちょっとびっくりするぐらい売れておりまして、今買っていただくと半年以上お待ちいただいて来年のたぶん5月とかの納期になってしまいます。上の車はRCとRCFという、左側がベースのクーペで、右側がそれをベースにした、もうほぼレーシングカーのような車になります。以上が商品になります。

グラフはないんですが販売台数を申し上げますと、昨年（2013年）レクサスは世界で52万台売っています。28万台がアメリカです。次に多いのが中国の8万台で、

第3章　ラグジュアリーブランディングの実践

日本が5万台弱。欧州3万台、中近東3万台、その他もろもろで3、4万台というところです。足して52万台にならないと思います。正確な数字は忘れていて恐縮ですけれど、そういう状態でございます。

ジャーマンのベンツ、BMW、アウディというのが、だいたいわれわれの3倍ぐらいの台数を売っております。しかし、おしなべて3倍売っているわけじゃなくて、アメリカと日本はほぼジャーマンの3メーカーとうちは拮抗しているというか、むしろアウディなんかよりもたくさん売っております。一方で、ヨーロッパは向こうの牙城でレクサスはずいぶん少なくて、そのほか関税の高い途上国はジャーマンの会社は全部現地生産をしています。うちは現地生産を基本的にはしていませんので関税が高くて、そこではジャーマンの車よりも台数がずいぶん少ないということでございます。

さっき申し上げた、僕らの属しているところがラグジュアリーマーケットというのかどうかなんですけど、ラグジュアリーブランドだといわれているジャーマンメーカーと競合しているマーケットということになります。競合のジャーマンメーカーが現地生産を果敢に全面展開をしたり、小っちゃな車をどんどん入れていったりしているという競合との関係において、うちとしての戦略を検討しているところです。図4に示したデザイン、エモー

151

図4　LEXUS PRODUCT の3つの柱

"DESIGN"
一目でレクサスとわかるアグレッシブなデザイン

"Driving Dynamics"
エモーショナルな走りの良さ

"The Power of h"
ハイブリッドを軸とした先進技術

出所：高田敦史（2014）、同前、p.6

写真1　Driving Dynamics　走りを牽引するスポーツモデル

(a) 豊田章男社長　　(b) ニュルブルクリンク24時間レース出場

出所：高田敦史（2014）、同前、p.7

第3章　ラグジュアリーブランディングの実践

ショナルな走り、ハイブリッドを軸とした先進技術。これがうちの技術的な部分での今の3本の柱です。

これがいいかどうかは別にして、ファッションブランドやファッションメゾンが何らかの形で創業家を大事にしているということでいいますと、写真1に示すように、うちの豊田章男社長は一生懸命レクサスのためにレーシングドライバーになり、走ってくれています。レクサスLFAという車は3750万円で、もう500台限定で売り切りましたけど、この車で社長がレースに出場するということも、われわれのブランディング活動の1つでございます。

●●●●●●●●●●●●●●●●●●● レクサスのブランディング戦略

ブランディング戦略とは何かって、さっき勉強してほとんど忘れました。すみません（笑）。それでも、ブランディングについて、一応ラグジュアリーである以上はエモーショナルじゃなきゃいけないというふうに思いました、この部をつくった時に。いろんな調査

◆　153

図5　レクサスの目指すべき姿

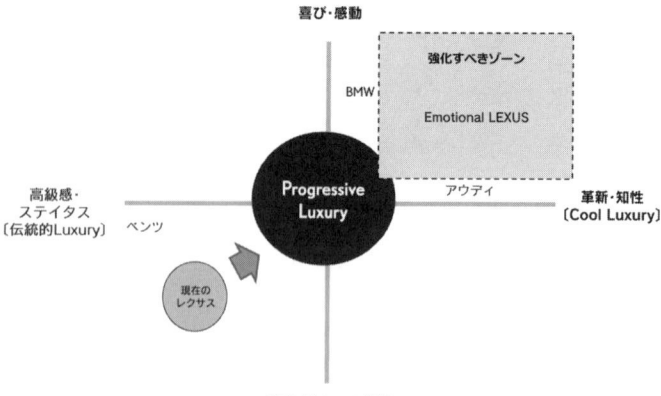

- 喜び・感動
- 強化すべきゾーン
- BMW
- Emotional LEXUS
- 高級感・ステイタス〔伝統的Luxury〕
- Progressive Luxury
- アウディ
- 革新・知性〔Cool Luxury〕
- ベンツ
- 現在のレクサス
- 環境・社会への貢献

出所：高田敦史（2014）、同前、p.9

　をすると、**図5**に示すように、レクサスというのは高級感、ステータスというのは日本でもアメリカでもそこそこ、ベンツほどではないけどあって、環境とか社会への貢献みたいなところは、主にハイブリッド技術や販売店の対応のよさによって大変に高いということであります。

　一方で、**図5**の右上の象限というのはまだまだ弱いよねということで、われわれはもっと先進的な、プログレッシブ・ラグジュアリーを標榜する以上は、ここのゾーンをもっともっと強化をしようと思って、この2年間ぐらいやってきたわけでございます。

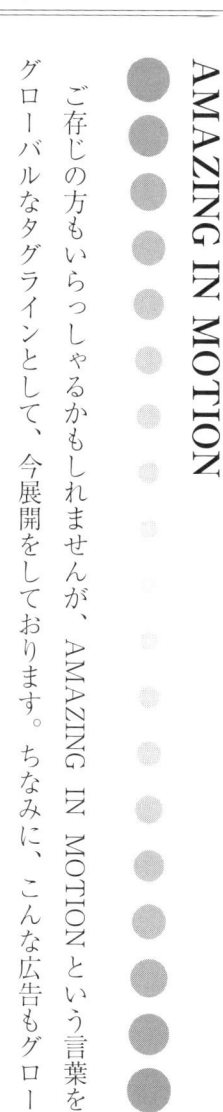

第3章　ラグジュアリーブランディングの実践

AMAZING IN MOTION

ご存じの方もいらっしゃるかもしれませんが、AMAZING IN MOTIONという言葉をグローバルなタグラインとして、今展開をしております。ちなみに、こんな広告もグローバル統一で作ってやっております。ご覧ください。

〈動画CM放映〉

こういう広告がどれだけブランドに利くのかというのは、僕らもわからないでやっていますが、レクサスとしてというかトヨタ自動車全体としても、グローバル統一で作った広告というのはほとんど例がなくて、今これは3本目ですが、次に4本目を作ります。

次が写真2に示しますINTERSECT BY LEXUSです。青山にこういうブランドスペースをつくりまして、車を置いていない。年に半分ぐらい置いているんですけど、置いていないケースも多くて、カフェだとかレストランを始めたりしています。

図6は触りだけ、ちょっとお見せします。時間がありませんので。みゆき通りのプラダさんの斜め前というか、ヨックモックさんの正面というか、1階にカフェがありまして奥

◆ 155

写真2　INTERSECT BY LEXUS

出所：高田敦史（2014）、同前、p.11

図6　CRAFTED FOR LEXUS ― LEXUS のクラフトマンシップに共鳴し合った日本各地の「若き匠」が製作する特別なライフスタイルアイテム―

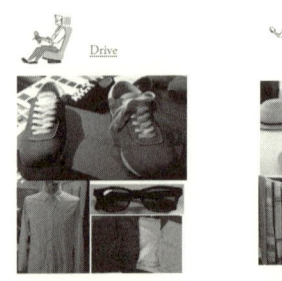

Drive
ドライビングシューズ、サングラス、綿シャツ

Explore
帽子、iPHONE/iPADケース、ストール、バッグ

Work
コーヒーメーカー&CUP、キートレイ、メモパッド、LEDデスクライト

出所：高田敦史（2014）、同前、p.12

第3章　ラグジュアリーブランディングの実践

写真3　"DINING OUT" by LEXUS ―「食」をモチーフにした、新しいカルチャーイベント―

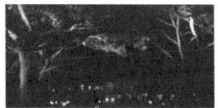

(a) 2013年3月＠八重山

(b) 2013年9月＠佐渡

(c) 2013年10月＠祖谷

出所：高田敦史（2014）、同前、p.13

にガレージがあって車を置いている時もありますけど、普通売っている車はあんまり置いてなくて、こういうコンセプトカーを置いてあります。2階に上がっていただくとカフェがあると。CRAFTED FOR LEXUSというマーチャンダイジングをやりましたというようなことで、こんなスペースです。CRAFTED FOR LEXUS。これをもうちょっと売りたいなと思っています。

あと、いろんなことをやっています。ちょっと抜粋して紹介しますと、**写真3**に示しますように、食の文化に貢献したいということで、新しい食のイベント、地産地消で有名シェフにこういうものを作って

157

いただいて、お客さんを呼んで食べてもらうイベントをやりました。
また、一方で車屋なもんですから、車の性能がずいぶん上がったと僕らは思っていますので、ラグジュアリーとレースを組み合わせたような活動として、写真4に示しますように、富士スピードウェイでおいしいご飯を食べてもらって、車に乗ってもらって、実際に時速二百何十キロで走っていただくみたいなことをやったりとかしています。

また、写真5に示しますように、ウェブサイトを全面的にリニューアルしました。最後になりますが、写真6は、松山選手と一緒に世界に挑戦していこうということで、やっております。

以上、簡単にご紹介しました。さっきのプレミアムとかラグジュアリーとかという区別の中で、先生にもぜひ、僕らの入っている業界は、これはラグジュアリーなのかどうかということも含めて、いろいろと教えていただきたいなと思います。よろしいですか。

【長沢】 ありがとうございます。その意味では、特にこだわりのある商品だと思うんですが、この辺が特にレクサスのこだわりだというところを一言、二言いただければ。

【高田】 レクサスのコアコンピタンスといわれたら、僕らのこだわりは、やっぱりクラフトマンシップ。工業製品なんですけどクラフトマンシップで、レクサスを造っているラ

第3章　ラグジュアリーブランディングの実践

写真4　LEXUS AMAZING EXPERIENCE —「レクサスの新しい走り」の体感イベント—

（a）2013年8月@富士スピードウェイ（ドライビングレッスン）

（b）2013年9月@富士スピードウェイ（スーパーGT観戦ツアー）

（c）2013年10月@九州（スーパーGT観戦＋九州工場見学）

出所：高田敦史（2014）、同前、p.14

写真 5　LEXUS ウェブサイトの全面リニューアル

(a) 国内サイト（lexus.jp）、グローバルサイト（lexus-int.com）の全面リニューアル

(b) グローバルサイトの日本語対応も開始

出所：高田敦史（2014）、同前、p.15

写真 6　松山英樹選手との所属契約

出所：高田敦史（2014）、同前、p.16

第3章　ラグジュアリーブランディングの実践

インはトヨタのラインとは全然違うラインで造ります。従業員の多くも特別なスキルを持った方々が造っています。これはある種のラグジュアリーの一つの条件の、オーセンティシティーかなというふうに思っています。ありがとうございました。

【長沢】　ありがとうございました。続きまして藤井様から、自己紹介も兼ねてクレ・ド・ポー　ボーテのご紹介、あと当然製品が中心になると思いますので、この辺にこだわっているというところを、ご紹介いただければと思います。

クレ・ド・ポー　ボーテ　グローバルユニット　藤井恵一ブランドマネジャー

【藤井】　こんばんは。ただ今紹介にあずかりました藤井です。
本日は会場にかなり化粧品業界の方が多いということで、ちょっとプレッシャーを感じていますが、ただ今よりクレ・ド・ポー　ボーテの概要を、説明させていただきたいと思います（図7）。

161

図7　クレ・ド・ポー　ボーテ―マーケティング―

出所：藤井恵一（2014）「クレ・ド・ポー　ボーテ―マーケティング―」、早稲田大学ラグジュアリーブランディング研究所主催・WBSラグジュアリーブランディング系モジュール共催「日本発、ラグジュアリーブランドへの挑戦」シンポジウム（公開講座）トークセッション資料、p.1

表3　藤井ブランドマネジャー略歴

1960年	横浜生まれ
1983年	早稲田大学　商学部卒業
	㈱資生堂　入社
	資生堂販売株式会社　北九州支店　（営業）
1989年	資生堂販売株式会社　長岡支店　（営業）
1991年	本社 マーケティング部門へ異動（商品開発＆施策）
1994-96年	クレ・ド・ポー　ボーテ商品開発担当
2000-01年	クレ・ド・ポー　ボーテ　マーケティングリーダー
2001年	Shiseido Europe　（Director 欧州マーケティング）
2006年	本社 国際マーケティング部　（メーキャップ、フレグランスのＧＬ）
2010年	Shiseido Canada（President & CEO）
2013年	Carita/Decleor（COO）
2014年	本社　クレ・ド・ポー　ボーテ　グローバルユニット（BM）

出所：藤井恵一（2014）、同前、p.2.

第3章　ラグジュアリーブランディングの実践

まずは自己紹介させていただきます。表3に示しましたように、早稲田大学を83年に卒業し、資生堂に入社しました。

約10年国内の営業担当をして、その後本社のマーケティング部門へ異動しました。その時から商品開発、プロモーション企画立案をずっとやってきまして、実はクレ・ド・ポー ボーテ導入時（1996年）の商品開発を担当していました。

その後ほかのブランドを担当し、2000年にクレ・ド・ポー ボーテのマーケティンググリーダーとして戻ってきました。その後2001〜2006年の間資生堂ヨーロッパに駐在、帰国後本社・国際マーケティング部のグループリーダーとして3年半勤務。2010年から3年間資生堂カナダの社長として勤務。カナダ駐在時代は、クレ・ド・ポー ボーテの営業も行っていました。

そして昨年はパリの子会社のカリタ、デクレオール社の副社長として勤務し、その際ロレアルグループへの会社の売却（M&A）を少し担当し、そしてこの2014年1月に帰国。現在クレ・ド・ポー ボーテのグローバルユニットのブランドマネジャーをしております。

クレ・ド・ポー ボーテ ブランドヒストリー

●●●●●●●●●●●

ブランドのヒストリーについて紹介させていただきます。

表4に示しましたように、実はクレ・ド・ポー ボーテというのは1982年にクレ・ド・ポーとして発売しています。クレ・ド・ポー ボーテの前身です。この時のポジショニングは資生堂の最高峰のブランドでした。そしてコンセプトはステイ・ヤングという、アンチ・エイジングのためのブランドとしてスタートしています。

そして1991年、クレ・ド・ポーリニューアル。この当時はすでに外資系のシャネルやクリニークが、かなりデパートチャネルで活況を呈しておりました。そこで、Top of Intelligence & Eleganceというコンセプトのもとプレステージブランドとしてリニューアル、リポジショニングし、アンチ・エイジングからぐっと振り、ターゲットも年代にはこだわらない本物の価値をわかってくれる女性とし、ブランディングをスタートしました。その後、化粧品業界においても価格破壊の波とか、ドラッグストアの隆盛など市場環境が大きく変化しました。当時、クレ・ド・ポーも国内において、約8000店まで取り

第3章 ラグジュアリーブランディングの実践

表4 クレ・ド・ポー　ボーテ　ブランドヒストリー

1982年	クレ・ド・ポー発売（クレ・ド・ポー　ボーテの前身） ・資生堂の最高級ブランド ・Stay Young（アンチ・エイジング）
1991年	クレ・ド・ポー　リニューアル ・プレステージブランド ・Top of Intelligence & Elegance
1996年	クレ・ド・ポー　ボーテ発売 ・ブランド契約の導入、発売元の変更（資生堂インターナショナル） ・One-To-One Marketing
1998年	海外進出スタート（台湾、香港などのアジア進出） ・海外法規対応（薬事、容量規制） ・「資生堂」ネームに頼らない独立したブランディング開始
1999年	イタリア、ドイツ進出
1999年秋	アメリカ進出 ・Bergdorf Goodman フランス、UK 進出
2007年	欧州撤退
2008年	高機能スキンケア "SYNACTIF" Line の導入
2009年	トラベルリテールビジネス開始
2010年	クレ・ド・ポー　ボーテ　グローバルユニットの結成 ・単独の事業部門（国内、国際、中国事業部に属さない部門） ・ブランドマネジャー
2011年	クレ・ド・ポー　ボーテ　リニューアル ・Radiance of Joy ⇒ Radiance becomes you ・クレ・ド・ポー　ボーテ研究所の設立
2012年	ロシア再進出
2013年末	日本を含めアジア、米州13ヵ国で展開

出所：藤井恵一（2014）、同前、pp.3-4

扱い店数が拡大し、ブランドのイメージコントロールができなくなってきた時代です。

そこで1996年クレ・ド・ポー ボーテの発売時には、ブランドマネジメントという観点から、ブランド別契約という新たな導入方法を採択しました。ブランド別契約でクレ・ド・ポー ボーテを市場導入するために、発売元も㈱資生堂から㈱資生堂インターナショナルへ変更しました。一方、ブランディングに関しては、1995年ぐらいから、アメリカで注目されはじめていて、今後の主流のマーケティングになるのではといわれていたドン・ペパーズのマーケティング論、「ONE to ONE マーケティング」の考え方を取り入れた展開をしました。

その後、1998年に海外進出ということで台湾、香港などのアジア進出。進出時には皆さんご存じのとおり薬事法に苦しめられ、結果、日本発売商品用処方と海外発売商品用処方の2処方を持たざるをえませんでした。

そしてこの時から、資生堂（SHISEIDO）というネームに頼らない独立したブランディングを開始し、グローバル化へのチャレンジがスタートしました。

1999年にイタリア、ドイツに進出、99年のアメリカ進出時にはプレステージの最高峰であるバーグドルフ・グッドマンに1号店を出し、その後フランス・パリのボン・マル

166

第3章　ラグジュアリーブランディングの実践

写真7　超満員のシンポジウム会場（説明者は藤井氏）

シェやUK・ロンドンのハロッズ等に進出しました。後ほどご案内しますが、実は2007年にヨーロッパから撤退しております。これはヨーロッパのビジネスモデルを構築できなかったことが要因です。

2008年にライン拡張の一環として高機能スキンケア、日本ではシネルジック、海外ではシナクティブラインを導入しました。おそらく当時では一品としては一番高い12万円のクリームを含めた5品のラインです。先ほどの先生の戦略でいえば、通常のラインの上をいくラインをつくって導入したということになります。そして、2009年、トラベルリテールビジネスを開始しました。

一方、社内において、本当にクレ・ド・ポー ボーテをグローバル化するのか。そのためには何がネックになっているんだという論議が高まってきていました。弊社は主に国内化粧品事業、国際事業、中国事業、そしてプロフェッショナル事業という事業部で構成されており、その中でクレ・ド・ポー ボーテは当初国内事業に属していました。国際事業のマーケティング・商品開発については、国際事業部の別チームが担当していました。異なる事業部に所属する各ブランド担当者が担当市場のことしか考えないというグローバル統一マーケティングからはほど遠いさまざまな不都合が起こっていました。

そのような状況下でいろいろと社内で議論した結果、どこの事業部にも属さない、メンバー数12名のグローバルユニットが結成されました。現在は約30名のユニットになっています。国内・国際・中国事業部に属さない単独の事業部門で、執行役員直轄のユニット、SBUになっており、ブランドPLも管理しています。

2010年にグローバルユニットが結成され、その下で2011年に真のグローバル・プレステージブランドを目指して、ブランドの革新をスタートさせました。

具体的には、Radiance of Joyをブランドのコアバリューに定め、ブランドメッセージ「Radiance becomes you」を開発、クレ・ド・ポー ボーテ研究所を設立といったブラン

168

第3章 ラグジュアリーブランディングの実践

ディングをスタートさせました。言い換えるとグローバル化への再チャレンジがスタートしました。2012年にロシアに再進出し、現在日本を含めてアジア、北米13ヵ国で展開しています。

以上、ブランドヒストリーをご案内させていただきました。

● クレ・ド・ポー ボーテ ブランドの概要

ここからブランドについて案内させていただきます。

クレ・ド・ポー ボーテというブランド名はフランス語です。クレ・ド・ポー、肌の鍵、そこにボーテ、美がプラスされています。そこで図8に示しますように、「未知の美しさの扉を開ける鍵」と意味をブランド名に持たせております。

ブランドドメイン（クレ・ド・ポー ボーテの市場と競合）は、

「卓越した商品効果と高いブランドイメージ、そしてカウンセリングを伴う販売方法でお客さまに高揚感と幸福感をもたらすグローバルハイプレステージ化粧品市場」

図8 「クレ・ド・ポー ボーテ」という名前の意味

「未知の美しさへの扉を開ける鍵」

出所：藤井恵一（2014）、同前、p.5

ブランドミッションは、「弊社のプレステージビジネス領域のキーブランドとして、全社売上を牽引するとともに、グローバルハイプレステージ市場で卓越した独自価値と世界観により、お客さまを魅了し続けることで市場をリードするブランドとなる」ことです。

次に、ブランドビジョンを紹介させていただきます。

「世界中の女性を輝かせ、歓喜に満ちあふれた世界にする」という大きなビジョンを持っています。

アイデアルユーザー（こういう人に使っ

第3章　ラグジュアリーブランディングの実践

写真8　「クレ・ド・ポー　ボーテ」アイデアルユーザーのイメージフォト

出所：藤井恵一（2014）、同前、p.9

てほしい、という理想のお客さま像）は、「美しく華やか、かつ社会や環境への意識も高い知的な女性」または先ほどいいましたように「本物、本質を見極める審美眼を持ちながら、新しさへの探求心が旺盛な人　その魅力で周囲の人も輝かせる」といった、本当に理想的なユーザー像を描きながら、今ビジネスを進めています（写真8参照）。

われわれは、動機インサイト、そして行動インサイトをマーケティングの根幹にしながら業務を推進しています。動機インサイト（なぜお客さまが化粧をしたりきれいになりたいのか？についての本音や、その

171

裏に隠れている深層心理）は、

「肌の美しさは満たされた人生や幸福感の象徴。自らの美しい肌・輝く表情で、自信を持ちたい、人から賞賛されたい

自分の年齢なりの美しさは肯定するが、アンチ・エイジングは気になる。新しい化粧品や美容法へのチャレンジ意欲は失わず、わくわくしたい、ときめき続けたい」

ではないかと考えています。また、行動インサイト（なぜお客さまがその化粧品を購入したいのか？についての本音やその裏に隠されている深層心理）は、

「効果が研究成果や評判によって実証された、最新・最高の化粧品を使いたい

信頼できるスペシャリストの「私のための」美容情報やカウンセリングに基づいて、化粧品を購入したい」

ではないかと考えています。しかし、ややもするとニーズ発想に陥りやすく、その結果、独自価値の創造が難しくなってしまうことが多々あります。

172

クレ・ド・ポー　ボーテ　ブランドのバリュー

ブランドのコアバリューは、

「Radiance of Joy、光輝く歓喜。自ら輝き、周囲までも輝かせる喜び」

です（図9）。これをブランドのコアに据えながら、2011年から取り組んでいる状況です。

すべてのブランドの要素に反映させるべく、商品設計、カウンター、応対などの

そして機能ベネフィット（私に何をしてくれるのか）は、

「他のどんな化粧品を使うよりも肌が美しくなる。

期待以上にすぐに、目に見える効果が表れ、使い続けることで未来の肌に差をつける」

です。この辺はもう当たり前のことのように書いていますが、むしろラグジュアリーブランドというかプレステージブランドで一番大切なのは、ある面、情緒ベネフィットのほうかなと思います。

情緒ベネフィット（私をどんな気持ちにさせてくれるのか）は、

「世界最高のものを持つ喜び、使う喜び、効果を実感する喜び。

図9 「クレ・ド・ポー ボーテ」ブランドのコアバリュー

Radiance of Joy
光輝く歓喜
自ら輝き、周囲までも輝かせる喜び

出所：藤井恵一（2014）、同前、p.12

効果から生まれる自信によって、自分の表情や行動が輝いていく喜び」です。その情緒ベネフィットをつくり・伝えるのが、日本発ブランドはあまり上手くないように思います。海外ブランドを見ると、ブランドストーリーやベネフィットの打ち出し方が非常にうまいなと思います。グローバルに通用するブランドストーリー創りや情緒ベネフィットのお客さまへの伝えかたについては、何度もトライしていますが、いつも一番苦労しているところなのではと思っています。

そしてReason to Believe（根拠、裏付け）は、

「クレ・ド・ポー ボーテ研究所によるブ

第3章　ラグジュアリーブランディングの実践

レインスキン理論を始めとした、世界トップレベルで進化し続ける肌細胞研究メーキャップにも内包する、表情までも輝かせる光テクノロジーとスキンケア効果世界トップクリエイター、ルチア・ピエロニによるアーティスト性と共感性を兼ね備えたカラークリエーション」

です。これからわかるように、先ほど高田様からご案内のあったレクサスさんのテクノロジーと同様にわれわれもテクノロジーにこだわりを持っています。具体的には、肌細胞にこだわり続けた30年以上の商品開発、現在は光り輝く肌細胞を作るということに関して、自信とこだわりを持ちながら商品開発を行っています。加えて、メーキャップにおいては、世界のトップメーキャップアーティストのルチア・ピエロニとコラボレーションしながら、色調の設計や商品を開発している点です。

そして、一番大切なことは、何をブランドの強みにし、お客さまに伝えていくかという点です。ディファンレンシエーター（他のブランドとは違う、最も特長的なポイント）として、社内、お客さま、美容の専門家等を対象とした調査を通じて行き着いた結論は、

「"高い効果実感と究極のテクスチャー"」
「クレ・ド・ポー　ボーテは、「輝き細胞」をつくることで、内側から光を放つ美しい肌と、

図10 「クレ・ド・ポー　ボーテ」の世界観

日本の繊細な美意識と、
フランスのモダンなエレガンス。
知性と、色気。
それらがなめらかに融合する、
新しい美の領域。
最上級のものとして羨望を集め、
ときめく体験を保証する。

出所：藤井恵一（2014）、同前、p.17

自信に満ちた輝く表情を約束します」でした。このことをどうやってエモーショナルにお客さまに伝えていくかということが、現在の課題と捉えています。

次にクレ・ド・ポー　ボーテの世界観です。図10にありますように、

「日本の繊細な美意識と、フランスのモダンなエレガンス。

知性と、色気。それらがなめらかに融合する、新しい美の領域。

最上級のものとして羨望を集め、ときめく体験を保証する。」

です。日本発ブランドなので、やはり日本を意識しています。日本人の繊細な美意識や感性です。先ほどのテクスチャーも、日

176

第3章 ラグジュアリーブランディングの実践

図11 「クレ・ド・ポー ボーテ」のフォーミュラー（中味）

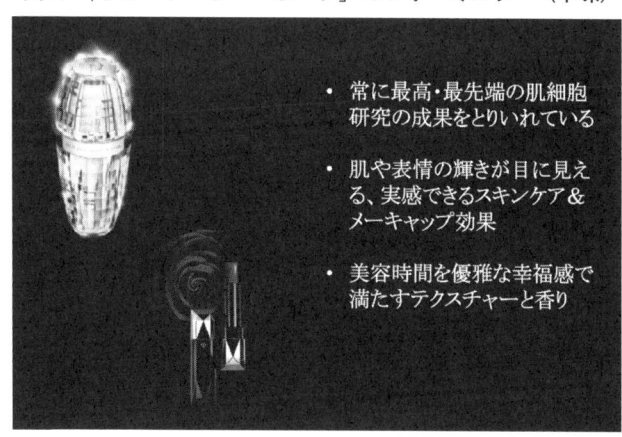

- 常に最高・最先端の肌細胞研究の成果をとりいれている
- 肌や表情の輝きが目に見える、実感できるスキンケア＆メーキャップ効果
- 美容時間を優雅な幸福感で満たすテクスチャーと香り

出所：藤井恵一（2014）、同前、p.18

本人だからこそ実現できる繊細なテクスチャーを常に追求しています。その繊細さを商品、カウンター、応対などブランドの世界観を構成する要素に盛り込んでいます。そして中味のこだわりは、図11に示すように、先ほどいったように高い効果実感と究極のテクスチャーの実現です。

容器。こちらも、

「上品で美しい輝き」はもちろんのこと、

「五感に訴える繊細で緻密な仕様、細部へのこだわり、現代性」

を大切にしながら写真9のようにつくっています。

さらに、

写真9 「クレ・ド・ポー ボーテ」のパッケージ（容器）

(a) クレンジング、洗顔、化粧水、日中用乳液、夜用乳液
(b) ルミナイジングエンハンサー（おしろい）

出所：藤井恵一（2014）、同前、p.19

「美容行為を美しく優雅にするユーザビリティーと、環境に配慮したサスティナブルデザイン」つまりサステナビリティー設計ということで、プレステージブランドではめずらしく、レフィル商品を配置しています。たとえば、化粧水や乳液はもちろんのこと、5万円のラ・クレームにもレフィル商品を配置しています。また、昨年発売し現在リピート率50％を超える愛用者がいるル・セラムという2万5000円の美容液にもレフィル商品を配置しています。

カウンター（写真10）。

「魅力的に輝き、とりわけ人を惹きつけるデザイン

第3章 ラグジュアリーブランディングの実践

写真10 「クレ・ド・ポー ボーテ」のカウンター

(a) カウンター（デパート）　　(b) カウンター（専門店）

出所：藤井恵一（2014）、同前、p.20

奥行きが感じられ、一流のおもてなしへの期待感が持たれる多層的なゾーニング　お客さまと商品との出会いを美しく演出し、お客さまが高揚感を感じられるビジュアルマーチャンダイジングディスプレー」

コアバリューのRadiance of Joyを具現化したカウンターをつくり、現在は宣伝部のデザイナーや現場の営業とどういうふうに進化させていくかという点をディスカッションしているところです。

接客。コンサルテーション。最近話題になっています「おもてなし」です。滝川クリステルさんのスピーチ以前から大切にしている「おもてなしの応対」です。

179

写真11 「クレ・ド・ポー ボーテ」の広告

出所：藤井恵一（2014）、同前、p.22

「洗練された品格のある立ち振る舞いお客さまの肌の悩みや得たい美しさへの共感と、一人ひとりの未知の美しさへの鍵を提供するカウンセリング〝ときめき応対〟の実践」

クレ・ド・ポー ボーテでは、「ときめき応対」という名前で展開しています。常に、お客さまを見続けながら「ときめき応対」も進化させるようにしています。

そして広告。

「強い意志と深い知性に裏付けされた美しさと、生命の躍動的な輝きや幸福のオーラを表現できるモデル

ハイクオリティーな商品ビジュアル

知性と品格を感じさせる、優雅さのある

第3章　ラグジュアリーブランディングの実践

[コピー]

写真11に示しますように、2011年のリニューアル時からハリウッド女優：アマンダ・サイフリッドを継続起用しています。彼女もクレ・ド・ポー ボーテとともに、理想の女性＝輝いている女性に成長してきたのではと思っています。彼女を起用し、クオリティーの高い商品写真や、どちらかというと情緒的なコピーを添えた広告を制作しています。そして先ほど案内しましたが、自ら輝く肌へ。Radiance becomes youというメッセージを世界中の女性たちに発信しています。

【長沢】　どうもありがとうございました。（拍手）

ラグジュアリーに必要なもの：歴史や物語が必要。無ければ創り出せ

●●●●●●●●●●●●●●●●●●●●

【長沢】　実は4Pを各Pごとにと思ったら、全部通していただいたので、これで一区切りついちゃったような感じもしないでもないですが、やはり「こだわりのものづくり」は

◆　181

最高の科学、テクノロジーを反映した効果というところでしょうか。クレ・ド・ポー ボーテは。

【藤井】 そうですね。やはりもちろん資生堂の中でも、原料もクレ・ド・ポー ボーテですと1ランクも2ランクも上のものも使いますし、生産技術についても、物によってはクレ・ド・ポー ボーテでしか使わないような生産技術も導入していますし、そういう面ではモノづくりは本当にこだわりながらやっております。

【長沢】 先ほど物語、ストーリーとかがいまひとつみたいなお話もございましたが。

【藤井】 そのとおりです。たとえばわれわれがストーリーづくりのベンチマークの一つとしているブランド、ラ・メールは、ストーリーづくりが非常に上手く、しかもストーリーがシンプルでインパクトがあります。

【長沢】 レクサスは物語、ストーリーなんていうのはうまくつかまえている、あるいはPRできているとお考えでしょうか。

【高田】 物語ですか。どうなんでしょうか。物語をつくっていかなきゃいけないというふうにすごく思っています。うちは競合とのブランドの年月の差が非常に大きいので、長い年月をかけて車を造った欧州の会社と戦っているわけですから、レクサスでは89年に導

182

第3章　ラグジュアリーブランディングの実践

入して以降のお客さんとのいろんな中で生まれてきた物語を、一生懸命まとめてお伝えしていこうと今考えているところです。

【長沢】 たとえばラグジュアリーだとどうなるかというと、化粧品で申しますと、シャネル [Chanel] なんかも化粧品を作っているわけですね。念のため申しますと、ココ・シャネルは1971年に死亡していますが、シャネルという会社が化粧品事業を始めたのは1990年代ですから、ココ・シャネル本人は全く知らず存ぜぬ話ではありますが、シャネルはこういうわけです。

創業者ココ・シャネルは、いつもパールのネックレスをしていました。なぜかというと、昔なのでモノクロ写真だけども、パールが光を反射してレフ効果で顔が明るく見えれいに写ることを知っていたので、いつもパールのネックレスをしていました。このたび売り出しましたシャネルのこのクリームにはパールのパウダーが入っていて、創業者ココ・シャネルの精神が息づいていますと。

念のためにいうと、ココ・シャネル本人は知らぬ存ぜぬではありますが、そうやってストーリーをくっつけて売るわけです。そんな感じでストーリーをうまくつくり上げる、訴えるなんていうのが必要だと思います。

183

【高田】それはすごくフランスの、特にああいうブランドは本当にお上手だと思います し。ただ、見ようによっては本当か？ということもいっぱいあるじゃないですか。昔は やっていたけど今はやっていないということを、やっていたことにしているとか。こうい うことが極めて、トヨタ自動車を母体にしたわがブランドはめちゃくちゃ苦手です。これ はやるべきなんでしょうか、そういうことを（笑）。

【長沢】ご質問ですのでお答えしますが、ラグジュアリーなのでやるのが○だと思いま す。

【高田】うそをつくのはいけないですよね。

【長沢】もちろん。うそをつくというと抵抗があるのなら「創り出せ」です。じゃあ ちょっと、私のスライド（掲載省略）をお願いします。ストーリーもですけど。「ラグジュアリーには 歴史が必要。歴史が無ければ創り出せ」です。たとえばラルフ ローレン [Ralph Lauren]。これがラグジュアリーブランドかファッションブランドかというのは、難しい ところなんですが、ラルフ ローレンのどの店に行っても、1950年代のアメリカの生 活、良きアメリカのムードを感じさせるわけです。

ところがその当時、レイフ・リフシッツ [Ralph Lifshitz]、彼の本名ですが、彼は10代

の少年だったので、良き50年代を自らは楽しんでいないわけです。あるいはWASP、白人のアングロサクソンのプロテスタントでありますがWASPではない。アイビーリーグとよくいいますけど、彼はユダヤ系でありますからWASPではない。アイビーリーグとよくいいますけど、彼はアイビーではないニューヨーク市立大バルーク校の中退であります。もっといいますと、彼自身はブルックス・ブラザーズ[Brooks Brothers]の腕っこきのセールスマン出身ですが、彼自身は服を縫えない。実はデザイン画も苦手であると本人がいっております。だから自分は「デザイナー」ではなく「コンセプター」だと称しています。また、ポロ ラルフ ローレンとよくいいますが、「なぜポロなのか？」と問われて、「イメージがいいからポロ競技にした」と彼はインタビューで答えております。しかしながら、うそもつき通せば本当になるとまでは申しませんが（笑）。

誰もそのようなことを感じずに、今やラルフ ローレンの店というかブランドは、特に成功したアメリカ人女性が好んで着るブランドで、しかも彼自身はアメリカンドリームの成功者。彼が汗を拭いたハンカチが、往年のエルビス・プレスリーよろしくオークションで高く売れるそうです。だから創作すればいい。平たくいえば、こういうふうにでっち上げればいいと思います。

【高田】　うちの連中が来ているんですが……（笑）。

【長沢】　あるいは、ラグジュアリーに必要なものとして、これはぜひいいたい。世界的ラグジュアリーブランドといいますけども、ヨーロッパの地場・伝統産業なわけです。
　ルイ・ヴィトンは1854年創業で今年（2014年）が160周年記念イヤーのブランドですが、1978年の時点ではロンドン店も引き揚げていたので、パリとニースの2店舗しかなかったんです。しかしながら78年に突如、東京、東京、東京、東京、大阪と6店舗展開して、海外進出が始まっております。ですから、世界中にラグジュアリーブランドがあふれているように思うかもしれませんが、実はたった36年前、日本から始まったことであります。
　あるいは、世界的に有名なスイスの時計会社はいくつもありますが、そのほとんどの本社工房は山あいの町や村にあります。ですから地場産業・地場企業です。しかし、スイス時計産業は1980年代から90年代前半にかけて、まさにセイコーショック、クオーツショックに襲われて、スイスの機械式腕時計はもうほとんど産業人口が3分の1に減るという激震を食らったわけであります。しかしながら劇的に復活しております。だから、その復活の道筋が日本の生きる道じゃなかろうかと思います。

第3章　ラグジュアリーブランディングの実践

そうはいっても、なかなか今のラグジュアリーブランドを見ると、とてもまねはできないといわれます。私が高いものをつくれといっても、「ご説はごもっとも。でもなかなかできない」というのが大抵の日本企業の反応です。しかし、そうではなくて、ヨーロッパの老舗が何をやってラグジュアリーブランドになったかを学ぶべきです。だから今を見てとてもとても真似できない、じゃなくて、彼らが何をやってグローバルに、ビッグビジネスになったかを学ぶ必要があると申し上げたい。

たとえば１００円の時計を１万人に売っても１００万円の売上ですよね。１００万円の時計を１人に売っても１００万円の売上ですよね。しかしそのときに１００円だった時計をいきなり値段だけ付け替えて１００万円だといっても、誰も買ってくれませんよね。当然、だから製品は全く異なるわけです。価格も全く異なるわけです。そうすると、１００円の時計を売っていた百円均一ショップで１００万円の時計を売っても誰も買いませんから、流通も全く変わります。プロモーションの仕方も変わります。さらに１００円の時計を百均ショップで買う顧客と、１００万円の時計を買う顧客は全く違う顧客です。だから結局４Ｐと顧客を全部入れ替えるということは、イノベーションなわけです。イノベーションに取り組むのは大変です。これが、なかなかできない理由だと私は思っております。

◆187

さらに、何をしたらいいかわからないといわれるんですけども、夢、憧れ、希望、イメージ、物語、歴史、個人。個人も創業者、デザイナー、技術者、職人、大使、女神といいます。また、原産国効果、つまりメイド・イン・ジャパンですね。これと稀少性、真正性、世界観、情熱、熱狂、クリエイティビティー、オリジナリティーをマネジメントする。これは日本企業は苦手なんです。だけど、これをやっている、実践するのがラグジュアリー戦略です。だからこれを学べばいいというのが、私の主張であります。

ラグジュアリーを育てたのは日本

●●●●●●●●●●

【長沢】 やっぱりこの辺が特に難しいんじゃないかと思います。しかしながら、できると思うんです。日本企業には無理だといわれるんだけど。日本では無理でしょうか。そんなことはありません。ラグジュアリー企業は、もともとはフランスやイタリアの地場・伝統産業です。ブルガリは1884年創業、今年（2014年）が130周年記念イヤーのローマの老舗です。でも日本にはそれ以上の歴史の老舗はいっぱいあります。虎屋の50

第3章　ラグジュアリーブランディングの実践

0年とか、京友禅の千總(ちそう)460年とか、いっぱいあります。

ラグジュアリー企業のグローバル化は、先ほど申しましたように日本から始まっているんです。日本がラグジュアリーブランドを育てたんです。しかも、そのラグジュアリーブランディングは日本発。もっとはっきりいうと、その当時から30年、ルイ・ヴィトン ジャパンの社長をやった秦郷次郎さんの秦モデルが、ジャパンモデルがグローバルになっているんです。だからこれは日本生まれなんです。

あと、先ほどいったようにスイスの時計産業はクオーツショック、セイコーショックで日本のクオーツ技術にやられて壊滅状態になりつつも、たとえばムーンフェイズという月の満月とか新月とかという月齢の表示機能がありますね。あれはアナログならではの魅力じゃないかといって、アナログ時計の魅力を一つひとつ発見していったんです。そうすると、宝石が1個も付いていなくても100万、200万の時計を買ってくれたのは、日本の消費者なんです。だからスイスの時計産業はセイコーなどの日本企業にやられて、日本の顧客がスイスの時計産業を救っているんです。今パリの百貨店であるプランタンとかギャラリー・ラファイエット、ボン・マルシェでは、吹き抜けの周りをラグジュアリーブランあるいはプロダクトだけでなく流通もです。

189

ドがぐるっと囲む形式になっていますね。あれは日本、もっとはっきりいうと日本橋髙島屋のあのモデル、デパートに高級ブランドを入れてデパートの売場をつくるというモデルが、髙島屋と当時提携していたプランタンを通じて海外に移転されたものであります。

こう考えると、日本では無理どころか、日本ができる。日本でなきゃできないと、私はいいたい。したがって、比較的苦手と思われている感性とか、先ほどの夢とか憧れとか、それをマネジメントするのも日本ならできるというのが私の考えであります。あと市場は有限、ゼロサム。そうするとシェアの取り合い、奪い合いイコール他者を蹴落とすというのが、これまでのビジネスだったんじゃないでしょうか。ところがクリエイションは無限ですから、市場も無限ですよね。和を以て貴しとなすというので、他社のことは気にせずに仲良くして、心おきなく高付加価値化に注力することができると思うんです。他者を蹴落とす必要はない。そうすると共存共栄という意味のシェアが可能ですから、

ラグジュアリーに関する4P＋ブランド

●●●●●●●●●●●●●●●●●●

【長沢】　そこでお聞きしたいと思います。まず「製品」です。たとえば今レクサスには、車種がいろいろありますが、たとえばLFAなんていうのはものすごくいい車だと思うんですが、価格は4000万円ですかね。

【高田】　そうですね。3750万円です。

【長沢】　会場の皆さんに聞いてみましょうか。LFAをご存じかどうか。

【高田】　はい。LFAという車をご存じの方はいらっしゃいますか。ああ、少ないですね。まあこんなものですね。

【長沢】　ラグジュアリーでは、「夢の方程式」なるものがあります。そこでは、夢というのは、ものすごく割り切っていますが、知名度と普及率の差だというんです。要するに、知名度がばか高くて誰も持っていないと欲しい、憧れると。そういう意味では、まず知名度がないことには夢も憧れもないということになろうかというふうに思います。でもそのLFAをつくる時はもう他社のことは関係ないという感じでつくられたんじゃ

ないでしょうか。

【高田】　LFAそのものは、BMWやベンツもつくっていないような領域の車なので、関係なくつくりました。極端にいいますと。いろんな事情でちょっとプロモーションができなかったこともあるんですけど、本当はもうちょっと知名度を高めたかったなとは思っています。

【長沢】　私はレクサスも全体はちょっと疑問符はありますが、LFAは文句なしにラグジュアリーだと思います。

【高田】　お貸しします。3台ありますから（笑）。

【長沢】　ありがとうございます（笑）。ただ、それをもっと知らしめないと。

【高田】　そうですね。

【長沢】　スーパーファクトリーなんていうDVDまで出来ていて、とても素晴らしいと思うんですが。物はあるのに知られていないのは、とても残念ですね。あるいはクレ・ド・ポー　ボーテもさぞかし心おきなく、おそらくは御社の持てる化粧品科学の粋を集めてつくるぐらいの気迫で、おつくりになったんじゃないでしょうか。

【藤井】　社内のブランド間で技術の奪い合いといったようなこともあります。その中で

第3章 ラグジュアリーブランディングの実践

写真12 トークをくり広げる3人（左から長沢、高田氏、藤井氏）

もクレ・ド・ポー ボーテのこだわっている細胞、その周辺の技術に関しては、クレ・ド・ポー ボーテが最優先といったコンセンサスを得ながら、進めているところです。

【長沢】 じゃあ、次は「価格」の話にいきます。一般には価格は安いほうがいいに決まっています。あるいは、他の商品と比べて相対的に価値があればいいといわれるんですが、ラグジュアリーはやはり、世間的には高価格です。ただしブランド自身は適正価格だと主張します。これだけ手間暇かけてつくっているんだから適正価格、あるいは他と比べなくてもいい絶対価値だということになります。たとえばクレ・ド・

193

ポーボーテは高価格だとお考えでしょうか、適正価格だとお考えでしょうか。この辺りは、いかがでしょうか。

【藤井】どのような価値観を持っている女性かによりますが、われわれがターゲットとしている女性たちにとっては適正だと思っています。

【長沢】なるほど。レクサスはいかがでしょうか。

【高田】難しいですね。真ん中ぐらい。

【長沢】そうですか。そうすると、先ほどの100円の時計、100万円の時計じゃありませんけども、どこで売るかという「流通」が問題になるわけですね。結局100万円の時計の中に100円の時計を並べておいても、誰も買ってくれませんよね。店員さんも売りにくいから売りませんよね。そうすればもう自らが、自らの社員、こだわりを知り抜いている社員が自ら販売しなきゃというんで、必然的に直営店。そうでなくても、限定された流通チャネルということになろうかと思うんですが、高田様いかがでしょうか。

【高田】直営店というか、うちの場合はうちが直接やっているわけではないんですけど、専売店で売っていますということです。なかなかちょっと難しいのは、僕らが戦っている相手が逆目にきているんです。ものすごく値引くじゃないですか。ドイツの車は値引くん

第3章　ラグジュアリーブランディングの実践

です。だいたい、うちは表示価格でいうと1割安いんですけど、値引きはしませんので決して安いわけではありません。たぶんドイツの車のほうが安いと思います。ものすごくプッシュ型の営業をしますし、極めて価格競争で売り抜く体制にきている状態の中で、僕らは戦ってます。

【長沢】　その値引きしないというのはラグジュアリーの鉄則ですので、そこはものすごく高く評価しております。ですので、ぜひそれを貫いていただきたいと思います。クレ・ド・ポー　ボーテの販売はどうでしょうか。

【藤井】　グローバルにみて、一番は主に弊社の社員がコンサルタントをしているデパートチャネルです。ただし日本の場合は、化粧品専門店の売上ウェイトもかなり高いです。化粧品専門店の販売主務者は、弊社の社員ではないので、いかにモチベーションを高めるマーケティングやトレーニングを実施するかが課題となってきます。

一方、ヨーロッパでは、先ほどいいましたようにわれわれのビジネスモデル（コンサルテーション販売）が通用しないセルフアドバイス販売のチャネル、セフォラ、ダグラス、マリオノといったナショナルチェーンが主流です。参考までに、ご存じのとおりUKはデパートチャネル市場ですが、フランスはパリのボン・マルシェ、ギャラリー・ラファイエッ

◆　195

ト、プランタンの3店。イタリアはミラノのリナシェンテ1店。ドイツも、プレステージ性の高いデパートが少ないです。

シャネルやゲランといったプレステージブランドは、もちろんセフォラなどのセルファドバイス販売チャネルでも販売していますが、その前提としては直営店を数店持っていますし、プレステージブランドとしての知名度が非常に高いです。それをベースにセルファドバイス販売チャネルでも展開できるビジネスモデルを持っています。そのようなビジネスモデルをつくるには、かなりの時間を要します。1999年のクレ・ド・ポー ボーテのヨーロッパ進出時は、おそらく箱（独自の売場・カウンター）と物（商品）さえあれば日本やアジアと同じように売れると思っていたところがあるので、ブランディングに失敗したのではと考えています。

ご存じのとおりヨーロッパの人たちは、有名雑誌などでセレブが使ったという情報が掲載されたとしても、そんな情報に踊らされません。アメリカでは、セレブが「クレ・ド・ポー ボーテのコンシーラーは最高」といった記事が掲載された時、その翌日には並んで買って品切れしたということがありました。ヨーロッパでは絶対あり得ないですし、ましてや日本みたいにヨーロッパの若い人はそんなにお金を持っていないですし、ある一定以上

第3章　ラグジュアリーブランディングの実践

の収入のある人は、30代後半以上です。ヨーロッパでのビジネスについては、本当に認識が甘く、勉強不足でした。

【長沢】　それは故なきことではなくて、ビジネススクールもだいたいアメリカ型のマーケティングブランド論でやりますので、ヨーロッパで通用しないわけですね。ここはぜひ部下の方を、早稲田大学ビジネススクールのラグジュアリーブランディング系モジュールに送り込んでいただいて、ヨーロッパビジネスを勉強していただくとよろしいかなという気もいたしますが（笑）。

旗艦店という意味では、やはり青山にINTERSECT BY LEXUSというブランドスペースをお出しになったのは、私はレクサスを非常に高く評価しています。要するにラグジュアリーブランド的なものを目指しているなと思って。

【高田】　ありがとうございます。旗艦店というか、あそこでクルマを売っているわけではないんですけど、一つのイメージをしっかり伝えていきたいなというふうに思っています。

【長沢】　旗艦店は、よくそこの商品を全部取りそろえているというのがファッション辞典に書いていますけども、私はブランドの世界観を魅せるのが旗艦店だと思っていますの

◆　197

で、その世界観を魅せている。

【高田】　クルマを置いていないですが、世界観は魅せています。

【長沢】　あと「プロモーション」も、当然テレビで大量CMを打てばいいというものではなくて、やはり広告を打つにしてもイメージ広告、あるいはセレブの証言広告、あるいはパブリシティがラグジュアリーでは中心になります。先ほどの、女優さんが使ったなんていうとぱっと売れるという類ですね。当然トヨタの他の車、あるいは資生堂のそれこそドラッグストアで売っている商品とは、プロモーションのやり方が全く違うんですが、いかがでしょうか。

【藤井】　もともと広告媒体費はそんなに持っていません。従来の雑誌広告に加え、SNSをはじめとしたデジタルメディアを活用していますが、最も力を入れているのは、コンサルテーション、売場のわれわれのパーソナルビューティーアドバイザーの活動です。ただ、海外においてはまだまだ認知度が低いので、もっと広告をしたいのは正直なところです。

【長沢】　高田様、いかがですか。

【高田】　広告もやります。やりますけど、トヨタブランドと比べるとマス広告の比率は

第3章　ラグジュアリーブランディングの実践

すごく低いです。PRだとか、あとやっぱりデジタル系の部分がすごく多いです。

【長沢】　そうすると最後は「ブランド」です。いわゆるブランド論なんかではいろんなことをやれと書いていますけども、たぶんこういうラグジュアリーブランド、あるいはハイプレステージブランドを目指すと、かなり違うんじゃなかろうかと思います。特にそれぞれ、トヨタという名前にこだわらずにレクサスを打ち出す。資生堂という名前に頼らずにクレ・ド・ポー　ボーテで打ち出すというのは、本体のトヨタや資生堂にしてみれば、何をやっておるんじゃと。たぶん軋轢（あつれき）が大きいんではないかと思いますが、その辺はどのようにマネジメントされているんでしょうか。高田様から。

【高田】　うちはそういう意味で社内カンパニーではあるんですけど、組織をまず分けちゃいましたということと、トヨタの組織とは意思決定ルートを極力分けました。

【長沢】　それはどうしてでしょうか。

【高田】　トヨタのカルチャー、DNAとラグジュアリーは基本的には相容れない部分も多いと思ったからです。

【長沢】　それはまともにいうと、社内的に問題にはならないんでしょうか。社長やレクサスのプレジデントとも相談してうまく進めるようにしています。

【長沢】　それは良かった（笑）。ありがとうございます。資生堂はいかがでしょうか。

【藤井】　先ほど紹介しましたように、現状の中ではどの事業部にも属さない30人ぐらいのビジネスユニットで、かなり機動的に動けます。また、ブランド自体の方向性は、トップも含め共有できています。ただ、ビジネスとなると、やはり販売の意見も強くなってきますし、その中でブランドをコントロールするというのが難しいところではあります。

クリエイションで夢を売る：問われるのはクリエイティビティー

●●●●●●●●●●●●●●●●●●●●●●●●

【長沢】　ありがとうございます。もうほとんど時間になってしまいましたが、じゃあ終わりに何か一言言い足りないという、あるいはアピールをというのを高田様からお願いします。

【高田】　アピールですか。レクサスは本当に物も良くなってきて、一生懸命いろんなブランディングの活動をやっているんですけど、ちょっと引っ掛かっているところは、僕らが相手にしているのはイタリア人とかフランス人に比べると生真面目なドイツの方々なん

第3章　ラグジュアリーブランディングの実践

です（笑）。

もう一つは、でも僕はやっぱりちょっと思うのは、今のラグジュアリーのブランドの方々がやっているあの戦略。要するに大衆マーケットに対して大量に革製品を販売する一方で、一部のお金持ちにイメージを落とさないためにいろんな新しいことをやっておられるというのは、本当に続くんでしょうか、今後も。そこに足をわれわれは踏み入れてもいいんでしょうかということの質問でございます。

【長沢】　いいと思いますし、踏み入れるべきだと思います。藤井様、いかがでしょうか。

【藤井】　化粧品ビジネスって、最終的にはお客さまに夢を売ることだと思っています。そういうふうに考えると、挑戦は、やはりヨーロッパ発のブランド医薬品ではないので。フレグランスをいかに売れるようなブランドに成長させることではないかと考えています。なぜなら、フレグランスには情緒価値はありますが、機能価値はありませんからね。そして、フレグランスビジネスをするということは、おそらく欧州への再挑戦や、エモーショナルなブランドストーリー創りとかにも非常に関わってきます。エモーショナル軸一本のフレグランスビジネスを成功させられるようなブランドに成長させるというのが私の挑戦です。

201

【長沢】　ありがとうございます。最後にちょっと補足したいと思います。

まさに高田様のご質問に答えることになりますけど、ブランドのストーリー（物語）やヒストリー（歴史）を創るのは、別にでっちあげるとかうそをつくのではなくて、クリエイションだと思うんです。それは何かというと、たとえば生真面目なドイツの会社でモンブラン［Montblanc］というブランドは万年筆で有名だと思うんですが、モンブランは今や時計や革製品、香水もつくっています。金額的には万年筆は高くても5万円、10万円ですが、時計は50万円、60万円からですから、売上的には今やモンブランにとって万年筆は中核事業ではないとアニュアルレポートでいっているぐらいであります。

モンブランが時計を始めたのは1997年からであります。ところが、ラグジュアリーには歴史が必要なんですけども、モンブランには時計製作の歴史がない。そこでモンブランが用意したのがニコラ・リューセック　コレクションです。ニコラ・リューセックという人はクロノグラフ、要するにストップウォッチを19世紀前半に発明したといわれている時計師なんです。

画像の版権の問題がありますので、お手元の資料には入っていませんけど、円盤（ディスク）が回転して、そこに測定開始点にインクを垂らして、計時測定終了時点にまたプロッ

写真13　MONTBLANC NICOLAS RIEUSESEC COLLECTION

出所："MONTBLANC NICOLAS RIEUSESEC COLLECTION," MONTBLANC TIME PIECES 2013/14, p.4, 2013

トして、円弧の長さで経過時間を計るという機構をニコラ・リューセックが19世紀初頭に発明したわけであります。インクを垂らす？　ほら、万年筆の原理、モンブランというわけです。それでモンブランはこのニコラ・リューセック　コレクションというのをつくりましたと、こういっているわけです（写真13）。

オフセンターに配置された時、分のダイヤル、ディスクを支えるアイコニックなブリッジ、回転するディスクと静止した針で短い時間を計測するという方法を採用しているモンブラン　ニコラ・リューセック　クロノグラフ。

固定された指針にインクの入った容器が取り付けられ、回転するエナメルディスクに印を付けて時間を記録するという時計師ニコラ・リューセックが発明したクロノグラフ（ギリシャ語で chronos＝時間、graphein＝書くこと）に深く根差しているモンブランが彼に敬意を表し、2008年に発表した初の自社ムーブメント搭載モデルです。

モンブランのニコラ・リューセック クロノグラフ オートマチックでは、伝説の時計職人から名前を受け継いだだけではありません。彼のクリエイティブ精神も今に引き継いでいるのです。

（出所："MONTBLANC NICOLAS RIEUSESEC COLLECTION," MONTBLANC TIME PIECES 2013/14, pp.4-7, 2013）

このように説明されると、そそっかしい人はモンブランって19世紀初頭から時計を作っているんだと思いますよね。

【高田】　私なんか、そう思いますね。
【長沢】　でも、モンブランは19世紀初頭から時計をつくっているとは一言もいっていま

せん。これを考えた人は頭がいいと思いますね。こういう話を発掘してきて、万年筆に自然に結び付ける。ストーリーとヒストリーをつくる。だからでっち上げというよりも、クリエイションだと思うんです。このクリエイションをマネジメントする必要があるんだと思うんです。

【高田】頑張ります。ただ、これから、この会場にいる人はレクサスを信じなくなりませんかね。そうだったら、やりませんからね、うちは（笑）。

【長沢】結局、ラグジュアリーブランドというと、日本には存在しない、日本では難しいみたいにいわれるかもしれませんが、こだわりのモノづくりとか、ストーリーのあるモノづくりという意味では、いっぱい候補がありますし、特にレクサス、あるいはクレ・ド・ポー ボーテはその最右翼にあるんではないかと思います。そうすると、やはり夢とか希望とかこういう目に見えない感性的な魅力をクリエイティブ、クリエイションで創造して訴えるモノづくりをしていく。そうすると、使い古された言葉ですけど付加価値、あるいはもっといえばこれで外貨も稼げると申し上げたい。日本でモノづくりをすると価格は高くなるわけですから、高くても売れる、高くても熱烈なファンがいるものをつくる。これはラグジュアリー戦略です。

だからお二人が、うちはラグジュアリーかなといって疑問を呈されても、私は一切構わずラグジュアリー戦略で突き進んでいただきたいし、またこの2社はできるんだと申し上げたい。だから日本の未来は明るいというふうに、まとめさせていただきたいと思います。

以上をもちまして、トークセッションを終わらせていただきます。どうもありがとうございました。（拍手）

【総合司会（山本）】　どうもありがとうございました。これにて本日のシンポジウムを終わらせていただきます。皆さんどうもご清聴ありがとうございました。（拍手）

このシンポジウムは「感性＆ファッション産業論」という授業の公開講座として開催しております。このシンポジウムは7時限目の授業です。参加者の中には、この授業を受講する学生が含まれています。その受講生はこの後に8時限目がありますので、11号館の教室に移動してください（笑）。以上です。どうもありがとうございました。（拍手）

〔付録〕 長沢伸也　研究の歩み

488) 長沢伸也：優良産廃処理業者認定制度の創設と産廃処理業界の課題、エコデザイン・プロダクツ&サービスシンポジウム予稿集、pp.117-124, エコデザイン学会連合／NPOエコデザイン推進機構、2014.7.30
489) 熊谷健・長沢伸也：欧米ラグジュアリーブランドの国内市場におけるポジショニングとKey Success Factor (L-KSF) に関する実証的研究（共同）、第16回日本感性工学会大会予稿集、D14 pp.1-8, 日本感性工学会、2014.9.4
490) 矢加部美穂・長沢伸也：ブランドの世界感構築の為のフラッグショップショップにおける必要条件（共同）、第16回日本感性工学会大会予稿集、F61 pp.1-4, 日本感性工学会、2014.9.6
491) 石川雅一・長沢伸也：ゆるキャラ着ぐるみ制作現場にみる、人気を呼ぶ感性商品の構築―日本一の着ぐるみメーカーの事例―（共同）、第16回日本感性工学会大会予稿集、F62 pp.1-6, 日本感性工学会、2014.9.6
492) 小林章一・染谷高士・長沢伸也：レ・メルヴェイユーズ・ラデュレにおける化粧品開発と経験価値（共同）、第16回日本感性工学会大会予稿集、F65 pp.1-2, 日本感性工学会、2014.9.6
493) 染谷高士・小林章一・川野辺弘子・田中敦夫・長沢伸也：銀座はちみつ化粧品の開発と経験価値（共同）、第16回日本感性工学会大会予稿集、F66 pp.1-2, 日本感性工学会、2014.9.6
494) 石川雅一・長沢伸也：製薬企業リスクマネジメント理論の化粧品会社への援用（共同）、第3回ビューティビジネス学会全国大会予稿集、pp.19-20, ビューティビジネス学会、2014.9.13
495) 長沢伸也：ラグジュアリーブランディングとビューティビジネス、第3回ビューティビジネス学会全国大会予稿集、pp.149-163, ビューティビジネス学会、2014.9.13
496) 長沢伸也：日本発、ラグジュアリーブランドの可能性、早稲田大学ラグジュアリーブランディング研究所主催・WBSラグジュアリーブランディング系モジュール共催「日本発、ラグジュアリーブランドへの挑戦」シンポジウム（公開講座）基調講演資料、pp.1-2, 早稲田大学、2014.9.30
497) 高田敦史・藤井恵一・長沢伸也：世界と伍する、日本発ラグジュアリーブランドへの挑戦（共同）、早稲田大学ラグジュアリーブランディング研究所主催・WBSラグジュアリーブランディング系モジュール共催「日本発、ラグジュアリーブランドへの挑戦」シンポジウム（公開講座）トークセッション講演資料、pp.1-2, 早稲田大学、2014.9.30
498) 樫牛博子・姜志清・長沢伸也：SPAファッションブランドにおける価値コミュニケーション戦略の比較研究―ZARA、ユニクロ、L社の事例―（共同）、商品開発・管理学会第23回全国大会講演・論文集、pp.50-55, 商品開発・管理学会、2014.10.25
499) 長沢伸也：高くても売れるものをつくるラグジュアリーブランディング、日本品質管理学会第44回年次大会ポスターセッション、p.viii, 日本品質管理学会、2014.10.29
500) 西村修・長沢伸也：地場産業企業にみるブランド価値創造―新潟県地場産業企業「スノーピーク」「朝日酒造」における事例検証―（共同）、感性商品研究部会第53回研究会資料、pp.1-7, 日本感性工学会感性商品研究部会、2014.12.6
501) 福永輝彦・長沢伸也：グッチの戦略―名門を3度よみがえらせた驚異のブランドイノベーション―（共同）、感性商品研究部会第53回研究会資料、pp.1-7, 日本感性工学会感性商品研究部会、2014.12.6
502) 長沢伸也：日本発、ラグジュアリーブランドの可能性、感性商品研究部会第53回研究会資料、pp.1-7, 日本感性工学会感性商品研究部会、2014.12.6
503) 小宮理恵子・長沢伸也：国内賃貸住宅市場におけるコミュニティ型賃貸住宅の高付加価値化要因―経験価値創造から考える賃貸住宅のブランディング―（共同）、第10回日本感性工学会春季大会講演予稿集、2F-01, pp.1-6, 日本感性工学会、2015.3.28
504) 小山太郎・長沢伸也：ラグジュアリー時計ブランドのマネジメント―変革の時―（共同）、第10回日本感性工学会春季大会講演予稿集、2F-02, pp.1-3, 日本感性工学会、2015.3.28
505) 長沢伸也：「機械式時計」という名のラグジュアリー戦略―スウォッチグループのビジネス史―、第10回日本感性工学会春季大会講演予稿集、2F-03, pp.1-5, 日本感性工学会、2015.3.28
506) Sugimoto, Kana, and Shin'ya Nagasawa: Strategic Design for Sustained Brand Value: Implications from Luxury Products, *Abstracts of the Value of Design Research: 11th International European Academy of Design Conference*, Track 7, ID 1460, p.48, European Academy of Design, 2015.4.22

2015年6月現在　計506件

※「付録 長沢伸也 研究の歩み」は巻末側からご覧ください。

◆ 付 50

466) 長沢伸也：ラグジュアリーブランドビジネスの行方とエルメス（招待講演）、杉野服飾大学・エルメス特別講座第3回資料、pp.1-12, 杉野学園、2013.7.4
467) 長沢伸也：老舗とラグジュアリーブランドに見るイノベーション（招待講演）、経営工学関連学会協議会第29回シンポジウムおよび研究・技術計画学会第28回シンポジウム資料集、pp.13-24, 経営工学関連学会協議会および研究・技術計画学会、2013.7.18
468) 安達満・野手滋・西村修・福永輝彦・長沢伸也：老舗時計ブランド「タグ・ホイヤー」にみる伝統と革新のものづくりと物語老舗（共同）、第15回日本感性工学会大会予稿集、C61 pp.1-4, 日本感性工学会、2013.9.7
469) 野手滋・安達満・福永輝彦・長沢伸也：スイス名門時計メーカー「ゼニス」のアトリエに見るクラフトマンシップ重視のもの作りについて（共同）、第15回日本感性工学会大会予稿集、C71 pp.1-5, 日本感性工学会、2013.9.7
470) 西村修・樫本博子・安達満・野手滋・福永輝彦・長沢伸也：新興ラグジュアリーブランド HUBLOT に見るこだわりのものづくり（共同）、第15回日本感性工学会大会予稿集、C63 pp.1-5, 日本感性工学会、2013.9.7
471) 染谷高士・伊藤貴善・長沢伸也：Bernd H.Schmittの「経験価値」概念に基づく商品開発—イグニス・ネイチャーシリーズにおける研究事例—（共同）、第15回日本感性工学会大会予稿集、C65 pp.1-5, 日本感性工学会、2013.9.7
472) 樫本博子・杉本香七・姜志清・長沢伸也・長沢幸子：トップSPA企業 ZARAにみる販売・コミュニケーションマネジメントの研究（共同）、第15回日本感性工学会大会予稿集、C71 pp.1-5, 日本感性工学会、2013.9.7
473) 杉本香七・樫本博子・姜志清・長沢伸也・長沢幸子：ZARAにみるSPA企業のフラットなデザインマネジメント（共同）、第15回日本感性工学会大会予稿集、C72 pp.1-5, 日本感性工学会、2013.9.7
474) 井上龍・長沢伸也：和菓子ブランド源 吉兆庵のブランドづくりと感性価値創造—老舗和菓子ブランド虎屋との比較研究—（共同）、第15回日本感性工学会大会予稿集、C73 pp.1-8, 日本感性工学会、2013.9.7
475) 小林望・入澤裕介・長沢伸也：老舗ビスポーク靴ブランドの事業継続の条件—JOHN LOBB London を中心として—（共同）、第15回日本感性工学会大会予稿集、C74 pp.1-7, 日本感性工学会、2013.9.7
476) 内田秀美、戸賀敬城、藤本教子、小梨貴子、長沢伸也：パネルディスカッション「ラグジュアリーブランドにおけるPR・コミュニケーションとファッション雑誌」、WBSラグジュアリーブランディング系モジュール (LVMHモエ ヘネシー・ルイ ヴィトン寄附講座)「ラグジュアリー ビジネスとファッション雑誌」シンポジウム（公開講座）、早稲田大学ビジネススクール、2013.10.1
477) 姜志清・樫本博子・杉本香七・長沢伸也・長沢幸子：ZARAに見るトップSPA企業のデザインおよび販売・コミュニケーションマネジメント（共同）、商品開発・管理学会第21回全国大会講演・論文集、pp.28-33, 商品開発・管理学会、2013.10.19
478) 小宮理恵子・入澤裕介・長沢伸也：供給過多時代の賃貸住宅市場における高付加価値戦略—シェアハウスの経験価値創造から考える集合住宅のブランディング—（共同）、商品開発・管理学会第21回全国大会講演・論文集、pp.34-39, 商品開発・管理学会、2013.10.19
479) 矢加部美穂・長沢伸也：ブランドの旗艦店（フラッグシップショップ）における必要要素の検証（共同）、感性商品研究部会第50回研究会資料、pp.1-48, 日本感性工学会感性商品研究部会、2013.12.14
480) 入澤裕介・長沢伸也：日本の老舗ブランドにおけるラグジュアリーブランディングの考察—老舗企業の事例研究に見る老舗戦略の構築とラグジュアリー戦略との比較—（共同）、感性商品研究部会第50回研究会資料、pp.1-14, 日本感性工学会感性商品研究部会、2013.12.14
481) 寺﨑新一郎・長沢伸也：ラグジュアリー・ブランドの知覚価値とマーケティング戦略（共同）、国際ビジネス研究学会第76回関東部会資料、pp.1-8, 国際ビジネス研究学会、2014.2.1
482) 熊谷健・長沢伸也：欧米ラグジュアリーブランドのポジショニングと戦略課題に関する実証的研究（共同）、感性商品研究部会第51回研究会資料、pp.1-10, 日本感性工学会感性商品研究部会、2014.3.29
483) 井上龍・長沢伸也：専門菓子ブランドにおけるラグジュアリー戦略—グローバル市場で成長する専門菓子ブランドの事例研究—（共同）、感性商品研究部会第51回研究会資料、pp.1-7, 日本感性工学会感性商品研究部会、2014.3.29
484) 森本美紀・長沢伸也：ライセンスビジネスによるブランド価値向上の条件に関する研究—アパレル企業による比較分析—（共同）、商品開発・管理学会第22回全国大会講演・論文集、pp.120-125, 商品開発・管理学会、2014.6.21
485) 小林章一・染谷高士・長沢伸也：レ・メルヴェイユーズ・ラデュレにおける化粧品開発（共同）、感性商品研究部会第52回研究会資料、pp.1-7, 日本感性工学会感性商品研究部会、2014.7.5
486) 川野辺弘子・染谷高士・長沢伸也：イグニス・銀座ハチミツシリーズにおける化粧品開発（共同）、感性商品研究部会第52回研究会資料、pp.1-7, 日本感性工学会感性商品研究部会、2014.7.5
487) 長沢伸也：環境ビジネスの変革者たち、エコデザイン・プロダクツ&サービスシンポジウム予稿集、pp.109-116, エコデザイン学会連合／NPOエコデザイン推進機構、2014.7.30

〔付録〕 長沢伸也　研究の歩み

大会予稿集、A5-12, pp.1-10, 日本感性工学会、2012.9.1
445) 武田肇、吉川辰司、栗野光摩、猶原明人、長沢伸也：パネルディスカッション「百貨店エグゼクティブ、ラグジュアリー・ビジネスを語る」、WBSラグジュアリーブランディング系モジュール（LVMHモエ ヘネシー・ルイ ヴィトン寄附講座）「百貨店とラグジュアリー・ビジネス」シンポジウム（公開講座）、早稲田大学ビジネススクール、2012.10.9
446) 菅波紀宏・長沢伸也：SPA企業の海外展開におけるフラッグシップショップ戦略—無印良品の事例—（共同）、商品開発・管理学会第19回全国大会講演・論文集、pp.28-33, 商品開発・管理学会、2012.10.29
447) 入澤裕介・長沢伸也：老舗企業の事例分析に見る老舗戦略の構築（共同）、商品開発・管理学会第19回全国大会講演・論文集、pp.116-121, 商品開発・管理学会、2012.10.29
448) 長沢伸也：ラグジュアリーブランド企業の盛衰、大妻家政学会短大家政分科会講演会資料、pp.1-12, 大妻家政学会短大家政分科会、2012.11.22
449) 長沢伸也：ラグジュアリーと百貨店のWin-Win関係—ラグジュアリー ブランディングMBAプログラムの実践—、ファッションビジネス学会2012全国大会ガイドブック、p.26, ファッションビジネス学会、2012.11.24
450) 寺﨑新一郎・長沢伸也：ラグジュアリー・コングロマリット「リシュモン」の経営戦略とブランドマネジメント—LVMH モエ ヘネシー・ルイ ヴィトンとの比較分析—（共同）、感性商品研究部会第47回研究会資料、pp.1-6, 日本感性工学会感性商品研究部会、2012.12.1
451) 生駒芳子・入澤裕介・三浦彰・織田晃：なぜ今、ラグジュアリーブランドが堅調なのか（共同）、日本のファッション力研究講座—徹底検証 日本のファッション力を考える—第11回資料、p.1, 杉野学園、2013.2.19
452) 森本美紀・長沢伸也：ラグジュアリーブランドにおける活性化—プラダの事例研究—（共同）、第8回日本感性工学会春季大会講演予稿集、11-1-100108 pp.1-5, 日本感性工学会、2013.3.7
453) 河野愛子・杉本香七・長沢伸也：日本のデザイナーズブランドにおける創業デザイナーのDNA継承の課題と選択肢の提案（共同）、第8回日本感性工学会春季大会講演予稿集、11-2-100107 pp.1-4, 日本感性工学会、2013.3.7
454) 安達瀧・長沢伸也：ナチュラルコスメブランドに見るブランドマネジメントと経験価値創造（共同）、第8回日本感性工学会春季大会講演予稿集、11-3-100082 pp.1-8, 日本感性工学会、2013.3.7
455) 佐々木綾・入澤裕介・長沢伸也：ファストファッションにみるエコブランドビジネスの持続的発展の要因（共同）、第8回日本感性工学会春季大会講演予稿集、11-4-100098 pp.1-7, 日本感性工学会、2013.3.7
456) 井上龍・入澤裕介・長沢伸也：高級和菓子ブランド源 吉兆庵にみるブランド戦略と経験価値創造（共同）、第8回日本感性工学会春季大会講演予稿集、11-5-100101 pp.1-5, 日本感性工学会、2013.3.7
457) 長田たまみ・杉本香七・長沢伸也：日本の百貨店におけるラグジュアリーブランドの既製服販売についての考察（共同）、第8回日本感性工学会春季大会講演予稿集、11-7-100105 pp.1-4, 日本感性工学会、2013.3.7
458) 長沢伸也：INDITEX社（≒ZARA）訪問記、科研費研究集会「グローバル・テキスタイル＆モードビジネスに関する技術の経営的研究」資料、pp.1-2, 文部科学省科学研究費基盤研究(A)「国際市場を前提とする服飾造形とテキスタイルの設計提案に関する技術の経営的研究」および基盤研究(S)「国際市場を前提としたファッションのマーケティング・設計・製造過程と工学的体系化」、2013.3.28
459) 野手滋・長沢伸也：シルバージュエリー＆レザーグッズブランド「クロムハーツ」のブランド分析—発展途上のラグジュアリーブランドとして—（共同）、感性商品研究部会第48回研究会資料、pp.1-48, 日本感性工学会感性商品研究部会、2013.3.30
460) 杉本香七・長沢伸也：ラグジュアリー・ブランドに見るブランド資産としてのアイコン継承と活用事例の研究（共同）、商品開発・管理学会第20回全国大会講演・論文集、pp.10-15, 商品開発・管理学会、2013.5.18
461) 今村彰啓・長沢伸也：老舗企業の経験価値創造—株式会社日本香堂の事例—（共同）、商品開発・管理学会第20回全国大会講演・論文集、pp.16-21, 商品開発・管理学会、2013.5.18
462) 菅波紀宏・長沢伸也：フラッグシップショップ戦略によるブランド構築—ラグジュアリーブランドとSPA企業の比較—（共同）、商品開発・管理学会第20回全国大会講演・論文集、pp.52-57, 商品開発・管理学会、2013.5.18
463) 長沢伸也：化粧品デザインにおけるラグジュアリー戦略（招待講演）、日本色彩学会第44回全国大会シンポジウム「色彩学を視座とした多感覚インタラクション—コスメティック科学への展開—」資料、pp.3-4, 日本色彩学会、2013.5.24
464) 長沢伸也：地場産業と地域のブランド化、感性商品研究部会第49回研究会資料、p.1, 日本感性工学会感性商品研究部会、2013.6.2
465) 安達瀧・長沢伸也：ナチュラルコスメブランドにみるブランドデザインマネジメント—ナチュラルコスにおける顧客ニーズの理解と影響にみるブランドデザイン—（共同）、デザイン学研究第60回研究発表大会概要集、pp.138-139, 日本デザイン学会、2013.6.22

工学会大会予稿集, C54, pp.1-8, 日本感性工学会, 2011.9.5

423) 菅波紀宏・長沢伸也:海外展開のフラッグシップショップ戦略―フラッグシップ戦略の体系化―(共同)、第13回日本感性工学会大会予稿集, C55, pp.1-4, 日本感性工学会, 2011.9.5

424) 福永輝彦・長沢伸也:ラグジュアリーブランド「グッチ」に見る経営戦略とブランドマネジメント(共同)、第13回日本感性工学会大会予稿集, C56, pp.1-5, 日本感性工学会, 2011.9.5

425) 平田功・長沢伸也:ヤイリギターの生産者満足イノベーション(共同)、第13回日本感性工学会大会予稿集, C57, pp.1-4, 日本感性工学会, 2011.9.5

426) 増山美佳, 得能摩利子, 遺田重彦, 長沢伸也:パネルディスカッション「ラグジュアリー ブランディングに求められる人材とは」、WBSラグジュアリーブランディング系モジュール(LVMHモエ ヘネシー・ルイ ヴィトン寄附講座)「百貨店とラグジュアリー ビジネス」シンポジウム(公開講座)、早稲田大学ビジネススクール, 2011.9.10

427) 長沢伸也:産学連携によるラグジュアリーブランディングMBA教育の実践、ファッションビジネス学会2011全国大会ガイドブック, p.5, ファッションビジネス学会, 2011.10.22

428) 福永輝彦・長沢伸也:ラグジュアリーブランド「グッチ」に見るブランド構築と価値創造(共同)、商品開発・管理学会第17回全国大会講演・論文集, pp.54-59, 商品開発・管理学会, 2011.10.29

429) 菅波紀宏・長沢伸也:フラッグシップショップ戦略によるブランド構築―ユニクロの事例―(共同)、商品開発・管理学会第17回全国大会講演・論文集, pp.60-65, 商品開発・管理学会, 2011.10.29

430) 入澤裕介・長沢伸也:御菓子司「亀末廣」に見るラグジュアリーブランド構築条件の一考察(共同)、商品開発・管理学会第17回全国大会講演・論文集, pp.66-71, 商品開発・管理学会, 2011.10.29

431) 長沢伸也:感性価値創造による産官学コラボレーション、日本品質管理学会第41回年次大会ポスターセッション, pp.1-12, 日本品質管理学会, 2011.10.29

432) Nagasawa, Shin'ya: Luxury in Japan and in Asia, *Abstracts of Conference of Waseda University Paris Office*, pp.1-4, Waseda University Paris Office, 2012.3.30

433) 矢野豊子・長沢伸也:日本の地場産業・伝統工芸産業のラグジュアリー戦略による活性化―高度なデザインによる海外市場へのグローバル展開―(共同)、感性商品研究部会第45研究会資料, p.1, 日本感性工学会感性商品研究部会, 2012.4.7

434) 長沢伸也・今村彰啓:水ビジネスの現状と課題―ヴェオリア社のビジネスモデルを中心に―(共同)、商品開発・管理学会第18回全国大会講演・論文集, pp.73-78, 商品開発・管理学会, 2012.5.12

435) 大津真一・長沢伸也:京都老舗企業のブランド創造―京菓匠 鶴屋吉信にみるイノベーション―(共同)、商品開発・管理学会第18回全国大会講演・論文集, pp.79-84, 商品開発・管理学会, 2012.5.12

436) Nagasawa, Shin'ya, and Kana Sugimoto: TWO CHANELS - Coco Chanel and Chanel S.A. - (共同), *Proceedings of the International Conference on Kansei Engineering and Emotion Research, KEER2012*, p.159, Department of Industrial Design, National Cheng Kung University, 2012.5.24

437) Nagasawa, Shin'ya, and Kana Sugimoto: Managing Organization of Chanel S.A. (共同), *Proceedings of the International Conference on Kansei Engineering and Emotion Research, KEER2012*, p.189, Department of Industrial Design, National Cheng Kung University, 2012.5.25

438) 柏木孝文・長沢伸也:ラグジュアリーブランドの効果的なオンラインコミュニケーションの条件(共同)、感性商品研究部会第46回研究会資料, p.1, 日本感性工学会感性商品研究部会, 2012.6.23

439) Irisawa, Yusuke, and Shin'ya Nagasawa: Study for Product Design on Customer Experience – Construction and Examination for Customer Experiential Design by Case Studies - (共同), *Conference Program of 2012 6th International Conference on Industrial Engineering and Management (IEM2012)*, pp.7-8, Advanced Institute of Convergence Information Technology, 2012.8.19

440) 寺崎新一郎・杉本香七・長沢伸也:地場・伝統産業における感性価値の顕在化とコミュニケーション戦略―京団扇老舗 小丸屋住井の事例を中心に―(共同)、第14回日本感性工学会大会予稿集, E1-02, pp.1-8, 日本感性工学会, 2012.8.30

441) 福永輝彦・長沢伸也:ラグジュアリーブランド「グッチ」のイノベーションによる価値創造(共同)、第14回日本感性工学会大会予稿集, A5-09, pp.1-7, 日本感性工学会, 2012.9.1

442) 今村彰啓・長沢伸也:老舗企業の経験価値創造―宮坂醸造株式会社の事例―(共同)、第14回日本感性工学会大会予稿集, A5-10, pp.1-4, 日本感性工学会, 2012.9.1

443) 矢野豊子・長沢伸也:地場・伝統工芸産業のラグジュアリー戦略による活性化(共同)、第14回日本感性工学会大会予稿集, A5-11, pp.1-5, 日本感性工学会, 2012.9.1

444) 柏木孝文・長沢伸也:ラグジュアリーブランドの効果的なオンラインコミュニケーションの条件―事例分析とラグジュアリーブランドのコミュニケーションのあり方から解明を試みる―(共同)、第14回日本感性工学会

〔付録〕 長沢伸也　研究の歩み

401) 長沢伸也：ラグジュアリー戦略―マーケティングの規則を破りラグジュアリーブランドを構築する―〔感性商品研究部会企画セッション「感性商品プライスレス」基調講演〕、第12回日本感性工学会大会予稿集、3E1-14, pp.1-5, 日本感性工学会、2010.9.13
402) 長沢伸也・石川雅一：京友禅「千總」450年のブランド・イノベーション（共同）、第12回日本感性工学会大会予稿集、3E1-13, pp.1-4, 日本感性工学会、2010.9.13
403) 平田功・長沢伸也：LVMHワイン＆スピリッツ部門のブランド戦略（共同）、第12回日本感性工学会大会予稿集、3E1-15, pp.1-2, 日本感性工学会、2010.9.13
404) 木津由美子・入澤裕介・長沢伸也：化粧品デザインにおけるラグジュアリー表現の考察―経験価値からみる海外品と国産品の比較分析―（共同）、第12回日本感性工学会大会予稿集、3E1-16, pp.1-6, 日本感性工学会、2010.9.13
405) 入澤裕介・長沢伸也：顧客の経験と商品デザインに関する考察―経験価値・感性・エモーショナルデザインの関係性―（共同）、第12回日本感性工学会大会予稿集、3F2-6, pp.1-10, 日本感性工学会、2010.9.13
406) 入澤裕介・長沢伸也：商品開発のための「顧客経験と商品デザインの対応関係」に関する考察―事例分析に基づく顧客経験デザイン理論の検証―（共同）、第15回商品開発・管理学会創立10周年記念全国大会講演・論文集、pp.14-21, 商品開発・管理学会、2010.11.13
407) 大津真一・長沢伸也：消費者の行動経験による差異化戦略―身体的認知（Enbodied Congnition）と行動的経験価値―（共同）、第15回商品開発・管理学会創立10周年記念全国大会講演・論文集、pp.22-29, 商品開発・管理学会、2010.11.13
408) 入澤裕介・長沢伸也：日仏のブランド企業に見るラグジュアリーブランドの構築条件―ブランド構築条件の抽出に向けた事例分析と比較考察―（共同）、第15回商品開発・管理学会創立10周年記念全国大会講演・論文集、pp.154-161, 商品開発・管理学会、2010.11.13
409) Nagasawa, Sachiko, and Shin'ya Nagasawa: Creation of New Fashion Illustration Painting Techniques by Use of India-ink Painting Techniques: Research into Line Drawing Techniques of Expression in Fashion Illustrations（共同）, *ICDC (The First International Conference on Design Creativity) program*, p.18, The Design Creativity Special Interest Group (SIG) of the Design Society, 2010.12.1
410) Irisawa, Yusuke, and Shin'ya Nagasawa: Creating Customer Experience by Emotional Design（共同）, *ICDC (The First International Conference on Design Creativity) program*, p.30, The Design Creativity Special Interest Group (SIG) of the Design Society, 2010.12.1
411) 寺崎新一郎・長沢伸也：日本におけるフェアトレードマーケティング戦略の方向性と問題点（共同）、感性商品研究部会第43回研究会資料、p.1, 日本感性工学会感性商品研究部会、2011.6.4
412) 平田功・長沢伸也：京菓子老舗の商品戦略―俵屋吉富のブランドイノベーションと亀末廣の顧客価値イノベーション―（共同）、感性商品研究部会第43回研究会資料、pp.1-10, 日本感性工学会感性商品研究部会、2011.6.4
413) 寺崎新一郎・長沢伸也：日本におけるフェアトレードマーケティング戦略の方向性と問題点（共同）、商品開発・管理学会第16回全国大会講演・論文集、pp.46-49, 商品開発・管理学会、2011.6.11
414) 入澤裕介・長沢伸也：京都企業「信三郎帆布」に見る感性を意識したこだわりのものづくり（共同）、商品開発・管理学会第16回全国大会講演・論文集、pp.50-53, 商品開発・管理学会、2011.6.11
415) 入澤裕介・長沢伸也：京都老舗企業に見る感性商品とプロダクトイノベーション（共同）、商品開発・管理学会第16回全国大会講演・論文集、pp.54-57, 商品開発・管理学会、2011.6.11
416) 平田功・入澤裕介・長沢伸也：京菓子老舗の商品戦略(1)―俵屋吉富のブランドイノベーション―（共同）、商品開発・管理学会第16回全国大会講演・論文集、pp.58-62, 商品開発・管理学会、2011.6.11
417) 平田功・入澤裕介・長沢伸也：京菓子老舗の商品戦略(2)―亀末廣の顧客価値イノベーション―（共同）、商品開発・管理学会第16回全国大会講演・論文集、pp.63-67, 商品開発・管理学会、2011.6.11
418) 長沢伸也：産学コラボレーションによる商品開発デザイン、デザイン学研究第58回研究発表大会概要集、pp.208-209, 日本デザイン学会、2011.6.26
419) 杉本香七・長沢伸也：感性プロダクトとしてのラグジュアリーブランド―デザインマネジメント戦略の事例研究―（共同）、第13回日本感性工学会大会予稿集、115, pp.1-7, 日本感性工学会、2011.9.3
420) 長沢伸也：感性価値創造による産官学コラボレーション〔感性商品研究部会企画セッション「感性価値創造による産官学コラボレーション」基調講演〕、第13回日本感性工学会大会予稿集、C41, pp.1-3, 日本感性工学会、2011.9.5
421) 長沢伸也：産学コラボレーションによるラグジュアリー ブランディング MBAプログラムの開講、第13回日本感性工学会大会予稿集、C42, pp.1-7, 日本感性工学会、2011.9.5
422) 入澤裕介・長沢伸也：京菓子司「末富」に見る経営戦略とデザインイノベーション（共同）、第13回日本感性

発（共同）、商品開発・管理学会第12回全国大会講演・論文集, pp.147-157, 商品開発・管理学会, 2009.6.21
379) 長沢伸也：ラグジュアリー戦略, 感性商品研究部会第37回研究会資料, p.1, 日本感性工学会感性商品研究部会、2009.6.27
380) Nagasawa, Shin'ya: *Kansei* and *Kansei* Value: Japanese View, *Long Abstracts of 12th QMOD (Quality and Service Sciences) and Toulon-Verona Conference*, pp.224-225, University of Verona, Italy, 2009.8.28
381) 石川誠・入澤裕介・長沢伸也：京都「一澤信三郎帆布」に見る"こだわりのものづくり"と技術経営（共同）、第11回日本感性工学会大会予稿集, 1C1-4, pp.1-10, 日本感性工学会、2009.9.8
382) 長沢伸也：日欧の地場・伝統産業のブランド戦略（感性商品研究部会企画「感性商品開発によるブランド戦略」基調講演）、第11回日本感性工学会大会予稿集, 3E1-10, pp.1-3, 日本感性工学会、2009.9.10
383) 長沢伸也：シャネルの経営組織形態―シャネル S. A.―、第11回日本感性工学会大会予稿集, 3E1-11, pp.1-6, 日本感性工学会、2009.9.10
384) 長沢伸也：リシュモン・グループの技術経営―ヴァシュロン・コンスタンタン、ジャガー・ルクルト、ピアジェのマニュファクチュール―、第11回日本感性工学会大会予稿集, 3E1-12, pp.1-3, 日本感性工学会、2009.9.10
385) 長沢伸也：ルイ・ヴィトンのラグジュアリー戦略、第11回日本感性工学会大会予稿集, 3E1-13, pp.1-3, 日本感性工学会、2009.9.10
386) 長沢伸也：デザインマインドマネジャー――盛田昭夫のデザイン参謀、黒木靖夫―、第11回日本感性工学会大会予稿集, 3E1-14, pp.1-3, 日本感性工学会、2009.9.10
387) 長沢伸也：戦略的デザインマネジメント-デザインによるブランド価値創造とイノベーション―、第11回日本感性工学会大会予稿集, 3E1-15, pp.1-3, 日本感性工学会、2009.9.10
388) 石川誠・入澤裕介・長沢伸也：京都「信三郎帆布」に見る新規ブランド立上げの成功要因の考察（共同）、第11回日本感性工学会大会予稿集, 3E1-16, pp.1-10, 日本感性工学会、2009.9.10
389) 入澤裕介・石川誠・長沢伸也：京都の地域性に見る「信三郎帆布」の経験価値創造と商品イノベーション（共同）、第11回日本感性工学会大会予稿集, 3E1-17, pp.1-8, 日本感性工学会、2009.9.10
390) Nagasawa, Shin'ya: Luxury Brand Strategy of Louis Vuitton, *3rd International Congress of IASDR 2009 Proceedings*, Design Management 3: Branding 1, p.128, International Association of Societies of Design Research, 2009.10.20
391) Nagasawa, Sachiko, and Shin'ya Nagasawa: Japanese Fashion Illustration in Media（共同）, *3rd International Congress of IASDR 2009 Proceedings*, Poster Highlights 2, p.398, International Association of Societies of Design Research, 2009.10.21
392) 入澤裕介・石川誠・長沢伸也：京都「一澤信三郎帆布」の商品開発に見る商品イノベーションと京都地域性の関係（共同）、商品開発・管理学会第13回全国大会講演・論文集, pp.96-103, 商品開発・管理学会、2009.11.8
393) 長沢伸也・杉本香七：ラグジュアリーブランド「シャネル」におけるこだわりと商品開発―時計事業のR&D・商品開発を例に―（共同）、商品開発・管理学会第13回全国大会講演・論文集, pp.104-110, 商品開発・管理学会、2009.11.8
394) 井上秀雄・廣田寿男・吉田徳久・長沢伸也：パネルディスカッション「持続可能なモビリティの将来を考える」（共同）、第29回モビリティ・シンポジウム予稿集, pp.20-21, 早稲田大学理工学研究所モビリティ研究会、2009.11.21
395) Irisawa, Yusuke, Makoto Ishikawa, and Shin'ya Nagasawa: Creating Customer Experience and Product Innovation at "Shinzaburo Hanpu" in the Regionality of Kyoto（共同）, *Abstracts of the Kansei Engineering and Emotion Research International Conference, KEER2010*, p.134, Arts et Métiers ParisTech, Paris, 2010.3.3
396) Nagasawa, Shin'ya, and Kana Sugimoto: Chanel's Devotion and Product Development as a Luxury Brand: Taking R&D and Product Development of its Watch Business as an Example（共同）, *Abstracts of the Kansei Engineering and Emotion Research International Conference, KEER2010*, p.144, Arts et Métiers ParisTech, Paris, 2010.3.3
397) Irisawa, Yusuke, and Shin'ya Nagasawa: Creating Customer Experience and Hospitality at the Kyoto Longstanding Company Kyogashi Master "Suetomi"（共同）, *Abstracts of the Kansei Engineering and Emotion Research International Conference, KEER2010*, p.230, Arts et Métiers ParisTech, Paris, 2010.3.4
398) 入澤裕介・長沢伸也：経験価値とエモーショナル・デザインに関する考察（共同）、商品開発・管理学会第14回全国大会講演・論文集, pp.116-123, 商品開発・管理学会、2010.6.12
399) 大津真一・長沢伸也：経験価値マーケティングの再考-消費者経験視点による差別化戦略―（共同）、商品開発・管理学会第14回全国大会講演・論文集, pp.124-129, 商品開発・管理学会、2010.6.12
400) 長沢伸也・石川雅一：京友禅「千總」にみる経験価値創造（共同）、商品開発・管理学会第14回全国大会講演・論文集, pp.130-138, 商品開発・管理学会、2010.6.12

[付録] 長沢伸也　研究の歩み

355) 長沢伸也・石川誠：老舗企業「山田松香木店」のこだわり経営―経験価値創造と技術経営―（共同）、第10回日本感性工学会大会予稿集、13I-02, pp.1-7, 日本感性工学会、2008.9.9
356) 山本典弘・長沢伸也：京唐紙「唐長」にみる伝統と革新―究極のしつらいと経験価値―（共同）、第10回日本感性工学会大会予稿集、13I-03, pp.1-8, 日本感性工学会、2008.9.9
357) 杉本香七・長沢伸也：技術経営ブランド「シャネル」に学ぶ技術とものづくり継承の手法（共同）、第10回日本感性工学会大会予稿集、13I-04, pp.1-6, 日本感性工学会、2008.9.9
358) 杉本香七・長沢伸也：「シャネル」に見る人材組織戦略―企業哲学としてのスタイル継承者―（共同）、第10回日本感性工学会大会予稿集、22A-04, pp.1-3, 日本感性工学会、2008.9.9
359) 杉本香七・長沢伸也：技術経営ブランド「シャネル」に見る技術のアイコン化（共同）、第10回日本感性工学会大会予稿集、22A-05, pp.1-3, 日本感性工学会、2008.9.9
360) 杉本香七・長沢伸也：「シャネル」に見る技術・スタイル・デザイン―マネジメントの観点から―（共同）、第10回日本感性工学会大会予稿集、22A-06, pp.1-3, 日本感性工学会、2008.9.9
361) 清水亜子・石原進一・内藤清美・長沢伸也：知られざるリシュモングループ（共同）、第10回日本感性工学会大会予稿集、22A-07, pp.1-7, 日本感性工学会、2008.9.9
362) 長沢伸也・黒岩由佳：シャネルの対外活動に見るブランド戦略―知財対策とメセナ活動―（共同）、第10回日本感性工学会大会予稿集、23A-01, pp.1-2, 日本感性工学会、2008.9.9
363) 長沢伸也・須藤雅恵：国産馬具メーカー「ソメスサドル」にみる経験価値創造（共同）、第10回日本感性工学会大会予稿集、23A-03, pp.1-3, 日本感性工学会、2008.9.9
364) 長沢伸也・植原行洋：ハナマルキ株式会社にみる経験価値創造（共同）、第10回日本感性工学会大会予稿集、23A-04, pp.1-4, 日本感性工学会、2008.9.9
365) 長沢伸也・須藤雅恵：株式会社栗山米菓「米兆　ゆうき」にみる経験価値創造（共同）、第10回日本感性工学会大会予稿集、23A-05, pp.1-3, 日本感性工学会、2008.9.9
366) 長沢伸也：ルイ・ヴィトンの法則、第10回日本感性工学会大会予稿集、23A-06, pp.1-9, 日本感性工学会、2008.9.9
367) Nagasawa, Shin'ya: Tradition and Innovation of 500 Years Standing Company "Toraya" – Customer Experience and Technology Management –, *Book of Abstracts 10th IMAC Conference on Regional Innovation System and Manufacturing Culture*, p.21, International Institute of Industrial and Manufacturing Culture, 2008.10.17
368) 長澤伸也：體驗價値創造案例分亨、2008創意生活産業國際論壇會議手冊 (Proceedings of 2008 Creative Life Industries International Forum), pp.47-48, 財團法人中衛發展中心（台北）、2008.10.26
369) Nagasawa, Shin'ya: Creating Customer Experience in Luxury Brands – Comparison of Hermès, Louis Vuitton and Coach –, *Abs. Research Seminar of the Marketing Department*, pp.1-6, ESSEC Business School, 2008.11.4
370) 杉本香七・長沢伸也：技術経営ブランド「シャネル」に学ぶ技術とものづくり継承の手法（共同）、感性商品研究部会第35回研究会資料、pp.1-4, 日本感性工学会感性商品研究部会、2008.12.12
371) 石川誠・長沢伸也：京都老舗企業「山田松香木店」の経験価値創造と技術経営（共同）、感性商品研究部会第36回研究会資料、pp.1-4, 日本感性工学会感性商品研究部会、2009.2.28
372) Nagasawa, Shin'ya: Product Development in Consideration of Kansei – Its Methodology and Practice –, *Abstracts of 9th ASCS (Asian Society for Cosmetics Science) Conference*, the Society of Cosmetics Chemists of Japan, pp.18-19, 2009.3.2
373) 長沢伸也：統計的官能評価法のExcelによる解析、第1回3学会（21世紀科学と人間シンポジウム・日本知能ファジィ学会第33回ファジィワークショップ・第17回日本人間工学会システム大会）共催大会発表論文合冊集、pp.FW-15-21, 21世紀科学と人間シンポジウム企画運営委員会・日本知能ファジィ学会関東支部・第17回日本人間工学会システム大会幹事会、2009.3.15
374) 杉本香七・長沢伸也：ラグジュアリー・ブランド「シャネル」の服飾事業にみる技術ケイパビリティ経営（共同）、第5回日本感性工学会春季大会予稿集、11E-03, pp.1-2, 日本感性工学会、2009.3.27
375) 杉本香七・長沢伸也：ラグジュアリー・ブランド「シャネル」の時計事業にみる技術経営（共同）、第5回日本感性工学会春季大会予稿集、11E-04, pp.1-2, 日本感性工学会、2009.3.27
376) Sugimoto, Kana, and Shin'ya Nagasawa: The Succession of Technology and Production of the Technology Management Brand of "Chanel"（共同）, *Proceedings of International Conference on Kansei Engineering and Emotion Research 2009*, p.29, Japan Society of Kansei Engineering, 2009.3.27
377) Nagasawa, Shin'ya, and Makoto Ishikawa: Elaborate Management of Traditional Incense Company "YAMADA-MATSU," *Proceedings of International Conference on Kansei Engineering and Emotion Research 2009*, p.33, Japan Society of *Kansei* Engineering, 2009.3.28
378) 入澤裕介・石川誠・長沢伸也：京都「信三郎帆布」に見る"こだわりのものづくり"の経験価値創造と商品開

330) 染谷高士・長沢伸也：老舗ブランド「虎屋」の経験価値創造と技術経営（共同）、第9回日本感性工学会大会予稿集、F014 pp.1-6, 日本感性工学会、2007.8.1
331) 入澤裕介・長沢伸也：京都「俵屋」に見る老舗旅館の経験価値創造（共同）、第9回日本感性工学会大会予稿集、F015 pp.1-7, 日本感性工学会、2007.8.1
332) Someya, Takao, and Shin'ya Nagasawa: Building Customer Experience and Technology Management at the Traditional Company "Toraya"（共同）, *Abstract + Program of International Conference on Kansei Engineering and Emotion Research 2007*, Japan Society of *Kansei* Engineering, p.55, 2007.10.11
333) Irisawa, Yusuke, and Shin'ya Nagasawa: Creating Customer Experience at the Long-standing Company of Kyoto Inn "Tawaraya"（共同）, *Abstract + Program of International Conference on Kansei Engineering and Emotion Research 2007*, Japan Society of *Kansei* Engineering, p.67, 2007.10.11
334) Nagasawa, Shin'ya: Creating Customer Experience in Luxury Brands – Comparison of Hermès, Louis Vuitton and Coach –, *Abstract + Program of International Conference on Kansei Engineering and Emotion Research 2007*, Japan Society of *Kansei* Engineering, p.68, 2007.10.11
335) 長沢伸也・石川誠：老舗企業「山田松香木店」のこだわり経営—経験価値創造と技術経営—（共同）、商品開発・管理学会第9回全国大会（平成19年度秋季）講演論文集、pp.36-43, 商品開発・管理学会、2007.10.13
336) 長沢伸也・染谷高士：老舗ブランド「虎屋」の伝統と革新—経験価値創造と技術経営—（共同）、商品開発・管理学会第9回全国大会（平成19年度秋季）講演論文集、pp.44-51, 商品開発・管理学会、2007.10.13
337) 長沢伸也：ルイ・ヴィトンの法則、第12回曖昧な気持ちに挑むワークショップ論文集、pp.37-40, 日本知能情報ファジィ学会評価問題研究部会、2007.12.1
338) 染谷高士・長沢伸也：老舗ブランド「虎屋」の伝統と革新（共同）、感性商品研究部会第32回研究会資料、pp.1-6, 日本感性工学会感性商品研究部会、2007.12.7
339) 長沢伸也：ルイ・ヴィトンの法則、感性商品研究部会第32回研究会資料、pp.1-4, 日本感性工学会感性商品研究部会、2007.12.7
340) 長沢伸也：ラグジュアリーブランドのブランド戦略の類型化—「エルメス型」「ルイ・ヴィトン型」「コーチ型」—、ファッションビジネス学会2007年度全国大会ガイドブック、p.7, ファッションビジネス学会、2007.12.8
341) 長沢伸也：ルイ・ヴィトンの法則、第13回ファッション造形学セミナー講演論文集、pp.18-22, 日本繊維消費科学会、2007.12.9
342) 長沢伸也：廃棄物処理について、建設ロジスティクス研究会3月月例会資料、pp.1-10, 早稲田大学WBS研究センター、2008.3.27
343) 山本典弘・長沢伸也：400年の京唐紙「唐長」の伝統と革新（共同）、感性商品研究部会第33回研究会資料、pp.1-6, 日本感性工学会感性商品研究部会、2008.3.28
344) 長沢伸也：ルイ・ヴィトンの法則—最強のブランド戦略—、ネオ・ロジスティクス共同研究会5-1月例会資料、pp.1-12, 早稲田大学WBS研究センター、2008.4.17
345) 山本典弘・長沢伸也：400年の京唐紙「唐長」の伝統と革新（共同）、感性商品研究部会第34回研究会資料、pp.1-5, 日本感性工学会感性商品研究部会、2008.5.31
346) 長沢伸也：感性をめぐる商品開発、第1回油化学セミナー「売れるモノづくり—感性に訴える商品開発—」要旨集、pp.1-6, 日本油化学会関東支部、2008.6.3
347) 長沢伸也：商品デザインと経験価値、商品開発・管理学会第10回全国大会報告要旨集、pp.9-15, 商品開発・管理学会、2008.6.15
348) 入澤裕介・長沢伸也：300年の京都老舗旅館「俵屋」にみる経験価値—伝統を活かした究極の夢心地—（共同）、商品開発・管理学会第10回全国大会報告要旨集、pp.72-80, 商品開発・管理学会、2008.6.15
349) 山本典弘・長沢伸也：400年の京唐紙「唐長」にみる経験価値—板木と文様がもたらす究極のしつらい—（共同）、商品開発・管理学会第10回全国大会報告要旨集、pp.81-89, 商品開発・管理学会、2008.6.15
350) 長沢幸子・長沢伸也：日本のファッションイラストレーションとメディア（共同）、デザイン学研究第55回研究発表大会概要集、pp.172-173, 日本デザイン学会、2008.6.28
351) 長沢伸也・岩谷昌樹：デザインとマネジメントの収斂：「デザイナンス」という新概念（共同）、デザイン学研究55回研究発表大会概要集、pp.294-295, 日本デザイン学会、2008.6.29
352) 岩谷昌樹・長沢伸也：サムスン電子のデザインマネジメント（共同）、デザイン学研究第55回研究発表大会概要集、pp.296-297, 日本デザイン学会、2008.6.29
353) 長沢伸也：プレミアムマーケティングのための経験価値創造、早稲田ビジネススクール・レビュー第8号刊行記念シンポジウム講演集、pp.1-5, 早稲田大学ビジネススクール、2008.7.17
354) 長沢伸也：感性に訴える商品開発、石けん洗剤技術交流会8月例会講演会資料、pp.1-5, 石けん洗剤技術交流会、2008.8.1

[付録] 長沢伸也　研究の歩み

306) 大津真一・長沢伸也：あぶらとり紙「よーじや」にみる経験価値創造―経験価値グリッドによる経験価値創造メカニズムの分析―（共同）、商品開発・管理学会第6回全国大会講演論文集、pp.35-40, 商品開発・管理学会、2006.6.10
307) 長沢伸也：ラグジュアリーブランドにみる経験価値創造、商品開発・管理学会第6回全国大会講演論文集、pp.41-46, 商品開発・管理学会、2006.6.10
308) 長沢伸也：エルメス、ルイ・ヴィトン、ポロ・ラルフローレンに見る経験価値創造、平成18年度日本家政学会色彩・意匠学部会、被服心理学部会合同夏季セミナー要旨集、pp.10-15, 日本家政学会色彩・意匠学部会、被服心理学部会、2006.8.24
309) 長沢伸也：感性に訴えるものづくりのための「経験価値」とは何か、第8回日本感性工学会大会予稿集、pp.41-46, 日本感性工学会、2006.9.15
310) 入澤裕介・長沢伸也：京都「俵屋」に見る老舗旅館の経験価値創造（共同）、第8回日本感性工学会大会予稿集、p.237, 日本感性工学会、2006.9.15
311) 染谷高士・長沢伸也：「虎屋」に見る老舗企業の経験価値創造（共同）、第8回日本感性工学会大会予稿集、p.238, 日本感性工学会、2006.9.15
312) 小野勇一郎・長沢伸也：サッポロ「エーデルピルス」に見る経験価値創造（共同）、第8回日本感性工学会大会予稿集、p.239, 日本感性工学会、2006.9.15
313) 藤原亨・長沢伸也：ワコール高級ブランド「WACOAL DIA」に見る経験価値創造（共同）、第8回日本感性工学会大会予稿集、p.240, 日本感性工学会、2006.9.15
314) 長沢伸也・小野勇一郎：サッポロエーデルピルスにみる経験価値創造―日本初のプレミアムビールが支持される理由―（共同）、商品開発・管理学会平成18年度秋季全国大会講演論文集、pp.34-39, 商品開発・管理学会、2006.10.28
315) 長沢伸也・藤原亨：ワコール高級ブランド「WACOAL DIA」にみる経験価値創造（共同）、商品開発・管理学会平成18年度秋季全国大会講演論文集、pp.40-44, 商品開発・管理学会、2006.10.28
316) 小野勇一郎・長沢伸也：エーデルピルスの経験価値創造（共同）、感性商品研究部会第29回研究会資料、pp.1-6, 日本感性工学会感性商品研究部会、2006.12.8
317) 長沢伸也・藤原亨：「WACOAL DIA」にみる高級ファッションブランドの経験価値創造（共同）、感性商品研究部会第29回研究会資料、pp.1-3, 日本感性工学会感性商品研究部会、2006.12.8
318) 長沢伸也：廃棄物ビジネスの挑戦、精密工学会ライフサイクルエンジニアリング専門委員会特別講演資料、pp.1-8, 精密工学会、2007.4.11
319) 内田敏弘・長沢伸也：心の音楽を奏でるタイムドメイン社スピーカーの経験価値創造（共同）、日本感性工学会感性商品研究部会第31回研究会資料、pp.1-4, 日本感性工学会感性商品研究部会、2007.6.8
320) 大津真一・長沢伸也：感性に訴えるものづくりのための経験価値の再考（共同）、日本感性工学会感性商品研究部会第31回研究会資料、pp.1-4, 日本感性工学会感性商品研究部会、2007.6.8
321) 内田敏弘・長沢伸也：独立型ベンチャー企業による経験価値イノベーション―タイムドメイン社の超スピーカーの事例―（共同）、商品開発・管理学会第8回全国大会（平成19年春季）講演論文集、pp.58-64, 商品開発・管理学会、2007.6.16
322) 大津真一・長沢伸也：RELATE（関係的経験価値）に着目した経験価値分析―消費者が求める"つながり感"の本質―（共同）、商品開発・管理学会第8回全国大会（平成19年春季）講演論文集、pp.65-70, 商品開発・管理学会、2007.6.16
323) 長沢伸也・大泉賢治：ラグジュアリーブランドに見る経験価値創造―エルメス、ルイ・ヴィトン、コーチの比較―（共同）、第9回日本感性工学会大会予稿集、F01 pp.1-5, 日本感性工学会、2007.8.1
324) 長沢伸也：帆布製鞄製造「一澤信三郎帆布」に見る経験価値創造、第9回日本感性工学会大会予稿集、F02 pp.1-5, 日本感性工学会、2007.8.1
325) 長沢伸也・大津真一：経験価値を伝えるマーケティング・コミュニケーションの考察（共同）、第9回日本感性工学会大会予稿集、F03 pp.1-5, 日本感性工学会、2007.8.1
326) 内田敏弘・長沢伸也：心の音楽を奏でるタイムドメイン社スピーカーの経験価値創造（共同）、第9回日本感性工学会大会予稿集、F04 pp.1-5, 日本感性工学会、2007.8.1
327) 長沢伸也・小野勇一郎：ポルシェにみるブランド車の経験価値創造―熱狂的ファンを惹き付けるプロダクトアウト―（共同）、第9回日本感性工学会大会予稿集、F05 pp.1-5, 日本感性工学会、2007.8.1
328) 照沼聡・長沢伸也：「代官山ヒルサイド・テラス」に見る建築物の経験価値創造（共同）、第9回日本感性工学会大会予稿集、F012 pp.1-7, 日本感性工学会、2007.8.1
329) 照沼聡・長沢伸也：「光の教会」に見る建築物の経験価値創造（共同）、第9回日本感性工学会大会予稿集、F013 pp.1-5, 日本感性工学会、2007.8.1

282) 岩谷昌樹・岩倉信弥・長沢伸也：デザイン・マネジメントと経営戦略（共同）、デザイン学研究第52回研究発表大会概要集、pp.260-261, 日本デザイン学会、2005.6.26

283) Tsai, Pi-Ju, and Shin'ya Nagasawa: Marketability of Clean Automobile Concepts – Comparison between Durable Goods and Daily Neccessaries –（共同）, *Abstracts of 16th Regional Conference of Clean Air and Environment in Asian Pacific Area*, p.125, Japanese Union of Air Pollution Prevention Associations, 2005.8.4

284) Tsai, Pi-Ju, and Shin'ya Nagasawa: Marketability of the Next Generation Community Vehicle（共同）, *Abstracts of 16th Regional Conference of Clean Air and Environment in Asian Pacific Area*, p.126, Japanese Union of Air Pollution Prevention Associations, 2005.8.4

285) 長沢伸也：ルイ・ヴィトンに見るラグジュアリー・ブランド・マーケティングの法則、ファッションビジネス学会全国大会―関西支部創立10周年記念―ガイドブック、p.18, ファッションビジネス学会、2005.8.27

286) Nagasawa, Shin'ya, Eric Cooper, Katsuari Kamei, Hiroaki Kosaka, Hiroki Koyama, Hirokazu Nishitani, Yasuhiro Kumaou, Satomi Kunieda, Hideo Jingu, and Taki Kanda : Various Applications of *Kansei* Engineering（共同）, 第7回日本感性工学会大会予稿集、pp.61-63, 日本感性工学会、2005.9.10

287) 染谷高士・長沢伸也：京老舗における経験価値創造（第1報）―香老舗・松栄堂―（共同）、第7回日本感性工学会大会予稿集、p.211, 日本感性工学会、2005.9.10

288) 山本典弘・長沢伸也：機能性商品のデザインマネジメント―コクヨ・カドケシの外観デザイン―（共同）、第7回日本感性工学会大会予稿集、p.231, 日本感性工学会、2005.9.10

289) 入澤裕介・長沢伸也：京老舗における経験価値創造（第2報）―京菓子司・末富―（共同）、第7回日本感性工学会大会予稿集、p.233, 日本感性工学会、2005.9.10

290) 土田哲平・長沢伸也：ラグジュアリーブランドに見る経験価値創造（共同）、第7回日本感性工学会大会予稿集、p.248, 日本感性工学会、2005.9.10

291) 長沢伸也：ルイ・ヴィトンに見るラグジュアリーブランド・マーケティングの法則（第1報）―総論―、第7回日本感性工学会大会予稿集、p.294, 日本感性工学会、2005.9.10

292) 長沢伸也：ルイ・ヴィトンに見るラグジュアリーブランド・マーケティングの法則（第2報）―各論―、第7回日本感性工学会大会予稿集、p.295, 日本感性工学会、2005.9.10

293) 長沢伸也：グリーン・サービサイジング、環境マネジメントシステム研究会資料、pp.1-5, 日本品質管理学会、2005.9.16

294) 長沢伸也：新商品・新事業開発のマネジメント―商品企画七つ道具―、第20回高分子同友会総合講演会資料、pp.1-21, 高分子学会、2005.10.5

295) 長沢伸也・小野勇一郎：バーバリー・ブルーレーベルにみるブランド商品開発―ヤング女性向け市場で一人勝ちを続ける理由―（共同）、商品開発・管理学会第5回秋季研究会講演論文集、pp.48-53, 商品開発・管理学会、2005.11.5

296) 山本典弘・長沢伸也：共感する記憶を刺激した新商品開発―「カドケシ」「リトルジャマー」の経験価値創造―（共同）、商品開発・管理学会第5回秋季研究会講演論文集、pp.68-73, 商品開発・管理学会、2005.11.5

297) 榎新二・長沢伸也：ヒット商品を連続させるプロダクトイノベーションの理論的考察（共同）、日本品質管理学会第35回年次大会研究発表会研究発表要旨集、pp.89-92, 日本品質管理学会、2005.11.12

298) 長沢伸也・榎新二：ヒット商品を連続させるプロダクトイノベーションの実証的研究（共同）、日本品質管理学会第35回年次大会研究発表会研究発表要旨集、pp.93-96, 日本品質管理学会、2005.11.12

299) 長沢伸也・岡本眞一：環境ビジネスとしてのグリーンサービサイジング―環境マネジメントシステム研究会中間報告―（共同）、日本品質管理学会第35回年次大会研究発表会研究発表要旨集、pp.109-112, 日本品質管理学会、2005.11.12

300) 長沢伸也：廃棄物ビジネスの挑戦―チャンスがいっぱい！ 環境ビジネス―、第9回日本廃棄物会議基調講演資料、pp.1-10, 日本廃棄物会議実行委員会、2005.12.2

301) 山本典弘・長沢伸也：新商品開発におけるデザインと経験価値（共同）、感性商品研究部会第26回研究会資料、pp.1-4, 日本感性工学会感性商品研究部会、2005.12.2

302) 土田哲平・長沢伸也：ラグジュアリーブランドの価値創造（共同）、感性商品研究部会第26回研究会資料、pp.1-4, 日本感性工学会感性商品研究部会、2005.12.2

303) 長沢伸也：サービスサイエンスを考える―感性工学、商品開発、環境ビジネスの立場から―、ソフトウェアジャパン2006論文集、pp.43-50, 情報処理学会、2006.2.17

304) 長沢伸也：商品開発と技術経営、日本品質管理学会第4回インカレゼミ講演会資料、pp.1-6, 日本品質管理学会、2006.5.13

305) 長沢伸也・藤原亨：シャープ「AQUOS」の感性に訴えるデザイン戦略（共同）、商品開発・管理学会第6回全国大会講演論文集、pp.29-34, 商品開発・管理学会、2006.6.10

[付録] 長沢伸也 研究の歩み

2004.5.29
258) 蔡璧如・長沢伸也：環境意識が購買行動および環境対応商品に及ぼす影響（共同）、感性商品研究部会第19回研究会資料、pp.1-3, 日本感性工学会感性商品研究部会、2004.6.19
259) Nagasawa, Shin'ya, Taki Kanda, Eric Cooper, Katsuari Kamei, Kazuyuki Kobayashi, Ai Kijima, Kajiro Watanabe, Masakazu Fukuoka, Nruhito Toyoda, Hironoby Yoshikawa, Hiroaki Kosaka, Yuh Yamashita, Hirokazu Nishitani, and Pi-Ju Tsai：Introduction to *Kansei* Engineering as International Technique - A Report of Overseas Activities –（共同）、第6回日本感性工学会大会予稿集、pp.64-65, 日本感性工学会、2004.9.9
260) 黒坂俊介・長沢伸也・土田亨：空気清浄機の商品企画に関する研究(1)―ニーズの探索とアイデアの発想・選択―（共同）、第6回日本感性工学会大会予稿集、p.170, 日本感性工学会、2004.9.9
261) 黒坂俊介・長沢伸也：空気清浄機の商品企画に関する研究(2)―コンセプトの最適化―（共同）、第6回日本感性工学会大会予稿集、p.171, 日本感性工学会、2004.9.9
262) 黒坂俊介・長沢伸也・土田亨：サイクリック一対比較法のコンジョイント分析への適用方法（共同）、第6回日本感性工学会大会予稿集、p.172, 日本感性工学会、2004.9.9
263) 長沢伸也：MOT（技術経営）と商品開発マネジメント、商品開発・管理学会第4回秋季研究会講演論文集、pp.1-5, 商品開発・管理学会、2004.10.30
264) 山本太朗・長沢伸也：京都企業「一澤帆布」の商品開発力と経験価値創造（共同）、商品開発・管理学会第4回秋季研究会講演論文集、pp.26-32, 商品開発・管理学会、2004.10.30
265) 山本太朗・長沢伸也：「経験価値」と感性品質の関係―人間の感性と高次欲求を満たす顧客価値の創造―（共同）、日本品質管理学会第34回年次大会研究発表会研究発表要旨集、pp.117-120, 日本品質管理学会、2004.10.30
266) 土田哲平・長沢伸也：エルメス「カレ」の馬車の物語―経験価値創造の事例研究（第1報）―（共同）、日本品質管理学会第34回年次大会研究発表会研究発表要旨集、pp.121-124, 日本品質管理学会、2004.10.30
267) 染谷高士・長沢伸也：コスメデコルテAQクリームミリオリティのプレミアム性―経験価値創造の事例研究（第2報）―（共同）、日本品質管理学会第34回年次大会研究発表会研究発表要旨集、pp.125-128, 日本品質管理学会、2004.10.30
268) 入澤裕介・長沢伸也：INAX社「SATIS」のおもてなしトイレ空間―経験価値創造の事例研究（第3報）―（共同）、日本品質管理学会第34回年次大会研究発表会研究発表要旨集、pp.129-132, 日本品質管理学会、2004.10.30
269) 山本典弘・長沢伸也：日産自動車「X-TRAIL」の使える道具感―経験価値創造の事例研究（第4報）―（共同）、日本品質管理学会第34回年次大会研究発表会研究発表要旨集、pp.133-136, 日本品質管理学会、2004.10.30
270) 榎新二・長沢伸也：アルビレックス新潟 4万人動員のマネジメント―経験価値創造の事例研究（第5報）―（共同）、日本品質管理学会第34回年次大会研究発表会研究発表要旨集、pp.137-140, 日本品質管理学会、2004.10.30
271) 黒坂俊介・長沢伸也：京都祇園のお茶屋「一力亭」の演出力―経験価値創造の事例研究（第6報）―（共同）、日本品質管理学会第34回年次大会研究発表会研究発表要旨集、pp.141-144, 日本品質管理学会、2004.10.30
272) 長沢伸也：感性に訴える商品開発、日本感性工学会大会春季大会2005予稿集、pp.106-121, 日本感性工学会、2005.3.24
273) 長沢伸也・吉田政彦・山本太朗：マーケティング理論としての「経験価値」（共同）、日本品質管理学会第77回研究発表会研究発表要旨集、pp.47-50, 日本品質管理学会、2005.5.26
274) 山本太朗・長沢伸也：京都企業「一澤帆布」の商品開発力と経験価値創造―『ヒットを生む経験価値創造』の事例研究―（共同）、日本品質管理学会第77回研究発表会研究発表要旨集、pp.51-54, 日本品質管理学会、2005.5.26
275) 長沢伸也：新商品・新事業開発戦略のマネジメント―商品企画七つ道具―、高分子同友会勉強会講演資料、pp.1-21, 高分子学会、2005.5.30
276) 染谷高士・長沢伸也：松栄堂の商品開発力と経験価値創造（共同）、感性商品研究部会第22回研究会資料、pp.1-4, 日本感性工学会感性商品研究部会、2005.6.17
277) 入澤裕介・長沢伸也：京菓子司「末富」の商品開発力と経験価値創造―『ヒットを生む経験価値創造』の事例研究―（共同）、感性商品研究部会第22回研究会資料、pp.1-4, 日本感性工学会感性商品研究部会、2005.6.17
278) 染谷高士・長沢伸也：松栄堂の商品開発力と経験価値創造（共同）、商品開発・管理学会第5回全国大会講演・論文集、pp.46-49, 商品開発・管理学会、2005.6.25
279) 入澤裕介・長沢伸也：京菓子司「末富」の商品開発力と経験価値創造―『ヒットを生む経験価値創造』の事例研究―（共同）、商品開発・管理学会第5回全国大会講演・論文集、pp.56-59, 商品開発・管理学会、2005.6.25
280) 岩倉信弥・長沢伸也・岩倉昌樹：デザイン・マネジメントとデザイン・パワー（共同）、デザイン学研究第52回研究発表大会概要集、pp.256-257, 日本デザイン学会、2005.6.26
281) 長沢伸也・岩倉昌樹・岩倉信弥：デザイン・マネジメントとデザイン・マインド（共同）、デザイン学研究第52回研究発表大会概要集、pp.258-259, 日本デザイン学会、2005.6.26

237) 川栄聡史・長沢伸也：サイクリック一対比較法の適用方法（共同）、第5回日本感性工学会大会予稿集、p.62、日本感性工学会、2003.10.13

238) 蔡璧如・長沢伸也・脇浩史・佐々木映・桝本眞佳：日本及び中国における環境対応冷蔵庫の市場性に関する研究(1)―既存市場の分析―（共同）、第5回日本感性工学会大会予稿集、p.83、日本感性工学会、2003.10.13

239) 蔡璧如・長沢伸也・脇浩史・佐々木映・桝本眞佳：日本及び中国における環境対応冷蔵庫の市場性に関する研究(2)―商品コンセプトの実現性の分析―（共同）、第5回日本感性工学会大会予稿集、p.84、日本感性工学会、2003.10.13

240) 蔡璧如・長沢伸也・脇浩史・佐々木映・田中寿美子・牧詠子：食生活における次世代のライフスタイルと、それに応える商品・サービスの提案(1)―好まれる食生活スタイルの導出―（共同）、第5回日本感性工学会大会予稿集、p.85、日本感性工学会、2003.10.13

241) 蔡璧如・長沢伸也・脇浩史・佐々木映・田中寿美子・牧詠子：食生活における次世代のライフスタイルと、それに応える商品・サービスの提案(2)―好まれる食生活スタイルの導出―（共同）、第5回日本感性工学会大会予稿集、p.86、日本感性工学会、2003.10.13

242) 長沢伸也・任素羅・本郷仁志：ブランドが消費者の購買行動に及ぼす影響の感性計測（共同）、第5回日本感性工学会大会予稿集、p.151、日本感性工学会、2003.10.12

243) 長沢伸也・任素羅・本郷仁志：注目情報を用いたマーケティング調査の研究（共同）、第5回日本感性工学会大会予稿集、p.152、日本感性工学会、2003.10.12

244) 長沢伸也：感性商品開発の実践、第5回日本感性工学会大会予稿集、pp.283-286、日本感性工学会、2003.10.14

245) Iwatani, Masaki, and Shin'ya Nagasawa: Design Management of Collaboration in Honda（共同）, *Journal of the Asian Design International Conference*, Vol.1, p.69, Asian Society for the Science of Design, 2003.10.14

246) Nagasawa, Shin'ya, and Masaki Iwatani: Design Management of Honda in Product Development of "FIT"（共同）, *Journal of the Asian Design International Conference*, Vol.1, p.70, Asian Society for the Science of Design, 2003.10.14

247) Tsai, Pi-Ju, Shin'ya Nagasawa, Hirofumi Waki, and Hayuri Sasaki: Proposal of New Products and Services to Support the Next Generation Dining Styles by Determining Preferred Dining Styles（共同）, *Journal of the Asian Design International Conference*, Vol.1, p.148, Asian Society for the Science of Design, 2003.10.15

248) Tsai, Pi-Ju, Shin'ya Nagasawa, Hirofumi Waki, and Hayuri Sasaki: Proposal of New Products and Services to Support the Next Generation Dining Styles by Optimizing of Product Concept（共同）, *Journal of the Asian Design International Conference*, Vol.1, p.148, Asian Society for the Science of Design, 2003.10.15

249) Nagasawa, Sachiko, and Shin'ya Nagasawa: The Proposition for the Drawing Method for Prototype Costume Design in Fashion Drawing, *Journal of the Asian Design International Conference*, Vol.1, p.153, Asian Society for the Science of Design, 2003.10.15

250) 長沢伸也：環境に配慮したモノづくり―環境対応商品の市場性―、商品開発・管理学会第3回秋季研究会プログラム・レジュメ集、pp.10-17、商品開発・管理学会、2003.11.15

251) 長沢伸也・大泉賢治：ルイ・ヴィトンに見るラグジュアリー・ブランドのマーケティング（共同）、ファッションビジネス学会創立10周年記念全国大会ガイドブック、p.16、ファッションビジネス学会、2003.11.23

252) Tsai, Pi-Ju, and Shin'ya Nagasawa: A Study on the Marketability of Environmentally Friendly Refrigerators in China and Japan – I. Analysis of the Present Market（共同）, *Abstracts of 3rd International Symposium on Environmentally Conscious Design and Inverse Manufacturing*, pp.83-84, Union of EcoDesigners, 2003.12.9

253) Tsai, Pi-Ju, and Shin'ya Nagasawa: A Study on the Marketability of Environmentally Friendly Refrigerators in China and Japan – II. Practicability of the Concept of Marketability（共同）, *Abstracts of 3rd International Symposium on Environmentally Conscious Design and Inverse Manufacturing*, pp.85-86, Union of EcoDesigners, 2003.12.9

254) 黒坂俊介・長沢伸也：空気清浄機の商品企画に関する実証的研究（共同）、感性商品研究部会第18回研究会資料、pp.1-3、日本感性工学会感性商品研究部会、2004.3.20

255) 神田範明・長沢伸也・矢澤英孝・山内恭久・山口清隆：顧客価値はこう創る―JOQI顧客価値創造部会の成果報告（I）：総論・消費財産業編―（共同）、日本品質管理学会第74回研究発表会研究発表要旨集、pp.37-40、日本品質管理学会、2004.5.29

256) 長沢伸也・山本太朗：顧客の経験価値に訴求する商品・事業開発〈第1報〉―経験価値の概念的枠組みと戦略の実行ポイント―（共同）、日本品質管理学会第74回研究発表会研究発表要旨集、pp.53-56、日本品質管理学会、2004.5.29

257) 山本太朗・長沢伸也：顧客の経験価値に訴求する商品・事業開発〈第2報〉―経験価値を競争戦略とするケーススタディ――（共同）、日本品質管理学会第74回研究発表会研究発表要旨集、pp.57-60、日本品質管理学会、

[付録] 長沢伸也　研究の歩み

211) 岩谷昌樹・岩倉信弥・長沢伸也：ホンダのデザイン戦略(2)―2代目プレリュードを中心に―（共同）、デザイン学研究第48回研究発表大会概要集、pp.178-179, 日本デザイン学会、2001.10.28
212) 岩倉信弥・長沢伸也・岩谷昌樹：ホンダのデザイン戦略(3)―オデッセイを中心に―（共同）、デザイン学研究第48回研究発表大会概要集、pp.180-181, 日本デザイン学会、2001.10.28
213) 長沢伸也：環境に優しい商品の市場性、第20回評価問題研究会資料、pp.1-15, 日本ファジィ学会、2002.3.18
214) 長沢伸也：「フィット」に見るホンダのデザイン戦略、商品開発・管理学会第2回全国大会講演・論文集、pp.15-19, 商品開発・管理学会、2002.5.18
215) 長沢伸也：感性商品研究部会活動報告、第4回日本感性工学会大会予稿集、p.41, 日本感性工学会、2002.9.12
216) 川栄聡史・長沢伸也：暖房機の商品企画の実証的研究―コンジョイント分析を用いた商品コンセプトの最適化―（共同）、第4回日本感性工学会大会予稿集、p.247, 日本感性工学会、2002.9.13
217) 川栄聡史・長沢伸也：ランチジャーに関する商品企画の実証的研究―ニーズの探索、検証、ポジショニング―（共同）、第4回日本感性工学会大会予稿集、p.248, 日本感性工学会、2002.9.13
218) 川栄聡史・長沢伸也：官能評価手法における分類データの解析法(2)―1：2点嗜好法の有意点―（共同）、第4回日本感性工学会大会予稿集、p.250, 日本感性工学会、2002.9.13
219) 長沢伸也：ブランド論におけるLVMHモエ ヘネシー・ルイ ヴィトン、第4回日本感性工学会大会予稿集、p.251, 日本感性工学会、2002.9.13
220) 長沢伸也：LVMHモエ ヘネシー・ルイ ヴィトンのビジネスモデル、第4回日本感性工学会大会予稿集、p.252, 日本感性工学会、2002.9.13
221) 蔡璧如・長沢伸也：中国における環境対応冷蔵庫の市場性に関する研究（共同）、第4回日本感性工学会大会予稿集、p.253, 日本感性工学会、2002.9.13
222) 蔡璧如・長沢伸也：環境対応冷蔵庫の市場性に関する研究（共同）、第4回日本感性工学会大会予稿集、p.254, 日本感性工学会、2002.9.13
223) 長沢伸也・任素麗・本郷仁志：ブランドが消費者の購買行動に及ぼす影響―視線と本音、建前の比較―（共同）、第4回日本感性工学会大会予稿集、p.255, 日本感性工学会、2002.9.13
224) 森口健生・長沢伸也：ウェイスト・マネジメント社におけるマーケティング戦略（共同）、第4回日本感性工学会大会予稿集、p.256, 日本感性工学会、2002.9.13
225) 長沢伸也・岩谷昌樹：「フィット」に見るホンダのデザイン・マネジメント（共同）、デザイン学研究第49回研究発表大会概要集、pp.150-151, 日本デザイン学会、2002.11.23
226) 岩谷昌樹・長沢伸也：ホンダに見る共創のデザイン・マネジメント（共同）、デザイン学研究第49回研究発表大会概要集、pp.152-153, 日本デザイン学会、2002.11.23
227) 長沢伸也：注目情報を用いたマーケティング調査の研究―ブランドが消費者の購買行動に及ぼす影響―、岐阜県地域結集型共同研究事業平成14年度研究成果発表会要旨集、pp.36-39, 科学技術振興事業団・岐阜県・岐阜県科学技術振興センター・財団法人ソフトピアジャパン、2003.2.14
228) 長沢伸也：立命館大学における産学連携の推進体制と活動の事例、日本品質管理学会第90回シンポジウム講演要旨集、pp.29-41, 日本品質管理学会、2003.4.10
229) 森口健生・長沢伸也：ウェイスト・マネジメント社における廃棄物処理事業のビジネスモデル（共同）、環境経営学会2003年研究報告大会資料、pp.19-27, 環境経営学会、2003.5.17
230) 長沢伸也・川栄聡史：キリン生茶の商品開発・管理とマーケティング、商品開発・管理学会第3回全国大会講演・論文集、pp.17-22, 商品開発・管理学会、2003.6.14
231) 長沢伸也：ヨーロッパ高級ブランド世界戦略の中での日本、感性商品研究部会第16回研究会資料、pp.1-8, 日本感性工学会、2003.6.28
232) 長沢伸也・川栄聡史：キリン生茶の商品開発・管理とマーケティング、感性商品研究部会第16回研究会資料、pp.1-8, 日本感性工学会、2003.6.28
233) 黒坂俊介・川栄聡史・長沢伸也・佐々木緑・岡村佳久・井奥浩史：ランチジャーの商品企画に関する研究(1)―ニーズの探索・検証とポジショニング―（共同）、第5回日本感性工学会大会予稿集、p.139, 日本感性工学会、2003.10.12
234) 黒坂俊介・川栄聡史・長沢伸也・佐々木緑・岡村佳久・井奥浩史：ランチジャーの商品企画に関する研究(2)―アイデアの発想・選択とコンセプトの最適化―（共同）、第5回日本感性工学会大会予稿集、p.140, 日本感性工学会、2003.10.12
235) 森口健生・長沢伸也：アイカメラによる視線から興味度を推定する可能性（共同）、第5回日本感性工学会大会予稿集、p.201, 日本感性工学会、2003.10.12
236) 川栄聡史・長沢伸也：価値意識調査手法VACASの改良（共同）、第5回日本感性工学会大会予稿集、p.61, 日本感性工学会、2003.10.13

デザイン学研究第46回研究発表大会概要集、pp.218-219、日本デザイン学会、1999.10.30
186) 長沢伸也・蔡璧如: 環境意識が消費者の購買行動に及ぼす影響(1)―台所用洗剤の場合―（共同）、日本感性工学会第1回大会報文集、p.64、日本感性工学会、1999.11.20
187) 長沢伸也・蔡璧如: 環境意識が消費者の購買行動に及ぼす影響(2)―日用生活品と耐久消費財の比較―（共同）、日本感性工学会第1回大会報文集、p.65、日本感性工学会、1999.11.20
188) 長沢伸也・蔡璧如: 環境対応商品コンセプトの探索(1)―台所用洗剤の場合―（共同）、日本感性工学会第1回大会報文集、p.66、日本感性工学会、1999.11.20
189) 長沢伸也・蔡璧如: 環境対応商品コンセプトの探索(2)―日用生活品と耐久消費財の比較―（共同）、日本感性工学会第1回大会報文集、p.67、日本感性工学会、1999.11.20
190) 小澤賢司・坂本忠明・森澤正之・郷健太郎・中貝順一・雨宮将彦・小俣昌樹・今宮淳美・長沢伸也: 山梨大学コンピュータ・メディア工学科における感性工学教育（共同）、日本感性工学会第1回大会報文集、p.127、日本感性工学会、1999.11.20
191) 長沢伸也: 感性と感性工学、動体計測研究会平成11年度第4回研究会資料、pp.1-15、日本写真測量学会、1999.12.3
192) Nagasawa, Shin'ya: Quality Assurance from the Marketing Stand Point, *Proceedings of International Conference on JIT/Lean Production, GEMBAKAIZEN*, pp.1-3, KAIZEN Institute, 1999.12.8
193) 長沢伸也: マーケティングから見た顧客価値の創造、第31回VE関西大会資料、pp.3-7、日本バリュー・エンジニアリング協会、2000.2.18
194) 長沢伸也: マーケティングからみた品質、日本品質管理学会第77回シンポジウム講演要旨集、pp.15-20、日本品質管理学会、2000.9.5
195) 蔡璧如・長沢伸也: 環境意識が消費者の購買行動に及ぼす影響(3)―日本と台湾の消費者の比較―（共同）、第2回日本感性工学会大会予稿集、p.209、日本感性工学会、2000.9.15
196) 蔡璧如・長沢伸也: 環境対応商品コンセプトの探索(3)―日本と台湾の消費者の比較―（共同）、第2回日本感性工学会大会予稿集、p.210、日本感性工学会、2000.9.15
197) 長沢伸也: 感性評価のための一対比較法の改良、第2回日本感性工学会大会予稿集、p.211、日本感性工学会、2000.9.15
198) 長沢伸也: 感性商品と感性評価・官能評価、第2回日本感性工学会大会予稿集、pp.213-214、日本感性工学会、2000.9.15
199) 長沢伸也: 感性評価の方法論―統計的官能評価手法を中心として―、日本音響学会2000年秋季研究発表会講演論文集、pp.223-226、日本音響学会、2000.9.22
200) 長沢伸也:「商品企画七つ道具」の有効性の検証、デザイン学研究第47回研究発表大会概要集、pp.226-227、日本デザイン学会、2000.10.29
201) 長沢幸子・長沢伸也: ファッションデザイン画における意匠図原型作画方式の提案（共同）、デザイン学研究第47回研究発表大会概要集、pp.334-335、日本デザイン学会、2000.10.29
202) 池田伸・長沢伸也: 総合的環境品質管理を考慮した産業クラスタ・モデルの基礎的研究（共同）、文部科学省科学研究費特定領域研究「ゼロエミッションをめざした物質循環プロセスの構築」平成12年度最終報告会要旨集、4A03-0(9)、文部科学省科学研究費特定領域研究「ゼロエミッション」事務局、2001.1.29
203) 蔡璧如・吉川季代美・長沢伸也: 男性用化粧品の商品企画に関する実証的研究(1)―ニーズの探索・検証とポジショニング―（共同）、第3回日本感性工学会大会予稿集、p.154、日本感性工学会、2001.9.13
204) 蔡璧如・吉川季代美・長沢伸也: 男性用化粧品の商品企画に関する実証的研究(2)―アイデアの発想・選択とコンセプトの最適化―（共同）、第3回日本感性工学会大会予稿集、p.155、日本感性工学会、2001.9.13
205) 川栄聡史・蔡璧如・長沢伸也: NCV21(Class1)の商品企画に関する実証的研究(1)―ニーズの探索・検証とポジショニング―（共同）、第3回日本感性工学会大会予稿集、p.156、日本感性工学会、2001.9.13
206) 蔡璧如・川栄聡史・長沢伸也: NCV21(Class1)の商品企画に関する実証的研究(2)―アイデアの発想・選択とコンセプトの最適化―（共同）、第3回日本感性工学会大会予稿集、p.157、日本感性工学会、2001.9.13
207) 森口健生・蔡璧如・川栄聡史・任素羅・長沢伸也・脇浩史・今井一夫・佐々木映: 環境対応冷蔵庫のニーズに関する実証的研究（共同）、第3回日本感性工学会大会予稿集、p.158、日本感性工学会、2001.9.13
208) 川栄聡史・長沢伸也: 官能評価手法における分類データの解析法―1:2点嗜好法の提案―（共同）、第3回日本感性工学会大会予稿集、p.159、日本感性工学会、2001.9.13
209) 任素羅・川栄聡史・長沢伸也: LVMHのブランドマネジメントの研究（共同）、第3回日本感性工学会大会予稿集、p.160、日本感性工学会、2001.9.13
210) 長沢伸也・岩谷昌樹・岩倉信弥: ホンダのデザイン戦略(1)―シビックを中心に―（共同）、デザイン学研究第48回研究発表大会概要集、pp.176-177、日本デザイン学会、2001.10.28

[付録] 長沢伸也　研究の歩み

160) 長沢伸也：マーケティングと品質管理と新製品開発、日本品質管理学会第66回講演会講演要旨集、pp.17-24、日本品質管理学会、1998.3.17
161) 長沢伸也：メディアシステムにおける感性工学、平成10年電気学会全国大会講演論文集、Vol.S.16、pp.5-8、電気学会、1998.3.25
162) 長沢伸也：感性工学研究会中間報告：感性工学と品質管理、感性工学研究会資料#13-2、pp.1-4、日本品質管理学会、1998.5.19
163) 長沢伸也：環境ビジネスの定義および必要性について—環境ビジネスの基礎的研究（第1報）—、日本経営工学会平成10年度春季大会予稿集、pp.53-54、日本経営工学会、1998.5.23
164) 長沢伸也：環境ビジネスの分類および可能性について—環境ビジネスの基礎的研究（第2報）—、日本経営工学会平成10年度春季大会予稿集、pp.55-56、日本経営工学会、1998.5.23
165) 長沢伸也：感性工学研究会中間報告：感性工学と品質管理、日本品質管理学会第58回研究発表会研究発表要旨集、pp.55-58、日本品質管理学会、1998.5.30
166) 長沢伸也：一対比較型評価手法間の関係—ファジィ構造モデル、AHP、官能検査手法の比較—、日本統計学会第66回大会報告集、pp.285-286、日本統計学会、1998.7.29
167) 長沢伸也：感性工学と品質管理、日本品質管理学会第71回シンポジウム講演要旨集、pp.1-13、日本品質管理学会、1998.9.3
168) 長沢伸也・池田伸・岡本眞一：総合的環境品質管理を考慮した産業クラスタ・モデルの基礎的研究（共同）、環境科学会1998年会講演要旨集、p.252、1998.10.2
169) 長沢伸也：感性工学と商品企画、日本機械学会第76期全国大会講演資料集、pp.93-94、1998.10.3
170) 長沢伸也：感性工学をこう考える、バイオメディカル・ファジィ・システム学会第11回年次大会講演論文集、pp.1-8、1998.11.7
171) 長沢伸也・佐藤典司・飯田健夫：学部の枠を超えたデザインマネジメント教育（共同）、デザイン学研究第45回研究発表大会概要集、pp.238-239、日本デザイン学会、1998.11.15
172) 長沢幸子・長沢伸也：ファッションデザイン画における意匠図用基本プロポーションの試作（共同）、デザイン学研究第45回研究発表大会概要集、pp.240-241、日本デザイン学会、1998.11.15
173) 長沢伸也：総合的環境品質管理を考慮した産業クラスタ・モデルの基礎的研究、文部省科学研究費特定領域研究「ゼロエミッションをめざした物質循環プロセスの構築」平成10年度最終報告会要旨集、pp.124-125、文部省科学研究費特定領域研究「ゼロエミッション」事務局、1999.1.26
174) 長沢伸也：感性とビジネス、感性とビジネス研究会発表資料、pp.1-21、ファッションビジネス学会、1999.1.30
175) 長沢伸也：感性工学の基礎と現状、感性工学研究会資料#22-4、pp.1-15、日本品質管理学会、1999.3.2
176) 長沢伸也：品質管理は感性工学を目指す、日本品質管理学会感性工学研究会終了報告書、日本品質管理学会第61回研究発表会発表要旨集、pp.41-44、日本品質管理学会、1999.5.29
177) 長沢伸也：感性商品研究部会、日本感性工学会キックオフシンポジウム講演予稿集、pp.25-26、日本感性工学会、1999.6.5
178) 長沢伸也：感性工学とビジネス、感性商品研究部会第1回研究会資料、pp.1-12、日本感性工学会感性商品研究部会、1999.7.23
179) Nagasawa, Shin'ya: Decomposition of Data and Variation in the Analytic Hierarchy Process, *Proceedings of International Symposium on Analytic Hierarchy Process*, pp.209-210, Operations Research Society of Japan, 1999.8.13
180) 小澤賢司・坂本忠明・森澤正之・郷雅太郎・中貝順一・雨宮将彦・小俣昌樹・今宮淳美・長沢伸也：山梨大学コンピュータ・メディア工学科における感性工学教育への取り組み（共同）、感性商品研究部会第2回研究会資料、pp.1-8、日本感性工学会感性商品研究部会、1999.9.17
181) 神田範明・大藤正・岡本眞一・今野勤・長沢伸也・丸山一彦：新・商品企画七つ道具の提案（共同）、日本品質管理学会第29回年次大会研究発表会研究発表要旨集、pp.57-60、日本品質管理学会、1999.10.23
182) 長沢伸也：「商品企画七つ道具」の強化、デザイン学研究第46回研究発表大会概要集、pp.34-35、日本デザイン学会、1999.10.29
183) 佐藤典司・平尾和洋・長沢伸也・飯田健夫：環境・デザイン・インスティテュートの今後とその役割(1)—経済・経営系におけるデザイン教育—（共同）、デザイン学研究第46回研究発表大会概要集、pp.240-241、日本デザイン学会、1999.10.29
184) 平尾和洋・佐藤典司・飯田健夫・長沢伸也：環境・デザイン・インスティテュートの今後とその役割(2)—理工系における教育の現状—（共同）、デザイン学研究第46回研究発表大会概要集、pp.242-243、日本デザイン学会、1999.10.29
185) 長沢幸子・長沢伸也：わが国におけるファッションイラストレーションとファッションデザインの関係（共同）、

134) 長沢伸也：サイクリック一対比較法の提案(5)―サイクル系列の影響―、人間工学、第31巻特別号（日本人間工学会第36回大会講演集）、pp.524-525, 日本人間工学会、1995.6.2
135) 長沢伸也：感性デザインのためのマーケティング情報システムの基礎的研究、文部科学研究費重点領域研究「感性情報処理の情報学・心理学的研究」公開シンポジウム予稿集、pp.27-32, 文部省科学研究費重点領域研究「感性情報処理」事務局、1995.7.4
136) 長沢伸也：マンションの外観デザインのファジィ官能評価、第34回計測自動制御学会学術講演会予稿集、pp.531-532, 計測自動制御学会、1995.7.26
137) 長沢伸也：一対比較型評価手法間の関係―ファジィ構造モデル、AHP、官能検査手法の比較―、日本行動計量学会第23回大会発表論文抄録集、pp.162-165, 日本行動計量学会、1995.9.14
138) 長沢伸也：AHPにおける不完全一対比較の影響、日本オペレーションズ・リサーチ学会1995年度秋季研究発表会アブストラクト集、pp.260-261, 日本オペレーションズ・リサーチ学会、1995.10.16
139) 長沢伸也：「商品企画七つ道具」の提案、デザイン学研究第42回発表大会概要集、p.89, 日本デザイン学会、1995.10.28
140) 長沢伸也：VEにおけるDARE法の改良、日本経営工学会平成7年度秋季研究大会予稿集、pp.117-118, 日本経営工学会、1995.11.16
141) 長沢伸也：感性情報処理の現状と基礎、第4回日本人間工学会システム連合大会講演資料、pp.1-8, 日本人間工学会、1996.3.22
142) 長沢伸也：多変量解析における選択変数のファジィ決定、日本ファジィ学会第6回ワークショップ講演論文集、pp.23-26, 日本ファジィ学会、1996.3.26
143) 長沢伸也：シェッフェの一対比較法の改良(6)―被験者毎の欠測の影響―、人間工学、第32巻特別号（日本人間工学会第37回大会講演集）、pp.250-251, 日本人間工学会、1996.5.19
144) 長沢伸也：サイクリック一対比較法の提案(6)―完全一対比較との関係―、人間工学、第32巻特別号（日本人間工学会第37回大会講演集）、pp.248-249, 日本人間工学会、1996.5.19
145) 長沢伸也：創る！ヒット商品―「商品企画七つ道具」の活用―、平成8年大阪品質管理大会報文集、pp.24-27, 日本科学技術連盟、1996.6.14
146) 長沢伸也・鈴木 邁・青木弘行・佐藤山亜兵・高梨隆雄・高橋 靖・原田 昭・増山英太郎・森 典彦・山岡俊樹：感性工学の現状と動向（共同）、デザイン学研究第43回研究発表大会概要集、p.23, 日本デザイン学会、1996.10.5
147) 長沢伸也：感性工学の現状と動向、第1回曖昧な気持ちに挑むワークショップ論文集、pp.1-4, 日本ファジィ学会評価問題研究部会、1996.10.23
148) 長沢伸也：新製品開発における新しい価値の創造、第46回品質管理大会報文集、pp.43-46, 日本科学技術連盟、1996.11.20
149) 長沢伸也：意思決定のためのAHP―その新たな方法―、商品企画研究会発表資料、pp.1-16, 日本品質管理学会、1996.12.17
150) 長沢伸也：感性工学と品質管理、感性工学研究会資料#2-2, pp.1-4, 日本品質管理学会、1997.5.12
151) 長沢伸也：シェッフェの一対比較法の改良(7)―同一試料対も比較する場合―、人間工学、第33巻特別号（日本人間工学会第38回大会講演集）、pp.376-377, 日本人間工学会、1997.5.18
152) 長沢伸也：サイクリック一対比較法の提案(7)―完全一対比較を分割する場合―、人間工学、第33巻特別号（日本人間工学会第38回大会講演集）、pp.378-379, 日本人間工学会、1997.5.18
153) 長沢伸也：感性工学と品質管理、日本品質管理学会第55回研究発表会研究発表要旨集、pp.33-36, 日本品質管理学会、1997.5.31
154) 長沢伸也：感性システムについて、ソフトコンピューティング技術調査専門委員会講演資料、pp.1-19, 電気学会、1997.9.3
155) 池田伸・長沢伸也・岡本眞一：総合的環境品質管理を考慮した産業クラスタ・モデルの基礎的研究（共同）、環境科学会1997年会講演要旨集、p.382, 環境科学会、1997.10.15
156) 長沢伸也：経営学部におけるデザインマネジメント教育、デザイン学研究第44回研究発表大会概要集、p.96, 日本デザイン学会、1997.11.9
157) 長沢伸也：シェッフェの一対比較法の新たな変法、日本官能評価学会第2回大会講演集、pp.15-16, 日本官能評価学会、1997.11.15
158) 長沢伸也：感性評価データの解析手法、被服心理学研究分科会講演資料、pp.1-6, 日本繊維機械学会、1997.11.30
159) 池田伸・長沢伸也・岡本眞一：総合的環境品質管理を考慮した産業クラスタ・モデルの基礎的研究（共同）、文部省科学研究費重点領域研究「ゼロエミッションをめざした物質循環プロセスの構築」平成9年度最終報告会要旨集、pp.132-133, 文部省科学研究費重点領域研究「ゼロエミッション」事務局、1998.1.26

[付録] 長沢伸也　研究の歩み

品質管理学会、1993.10.16
109) 長沢伸也：比較順序と個人差を考慮する場合のAHPの解析、日本オペレーションズ・リサーチ学会1993年度秋季研究発表会アブストラクト集、pp.220-221, 日本オペレーションズ・リサーチ学会、1993.10.24
110) 長沢伸也：多変量一対比較法によるVTRの使いやすさの評価、日本人間工学会関東支部第23回大会講演集、pp.156-157, 日本人間工学会、1993.11.19
111) 西村康一・長沢伸也・石塚隆男：学生が所有するノートパソコンの専門教育への利用可能性の検討（共同）、平成5年度情報処理教育研究集会講演論文集、pp.453-456, 文部省・名古屋大学、1993.12.9
112) 長沢伸也：VEにおける機能評価法への実験計画法の適用、日本経営工学会中部支部注目研究講演会、日本経営工学会、1993.12.10
113) 長沢伸也：官能検査／官能評価／感性評価、日本ファジィ学会関東支部・評価問題研究会講演資料、pp.1-4, 日本ファジィ学会、1993.12.11
114) 長沢伸也：ファジィVE（価値分析）、日本ファジィ学会第4回ワークショップ講演論文集、pp.46-47, 日本ファジィ学会、1994.3.28
115) 長沢伸也：感性デザインのためのマーケティング情報システムの基礎的研究、日本機械学会感性計測・応用調査研究分科会資料、pp.1-4, 日本機械学会、1994.5.19
116) 長沢伸也：対数線形模型による不完全一対比較AHPの解析、日本オペレーションズ・リサーチ学会1994年度春季研究発表会アブストラクト集、pp.119-120, 日本オペレーションズ・リサーチ学会、1994.5.25
117) 長沢伸也：感性評価の基本的問題に関する一考察、日本品質管理学会第46回研究発表会発表要旨集、pp.108-111, 日本品質管理学会、1994.5.28
118) 長沢伸也：シェッフェの一対比較法の改良(4)—不完全一対比較データの解析—、人間工学、第30巻特別号（日本人間工学会第35回大会講演集）、pp.360-361, 日本人間工学会、1994.6.3
119) 長沢伸也：サイクリック一対比較法の提案(4)—実験方法と要因効果の推定—、人間工学、第30巻特別号（日本人間工学会第35回大会講演集）、pp.362-363, 日本人間工学会、1994.6.3
120) 長沢伸也：感性デザインのためのマーケティング情報システムの基礎的研究、文部科学研究費重点領域研究「感性情報処理の情報学・心理学的研究」第1回全体会議予稿集、pp.139-142, 文部科学研究費重点領域研究「感性情報処理」事務局、1994.6.30
121) 長沢伸也：感性デザインのためのマーケティング情報システムの基礎的研究、感性工学小委員会資料、pp.1-4, 日本学術会議材料工学研究連絡委員会、1994.7.1
122) Nagasawa, Shin'ya: Marketing Information System for KANSEI Design, *Abstracts of 3rd Conference of APORS*, p.177, Association of Asia-Pacific Operations Research Society, 1994.7.27
123) Nagasawa, Shin'ya: Decomposition of Data and Variation in the Analytic Hierarchy Process, *Abstracts of 3rd Conference of APORS*, p.260, Association of Asia-Pacific Operations Research Society, 1994.7.29
124) 石塚隆男・長沢伸也・西村康一：社会科学系学部におけるプログラミング教育の新しい試み（共同）、平成6年度第8回私情協大会資料、pp.43-44, 私立大学情報教育協会、1994.9.1
125) 石塚隆男・長沢伸也・西村康一：ノートパソコンによる統合・埋め込み型プログラミング教育の試み（共同）、情報処理学会第49回全国大会講演論文集、pp.1-7-8, 情報処理学会、1994.9.28
126) 長沢伸也：デザインクオリティに関する研究(2)—デザインクオリティ評価の問題—、デザイン学研究第41回研究発表大会概要集、p.24, 日本デザイン学会、1994.10.8
127) 長沢伸也：対数線形模型によるサイクリック一対比較AHPの解析、日本オペレーションズ・リサーチ学会1994年秋季研究発表会アブストラクト集、pp.34-35, 日本オペレーションズ・リサーチ学会、1994.10.9
128) 長沢伸也：マーケティングと品質管理の融合に関する一考察、日本品質管理学会第24回年次大会研究発表会研究発表要旨集、pp.57-60, 日本品質管理学会、1994.10.22
129) 石塚隆男・長沢伸也・西村康一：文字放送情報の活用による情報教育（共同）、平成6年度情報処理教育研究集会講演論文集、pp.444-447, 文部省・名古屋大学、1994.12.1
130) 長沢伸也：感性デザインのためのマーケティング情報システムの基礎的研究、文部科学研究費重点領域研究「感性情報処理の情報学・心理学的研究」第2回全体会議予稿集、pp.131-134, 文部科学研究費重点領域研究「感性情報処理」事務局、1995.1.27
131) 長沢伸也・石塚隆男：情報検索教育のための文字放送の活用（共同）、情報処理学会第50回全国大会講演論文集、pp.1-67-68, 情報処理学会、1995.3.17
132) 神田範明・大藤正・岡本眞一・今野勤・長沢伸也：商品企画のシステム化について—商品企画七つ道具の提案—（共同）、日本品質管理学会第49回研究発表会発表要旨集、pp.13-16, 日本品質管理学会、1995.5.27
133) 長沢伸也：シェッフェの一対比較法の改良(5)—不完全一対比較の影響—、人間工学、第31巻特別号（日本人間工学会第36回大会講演集）、pp.526-527, 日本人間工学会、1995.6.2

◆ 付34

83) 長沢伸也：サイクリック一対比較法の提案(2)—評価者が複数の場合の解析—、人間工学、第28巻特別号（日本人間工学会第33回大会講演集）、pp.250-251, 日本人間工学会、1992.5.31

84) 西村康一・長沢伸也・石塚隆男：ノート型パソコン導入による情報教育の現状（共同）、平成4年度第6回私情協大会資料、pp.112-113, 私立大学情報教育協会、1992.9.2

85) 長沢伸也：AHPにおけるデータ及び変動の分解、日本オペレーションズ・リサーチ学会1992年度秋季研究発表会アブストラクト集、pp.242-243, 日本オペレーションズ・リサーチ学会、1992.9.10

86) 長沢伸也・長沢幸子：ファッション画におけるデフォルマシオンの定量的評価(V)—多変量分散分析によるプロポーション構成部位の影響の総合解析—（共同）、デザイン学研究、第93号（日本デザイン学会第39回研究発表大会概要集）、pp.133, 日本デザイン学会、1992.9.26

87) 長沢幸子・長沢伸也：ファッション画におけるデフォルマシオンの定量的評価(VI)—多変量分散分析による評価パネル間の視覚反応の相違の総合解析—（共同）、デザイン学研究、第93号（日本デザイン学会第39回研究発表大会概要集）、p.134, 日本デザイン学会、1992.9.26

88) 長沢伸也・石塚隆男・西村康一：ノート型パソコン導入による情報教育の変革（共同）、情報処理学会第45回全国大会講演論文集、pp.1-25-26, 情報処理学会、1992.10.14

89) 長沢伸也：品質要素の分類と感性品質の位置づけ、日本品質管理学会第22回年次大会研究発表会研究発表要旨集、pp.53-56, 日本品質管理学会、1992.10.24

90) 長沢伸也：VEにおける機能評価へのファジィ理論の適用、日本経営工学会平成4年度秋季大会予稿集、pp.108-109, 日本経営工学会、1992.11.21

91) 長沢伸也：デザイン評価へのファジィ理論の応用、日本ファジィ学会北信越・関東支部合同学術講演会資料、pp.1-6, 日本ファジィ学会、1992.12.4

92) 長沢伸也：シェッフェの一対比較法の変法間の関係、日本人間工学会関東支部第22回大会講演集、pp.96-97, 日本人間工学会、1992.12.6

93) 石塚隆男・西村康一・長沢伸也：亜細亜大学における統合教育支援環の構築（共同）、平成4年度情報処理教育研究発表会論文集、pp.259-262, 文部省・北海道大学、1992.12.10

94) 長沢伸也：新QC七つ道具におけるマトリックス図のファジィ合成、日本ファジィ学会第3回ワークショップ講演論文集、pp.85-86, 日本ファジィ学会、1993.3.21

95) 長沢伸也：比較順序を考慮する場合のAHPの解析、日本オペレーションズ・リサーチ学会1993年度春季研究発表会アブストラクト集、pp.64-65, 日本オペレーションズ・リサーチ学会、1993.3.22

96) 長沢伸也：シェッフェの一対比較法の改良(3)—データの分解と誤差の評価—、人間工学、第29巻特別号（日本人間工学会第34回大会講演集）、pp.206-207, 日本人間工学会、1993.5.16

97) 長沢伸也：サイクリック一対比較法の提案(3)—線形模型による解析—、人間工学、第29巻特別号（日本人間工学会第34回大会講演集）、pp.208-209, 日本人間工学会、1993.5.16

98) 長沢伸也：VEにおける相対的機能評価法へのファジィ理論の適用、日本経営工学会平成5年度春季大会予稿集、pp.244-245, 日本経営工学会、1993.5.23

99) 長沢伸也：官能品質特性の精密累積法による多変量分散分析、日本品質管理学会第43回研究発表会研究発表要旨集、pp.104-107, 日本品質管理学会、1993.5.29

100) 長沢伸也：ファジィVE, ファジィOR研究会資料、pp.1-4 日本ファジィ学会、1993.7.17

101) 長沢伸也・石塚隆男・西村康一：ノート型パソコン導入後の情報教育（共同）、平成5年度第7回私情協大会資料、pp.86-87, 私立大学情報教育協会、1993.9.2

102) 長沢伸也：官能による商品評価の基礎、日本化粧品技術者会第4回セミナー資料、pp.8-25, 日本化粧品技術者会、1993.9.8

103) 長沢伸也：感性評価とファジィ、マーケティング・サイエンス研究部会資料、pp.1-1, 日本オペレーションズ・リサーチ学会、1993.9.13

104) 長沢伸也：デザインクオリティに関する研究(1)—感性デザインと感性マーケティング—、デザイン学研究第40回研究発表大会概要集、p.50, 日本デザイン学会、1993.9.16

105) 長沢伸也：感性デザインのためのマーケティング情報システムの基礎的研究、文部省科学研究費重点領域研究「感性情報処理の情報学・心理学的研究」E班「感性デザインおよび感性データベースの研究」研究会資料、pp.1-6, 文部省科学研究費重点領域研究「感性情報処理」E班、1993.9.24

106) 長沢伸也：マンションの外観デザインのファジィ官能評価、国際シンポジウム「アメニティのデザイン」学術講演概要集、pp.28-29, 九州芸術工科大学、1993.10.7

107) 石塚隆男・長沢伸也・西村康一：ノートパソコンを利用した電子教材の開発による経営学部専門教育の改善（共同）、情報処理学会第47回全国大会講演論文集、pp.1-45-46, 情報処理学会、1993.10.8

108) 長沢伸也：感性品質と感性評価、日本品質管理学会第23回年次大会研究発表会研究発表要旨集、pp.53-56, 日本

[付録] 長沢伸也　研究の歩み

57) 長沢伸也：デザインと機能―企業戦略としてのデザイン―、日本品質管理学会第36回研究発表会研究発表要旨集、pp.41-44、日本品質管理学会、1989.9.13
58) 長沢伸也：ファッション画におけるデフォルマシオンの定量的評価(Ⅳ)―被験者母集団による視覚反応の相違の解析―（共同）、デザイン学研究、第75号（日本デザイン学会第36回研究発表大会概要集）、p.66、日本デザイン学会、1989.9.24
59) 長沢伸也：ファジィ理論の品質管理への応用(6)―ファジィ構造モデルとAHPとの比較―、日本品質管理学会第19回年次大会研究発表会研究発表要旨集、pp.49-52、日本品質管理学会、1989.10.28
60) 長沢伸也：ファジィ理論の品質管理への応用(7)―ファジィ構造モデルによるマンションの外観評価データの解析―、日本品質管理学会第37回研究発表会研究発表要旨集、pp.41-44、日本品質管理学会、1990.5.12
61) 長沢伸也：構造モデルによる選好構造の階層化(1)―一対比較法の解析結果へのISMの適用―、人間工学、第26巻特別号（日本人間工学会第31回大会講演集）、pp.162-163、日本人間工学会、1990.6.7
62) 長沢伸也：構造モデルによる選好構造の階層化(2)―一対比較データへのファジィ構造モデルの適用―、人間工学、第26巻特別号（日本人間工学会第31回大会講演集）、pp.164-165、日本人間工学会、1990.6.7
63) 長沢伸也：品質戦略としてのデザイン開発の問題―「新・プロダクトアウト」の提案―、日本品質管理学会第38回研究発表会研究発表要旨集、pp.13-16、日本品質管理学会、1990.9.3
64) 長沢伸也：ファジィ理論によるVTRの留守録操作に関する選好の構造化、デザイン学研究、第81号（日本デザイン学会第37回研究発表大会概要集）、p.66、日本デザイン学会、1990.9.23
65) 長沢伸也：ファジィ理論の品質管理への応用(8)―重回帰分析の変数選択のファジィ決定―、日本品質管理学会第20回年次大会研究発表会研究発表要旨集、pp.53-56、日本品質管理学会、1990.10.27
66) 長沢伸也・林正幸・岡本眞一・飯豊修司・塩沢清茂：CMB法による浮遊粒子状物質発生源寄与率の推計方法の比較（共同）、第31回大気汚染学会講演要旨集、p.383、大気汚染研究協会、1990.10.31
67) 長沢伸也：品質管理へのファジィ理論の応用―ファジィ構造モデルによる連関図の階層構造化―、日本ファジィ学会第1回ワークショップ講演論文集、pp.48-49、日本ファジィ学会、1991.3.23
68) 長沢伸也：ファジィ理論の品質管理への応用(9)―分散分析におけるプーリングのファジィ決定―、日本品質管理学会第39回研究発表会研究発表要旨集、pp.43-46、日本品質管理学会、1991.5.25
69) 長沢伸也：ファジィ理論の新QC七つ道具への応用、日本経営工学会平成3年度春季大会予稿集、pp.92-95、日本経営工学会、1991.5.26
70) 長沢伸也：シェッフェの一対比較法の改良(1)―要因効果の再検討―、人間工学、第27巻特別号（日本人間工学会第32回大会講演集）、pp.228-229、日本人間工学会、1991.6.2
71) 長沢伸也：サイクリック一対比較法の提案(1)―不定備型実験計画法の適用―、人間工学、第27巻特別号（日本人間工学会第32回大会講演集）、pp.230-231、日本人間工学会、1991.6.2
72) 長沢伸也：ファジィ理論によるVTRの留守録操作に関する選好度の評価、デザイン学研究、第87号（日本デザイン学会第38回研究発表大会概要集）、p.130、日本デザイン学会、1991.9.21
73) 長沢伸也：ファジィ理論の品質管理への応用(10)―品質管理における曖昧さ―、日本品質管理学会第21回年次大会研究発表会研究発表要旨集、pp.39-42、日本品質管理学会、1991.10.26
74) 長沢伸也：官能品質特性の累積法による多変量分散分析、日本品質管理学会第21回年次大会研究発表会研究発表要旨集、pp.43-46、日本品質管理学会、1991.10.26
75) 長沢伸也：VEにおける評価法への実験計画法の適用、日本経営工学会平成3年度秋季大会予稿集、pp.99-102、日本経営工学会、1991.11.21
76) 長沢伸也：評価項目が複数ある場合の一対比較法の解析、日本人間工学会関東支部第21回大会講演集、pp.143-144、日本人間工学会、1991.12.7
77) 石塚隆男・長沢伸也・菊地玲：信頼性評価技法の情報システムへの適用（共同）、情報処理学会第44回全国大会講演論文集、pp.5-297-298、情報処理学会、1992.3.18
78) 長沢伸也：デザイン評価へのファジィ理論の応用、日本ファジィ学会第2回ワークショップ講演論文集、pp.6-7、日本ファジィ学会、1992.3.27
79) 長沢伸也：AHPの改良に関する研究、日本オペレーションズ・リサーチ学会1992年度春季研究発表会アブストラクト集、pp.212-213、日本オペレーションズ・リサーチ学会、1992.5.14
80) 長沢伸也：VEにおける相対的評価法の改良、日本経営工学会平成4年度春季大会予稿集、pp.218-219、日本経営工学会、1992.5.23
81) 長沢伸也：有意差検定結果の階層構造化、日本品質管理学会第41回研究発表会研究発表要旨集、pp.124-127、日本品質管理学会、1992.5.30
82) 長沢伸也：シェッフェの一対比較法の改良(2)―繰返しや反復を行う場合―、人間工学、第28巻特別号（日本人間工学会第33回大会講演集）、pp.248-249、日本人間工学会、1992.5.31

34）長沢伸也・長沢幸子：ファッション画におけるデフォルマシオンの定量的評価（II）―多元配置法による視覚感度実験―（共同）、デザイン学研究、第62号（日本デザイン学会第34回研究発表大会概要集）、p.77, 日本デザイン学会、1987.9.26

35）長沢伸也：ファジィ理論の品質管理への応用(1)―ファジィ積分による品質評価―、統計手法研究会資料 #17-2, pp.1-4, 日本品質管理学会、1987.9.28

36）溝口博文・長沢伸也・大瀧厚：点訳システムにおける漢字仮名混じり文の点字・墨字相互変換について（共同）、情報処理学会第35回全国大会講演論文集、pp.1381-1382, 情報処理学会、1987.9.29

37）長沢伸也：ファジィ理論の品質管理への応用(2)―ファジィ推論による方針展開および品質表の診断―、統計手法研究会資料 #18-4, pp.1-4, 日本品質管理学会、1987.10.23

38）長沢伸也：ファジィ理論の品質管理への応用(1)―ファジィ積分による品質評価―、日本品質管理学会第17回年次大会研究発表会研究発表要旨集、pp.29-32, 日本品質管理学会、1987.10.24

39）長沢伸也：ファジィ理論の品質管理への応用(2)―ファジィ推論による方針展開および品質表の診断―、日本品質管理学会第17回年次大会研究発表会研究発表要旨集、pp.33-36, 日本品質管理学会、1987.10.24

40）長沢伸也・大瀧厚：箱ひげ管理図の研究(3)（共同）、日本品質管理学会第17回年次大会研究発表会研究発表要旨集、pp.13-16, 日本品質管理学会、1987.10.24

41）千々岩靖浩・長沢伸也・大瀧厚：チャーノフの顔形グラフの応用研究(2)（共同）、日本品質管理学会第17回年次大会研究発表会研究発表要旨集、pp.21-24, 日本品質管理学会、1987.10.24

42）長沢伸也・板宮憲一・塩沢清茂：構造モデル化手法による光化学反応モデル構造の解析（共同）、第28回大気汚染学会講演要旨集、p.388, 大気汚染研究協会、1987.10.28

43）矢野俊一・長沢伸也・大滝厚・堀江宥治・塩沢清茂：CARTによる光化学大気汚染の出現とオキシダント濃度の予測方法（共同）、第28回大気汚染学会講演要旨集、p.385, 大気汚染研究協会、1987.10.28

44）長沢伸也・長沢幸子：ロボット動作制御の実験教育―明治大精密工学科における例―（共同）、昭和63年度精密工学会春季学術講演論文集、pp.687-688, 精密工学会、1988.3.17

45）溝口博文・長沢伸也・大瀧厚：点訳システムの開発（共同）、昭和63年度精密工学会春季学術講演論文集、pp.549-550, 精密工学会、1988.3.17

46）長沢伸也：ファジィ理論の品質管理への応用(3)―目標方策展開・品質表などの診断の応用―、日本品質管理学会第33回研究発表会研究発表要旨集、pp.49-52, 日本品質管理学会、1988.5.14

47）長沢伸也・大瀧厚：箱ひげ管理図の研究(4)（共同）、日本品質管理学会第33回研究発表会研究発表要旨集、pp.53-56, 日本品質管理学会、1988.5.14

48）大瀧厚・長沢伸也・矢野俊一：多変量データに基づく意志決定過程図の作成へのCARTの応用（共同）、日本品質管理学会第33回研究発表会研究発表要旨集、pp.57-60, 日本品質管理学会、1988.5.14

49）長沢伸也：拡散モデルに関するパラメータの最適化に関する研究（I）―実験的回帰分析によるパラメータ値の設定方法―（共同）、統計手法研究会資料 #29-3, pp.1-11, 日本品質管理学会、1988.9.16

50）長沢伸也・大滝厚・塩沢清茂：拡散モデルにおけるパラメータの最適化に関する研究（II）―起伏のある地形上における大気汚染予測システムの評価―（共同）、統計手法研究会資料 #29-4, pp.1-8, 日本品質管理学会、1988.9.16

51）Ootaki, Atsushi, Shin'ya Nagasawa, and Shun'ichi Yano: On a Probabilistic Forecast of Photochemical Air Pollution by Check Sheet（共同）, *Abstracts of International Conference on Atmospheric Science and Application to Air Quality*, p.212, Science Council of Japan, 1988.10.5

52）Nagasawa, Shin'ya, and Kiyoshige Shiozawa: Study on the Prediction of Air Pollution over Complex Terrain（共同）, *Abstracts of International Conference on Atmospheric Science and Application to Air Quality*, p.220, Science Council of Japan, 1988.10.6

53）長沢伸也・長沢幸子：ファッション画におけるデフォルマシオンの定量的評価（III）―人体プロポーション構成部位が印象に及ぼす影響の評価―（共同）、デザイン学研究、第68号（日本デザイン学会第35回研究発表大会概要集）、p.21, 日本デザイン学会、1988.10.10

54）長沢伸也：ファジィ理論の品質管理への応用(4)―ファジィ構造モデルによる連関図の階層化―、日本品質管理学会第18回年次大会研究発表会研究発表要旨集、pp.33-36, 日本品質管理学会、1988.10.22

55）板宮憲一・岡本真一・小林恵三・長沢伸也・塩沢清茂：粒子状物質の挙動に関する研究（流跡線別の化学成分濃度）（共同）、第29回大気汚染学会講演要旨集、p.261, 大気汚染研究協会、1988.11.9

56）長沢伸也：ファジィ理論の品質管理への応用(5)―ファジィ構造モデルによる選好構造の階層化―、日本品質管理学会第35回研究発表会研究発表要旨集、pp.81-84, 日本品質管理学会、1989.5.13

[付録] 長沢伸也 研究の歩み

1983.11.17
8) 大滝厚・長澤伸也:顔形グラフの研究(1)—顔形要素の評価—(共同)、日本品質管理学会第25回研究発表会研究発表要旨集、pp.101-104, 日本品質管理学会、1984.4.2
9) 大滝厚・長澤伸也・上原光弘・市川友章:ISM法による連関図の階層化について(共同)、日本品質管理学会第26回研究発表会研究発表要旨集、pp.31-35, 日本品質管理学会、1984.8.29
10) 長沢伸也・大瀧厚:教育用ロボット動作制御用言語(共同)、昭和59年度精機学会秋季学術講演会講演論文集、pp.691-692, 精機学会(現、精密工学会)、1984.10.3
11) 大滝厚・長沢伸也・菅沼孝康:顔形グラフの研究(2)—顔形要素の評価とパネラ誤差の評価—(共同)、日本品質管理学会第14回年次大会研究発表会発表要旨集、pp.105-108, 日本品質管理学会、1984.10.27
12) 長沢伸也・大瀧厚・岡本眞一・塩沢清茂:拡散モデルにおけるパラメータ設計法(1)—設計法の考え方—(共同)、第25回大気汚染学会講演要旨集、p.669, 大気汚染研究協会、1984.11.9
13) 長沢伸也・大瀧厚・岡本眞一・塩沢清茂:拡散モデルにおけるパラメータ設計法(2)—複雑地形上の拡散モデルへの適用—(共同)、第25回大気汚染学会講演要旨集、p.670, 大気汚染研究協会、1984.11.9
14) 加藤均・大瀧厚・長沢伸也・塩沢清茂:大気汚染測定局の代表性(1)—高濃度発生地区の推定—(共同)、第25回大気汚染学会講演要旨集、p.343, 大気汚染研究協会、1984.11.9
15) 長沢伸也・大瀧厚・加藤均・塩沢清茂:大気汚染測定局の代表性(2)—濃度ベクトルに基づく地域分布パターンの解析—(共同)、第25回大気汚染学会講演要旨集、p.344, 大気汚染研究協会、1984.11.9
16) 上原光弘・長沢伸也・大瀧厚:パーソナルコンピュータによるカナ-点字変換システム(共同)、情報処理学会第30回全国大会講演論文集、pp.1639-1640, 情報処理学会、1985.3.14
17) 長沢伸也・大瀧厚:パーソナルコンピュータによる点字ワードプロセッサの開発(共同)、昭和60年電気関係学会北海道支部大会論文集、pp.334-335, 電気関係学会、1985.9.29
18) 菅沼孝康・長沢伸也・大瀧厚:顔形グラフの研究(3)—多変量データの割付けの研究—(共同)、日本品質管理学会第15回年次大会研究発表会発表要旨集、pp.90-93, 日本品質管理学会、1985.10.26
19) 長沢伸也・大瀧厚・塩沢清茂:拡散モデルにおけるパラメータ設計法(3)—再現性の評価基準—(共同)、第26回大気汚染学会講演要旨集、p.520, 大気汚染研究協会、1985.11.14
20) 長沢伸也・大瀧厚・岡本眞一・塩沢清茂:拡散モデルにおけるパラメータ設計法(4)—複雑地形上の拡散モデルの評価—(共同)、第26回大気汚染学会講演要旨集、p.521, 大気汚染研究協会、1985.11.14
21) 加藤均・大瀧厚・長沢伸也・塩沢清茂:大気汚染測定局の代表性(3)—測定局の階層化による代表性の検討—(共同)、第26回大気汚染学会講演要旨集、p.531, 大気汚染研究協会、1985.11.14
22) 上原光弘・長沢伸也・大瀧厚:パーソナルコンピュータによる点字ワードプロセッサの研究(共同)、情報処理学会第32回全国大会講演論文集、pp.1681-1682, 情報処理学会、1986.3.16
23) Nagasawa, Shin'ya, Shin'ichi Okamoto, Yamato Ohishi, and Kiyoshige Shiozawa: Study on the Prediction of the Pollutant Dispersion in the Complex Terrain (共同), *Proceedings of 7th World Clean Air Congress*, pp.1-1, International Union of Air Pollution Protection Association, 1986.8.26
24) 長沢伸也・大瀧厚:フールプルーフ化を考慮した教育用ロボット言語の開発(共同)、情報処理学会第33回全国大会講演論文集、pp.1575-1576, 情報処理学会、1986.10.1
25) 長沢伸也・大瀧厚:箱ひげ管理図の研究(1)(共同)、日本品質管理学会第16回次大会研究発表会発表要旨集、pp.9-12, 日本品質管理学会、1986.10.25
26) 千々岩清浩・長沢伸也・大瀧厚:チャーノフの顔形グラフの応用研究(1)(共同)、日本品質管理学会第16回年次大会研究発表会発表要旨集、pp.45-48, 日本品質管理学会、1986.10.25
27) 長沢伸也・大瀧厚・塩沢清茂:拡散モデルにおけるパラメータ設計法(5)—複雑地形上の拡散モデルのパラメータの最適化—(共同)、第27回大気汚染学会講演要旨集、p.462, 大気汚染研究協会、1986.11.16
28) 大瀧厚・長沢伸也・加藤均・塩沢清茂:大気汚染測定局の代表性(4)—地域分布パターンに基づく測定局の階層化—(共同)、第27回大気汚染学会講演要旨集、p.422, 大気汚染研究協会、1986.11.16
29) 矢野俊一・長沢伸也・大瀧厚・塩澤清茂:顔形グラフによる大気汚染データの解析(1)—測定局の特徴の抽出—(共同)、第27回大気汚染学会講演要旨集、p.419, 大気汚染研究協会、1986.11.16
30) 溝口博文・長沢伸也・大瀧厚:点訳システムにおける漢字処理について(共同)、情報処理学会第34回全国大会講演論文集、pp.1345-1346, 情報処理学会、1987.3.20
31) 長沢伸也・大瀧厚:箱ひげ管理図の研究(1)(共同)、統計手法研究会資料 #11-2, pp.1-4, 日本品質管理学会、1987.3.26
32) 長沢伸也・大瀧厚:箱ひげ管理図の研究(2)(共同)、日本品質管理学会第31回研究発表会研究発表要旨集、pp.21-24, 日本品質管理学会、1987.4.11
33) 長沢幸子・長沢伸也:ファッション画におけるデフォルマシオンの定量的評価(Ⅰ)—直交配列表による視覚感

368) Nagasawa, Shin'ya: Customer Experience Affecting Human *Kansei*, *Science Journal of Business and Management*, Vol.3, No.2-1, pp.35-42, Science Publishing Group, 2015.4.8, ISSN 2331-0626 (Print), 2331-0634 (Online)
369) Kuo, Chi-Hsien, and Shin'ya Nagasawa: Experiential Marketing Leading to Behavioural Intention – Testing the Mediation Effects of Information Search Cost –（共同）, *Science Journal of Business and Management*, Vol.3, No.2-1, pp.43-53, Science Publishing Group, 2015.4.11, ISSN 2331-0626 (Print), 2331-0634 (Online)
370) Nagasawa, Shin'ya, and Yumiko Kizu: Customer Experience and Luxury Strategy in Cosmetics Design（共同）, *Science Journal of Business and Management*, Vol.3, No.2-1, pp.54-59, Science Publishing Group, 2015.4.13
371) Kobayashi, Shoichi, Takao Someya, and Shin'ya Nagasawa: Product Development of Les Merveilleuses LADURÉE Cosmetics and Customer Experience（共同）, *Science Journal of Business and Management*, Vol.3, No.2-1, pp.60-62, Science Publishing Group, 2015.4.17, ISSN 2331-0626 (Print), 2331-0634 (Online)
372) Kawanobe, Hiroko, Shoichi Kobayashi, Takao Someya, Atsuo Tanaka, and Shin'ya Nagasawa: Product Development of Ginza-honey Cosmetics and Customer Experience（共同）, *Science Journal of Business and Management*, Vol.3, No.2-1, pp.63-65, Science Publishing Group, 2015.4.17, ISSN 2331-0626 (Print), 2331-0634 (Online)
373) Someya, Takao, Shoichi Kobayashi and Shin'ya Nagasawa: Product Development of IGNIS Nature Series Based on Bernd H. Schmitt's "Customer Experience"（共同）, *Science Journal of Business and Management*, Vol.3, No.2-1, pp.66-72, Science Publishing Group, 2015.4.17, ISSN 2331-0626 (Print), 2331-0634 (Online)
374) Sugimoto, Kana, and Shin'ya Nagasawa: Strategic Design for Sustained Brand Value: Implications from Luxury Products, In: Louise Valentine, *et al.* (eds.), *The Value of Design Research*, Track 07, Design Research for Luxury Industries, pp.1-15, Sheffield Hallam University, UK, 2015.4.22, ISBN 978-1-84387-393-8
375) Nagasawa, Shin'ya, and Shinich Otsu: Experience Differentiation Strategy (1) – Concepts of Consumer Experiences –（共同）, *Science Journal of Business and Management*, Vol.3, No.2-1, pp.73-77, Science Publishing Group, 2015.4.23, ISSN 2331-0626 (Print), 2331-0634 (Online)
376) Nagasawa, Shin'ya, and Shinich Otsu: Experience Differentiation Strategy (2) – Focus on Embodied Cognition and ACT Module –（共同）, *Science Journal of Business and Management*, Vol.3, No.2-1, pp.78-82, Science Publishing Group, 2015.4.23, ISSN 2331-0626 (Print), 2331-0634 (Online)
377) 熊谷健・長沢伸也：欧米ラグジュアリーブランドの国内市場におけるポジショニングと Key Success Factor (L-KSF) に関する実証的研究（共同）、日本感性工学会論文誌、第14巻第2号、pp.275-26、日本感性工学会、2015.4.30
378) Ishikawa, Masakazu, and Shin'ya Nagasawa: Customer Experience of CHISO – The Centuries-old business of Japanese Luxury Kimono Garments –（共同）, *Science Journal of Business and Management*, Vol.3, No.2-1, pp.83-91, Science Publishing Group, 2015.5.5, ISSN 2331-0626 (Print), 2331-0634 (Online)
379) Nagasawa, Shin'ya, and Akihiro Imamura: Global Water Business: Focusing on the business process model of Veolia Water（共同）, In: Miklas Scholz ed., *Water Resources and Environment: Proceedings of the 2015 International Conference on Water Resource and Environment*, pp.73-79, CRC Press/Balkema, Leiden, 2015.10.26

2015年6月現在　日本語215編、英語163編、中国語1編、計379編

●学会発表

1) 宮本潤・長沢伸也・塩沢清茂：NOx-HC-CO-Air 系光化学反応のシミュレーション―HC を C_3H_6 とする場合―（共同）、第19回大気汚染学会講演要旨集、p.264、大気汚染研究協会、1978.9.8
2) 宮本潤・長沢伸也・塩沢清茂：NOx-HC-CO-Air 系光化学反応のシミュレーション―HC がアロマティクの場合―（共同）、日本化学会38秋季年会予稿集、p.57、日本化学会、1978.10.14
3) 長沢伸也・村上俊一・岡本眞一・塩沢清茂：大気汚染濃度予測に関する研究(XXI)―拡散幅 σy の推定方法について―（共同）、第20回大気汚染学会講演要旨集、p.336、大気汚染研究協会、1979.11.8
4) 長沢伸也・岡本眞一・塩沢清茂：大気汚染濃度予測に関する研究(XXIV)―光化学反応の簡略モデル―（共同）、第21回大気汚染学会講演要旨集、p.442、大気汚染研究協会、1980.11.7
5) 長沢伸也・岡本眞一・大石大和・塩沢清茂：複雑地形上の拡散モデル（共同）、第23回大気汚染学会講演要旨集、p.396、大気汚染研究協会、1982.11.11
6) 長沢伸也・岡本眞一・大石大和・塩沢清茂：大気汚染濃度予測に関する研究(XXXIV)―複雑地形上の大気汚染シミュレーションモデルの感度(Ⅰ)―（共同）、第24回大気汚染学会講演要旨集、p.260、大気汚染研究協会、1983.11.17
7) 長沢伸也・岡本眞一・大石大和・塩澤清茂：大気汚染濃度予測に関する研究(XXXV)―複雑地形上の大気汚染シミュレーションモデルの感度(Ⅱ)―（共同）、第24回大気汚染学会講演要旨集、p.261、大気汚染研究協会、

350) Jiang, Zhiqing, and Shin'ya Nagasawa: Luxury Product Design and Brand Differentiation of Emerging Luxury Brands: a Conceptual Framework Based on Perceived Value（共同）, In: Erik Bohemia, Alison Rieple, Jeanne Liedtka, Rachel Cooper (eds.), *Proceedings of the 19th DMI: Academic Design Management Conference*, pp.375-395, Design Management Institute, 2014.8.31, ISBN 978-0-615-99152-8

351) Nagasawa, Shin'ya: The World of Luxury Brands that Japan Developed, *Proceedings of the International Conference on Global Luxury*, Session 5: Retail pp.1-20, Neuchâtel University, 2014.11.7

352) 石川雅一・長沢伸也：「ゆるキャラ」着ぐるみ制作現場にみる、ゆるいデザインの探索（日本一の着ぐるみメーカーの事例）（共同）、Design シンポジウム2014講演論文集、pp.437-444、日本建築学会・日本機械学会・日本デザイン学会、2014.11.12

353) 長沢伸也：ラグジュアリーブランディングとビューティビジネス、ビューティビジネスレビュー、Vol.3, No.2, pp.32-42, ビューティビジネス学会、2014.12.31

354) 石川雅一・長沢伸也：製薬企業リスクマネジメント理論の化粧品会社への援用（共同）、ビューティビジネスレビュー、Vol.3, No.2, pp.43-59, ビューティビジネス学会、2014.12.31

355) Jiang, Zhiqing, and Shin'ya Nagasawa: Theoretic Perspectives on Luxury Brand Dimension of Emerging Luxury Brand Consumption Based on Perceived Value（共同）, *Proceedings of 14th International Marketing Trends Conference (IMTC2015)*, Research Session: Luxury Goods & Fashion, pp.1-18, Università Ca'Foscari Venezia and ESCP-EAP Europe Paris, 2015.1.24, ISBN 978-2-9532811-2-5

356) Nagasawa, Shin'ya, and Teruhiko Fukunaga: Strategic Management and Brand Management on the Luxury Brand GUCCI（共同）, *Proceedings of 14th International Marketing Trends Conference (IMTC2015)*, Research Session: Luxury Goods & Fashion, pp.1-22, Università Ca'Foscari Venezia and ESCP-EAP Europe Paris, 2015.1.24

357) Sugimoto, Kana, and Shin'ya Nagasawa: Communication of Brand Value Focusing on Iconic Products of Luxury Brands（共同）, *Proceedings of 14th International Marketing Trends Conference (IMTC2015)*, Research Session: Luxury Goods & Fashion, pp.1-13, Università Ca'Foscari Venezia and ESCP-EAP Europe Paris, 2015.1.24

358) Fujiwara, Kazutoshi, and Shin'ya Nagasawa: Relationship between Purchase Intentions for Luxury Brands and Customer Experience – Comparative Verification among Product Categories and Brand Ranks –（共同）, *Science Journal of Business and Management*, Vol.3, No.2-1, pp.1-10, Science Publishing Group, 2015.3.18

359) Fujiwara, Kazutoshi, and Shin'ya Nagasawa: Relationship between Purchase Intentions for Luxury Brands and Customer Experience: Second Report – Comparative Verification Based on the Big Five Personality Traits –（共同）, *Science Journal of Business and Management*, Vol.3, No.2-1, pp.11-23, Science Publishing Group, 2015.3.18

360) Kumagai, Ken, and Shin'ya Nagasawa: Customer experience and determinants of consumer attitude toward luxury brands: Observations in Japan and China（共同）, *Science Journal of Business and Management*, Vol.3, No.2-1, pp.24-34, Science Publishing Group, 2015.3.23, ISSN 2331-0626 (Print), 2331-0634 (Online)

361) Kobayashi, Shoichi, Takao Someya, and Shin'ya Nagasawa: Product Development of Les Merveilleuses LADURÉE Cosmetics and Experience Value（共同）, *Proceedings of 1st International Symposium on Affective Science and Engineering (ISASE2015)*, A1-1, pp.1-2, Japan Society of Kansei Engineering, 2015.3.22

362) Kawanobe, Hiroko, Shoichi Kobayashi, Takao Someya, Atsuo Tanaka, and Shin'ya Nagasawa: Application and Examination of the Concept of Experience Value in the Development of "Ginza Honey" Skincare Products（共同）, *Proceedings of 1st International Symposium on Affective Science and Engineering (ISASE2015)*, A1-21, pp.1-4, Japan Society of Kansei Engineering, 2015.3.22

363) Ishikawa, Masakazu, and Shin'ya Nagasawa: Experiential Value of Chiso – The 460 year long-established business of Japanese luxury KIMONO garment –（共同）, *Proceedings of 1st International Symposium on Affective Science and Engineering (ISASE2015)*, C2-4, pp.1-7, Japan Society of Kansei Engineering, 2015.3.22

364) 長沢伸也・小宮理恵子：国内賃貸住宅市場におけるコミュニティ型賃貸住宅の高付加価値化要因―経験価値創造から考える賃貸住宅のブランディング―（共同）、早稲田国際経営研究、第46号、pp.73-83、早稲田大学WBS研究センター、2015.3.31

365) 長沢伸也・西村修：地場産業企業にみる高価格戦略のマネジメント（共同）、早稲田国際経営研究、第46号、pp.85-94、早稲田大学WBS研究センター、2015.3.31

366) Nagasawa, Shin'ya, and Teruhiko Fukunaga: Strategic Brand Management on the Luxury Brand GUCCI（共同）, *Waseda Business & Economic Studies*, No.50, pp.17-36, Graduate School of Commerce, Waseda University, 2015.3.31, ISSN 0388-1008

367) Nagasawa, Shin'ya, and Teruhiko Fukunaga: Strategic Brand Management of GUCCI – Long Interview with Mr. Patrizio di Marco, CEO of GUCCI –（共同）, *Waseda Business & Economic Studies*, No.50, pp.37-54, Graduate School of Commerce, Waseda University, 2015.3.31, ISSN 0388-1008

文誌、第12巻第2号、pp.291-301, 日本感性工学会、2013.4.18

332) Nagasawa, Shin'ya: Design Management Seen at HONDA – Permeating a Design Mindset –, *5th International Congress of IASDR 2013 Proceedings*, Design Management: 12B-3/2116-1, pp.5245-5252, International Association of Societies of Design Research, 2013.8.27

333) Nagasawa, Shin'ya, and Kana Sugimoto: Design Management Seen at SONY – Having Managers and Designers Meet Halfway – (共同), *5th International Congress of IASDR 2013 Proceedings*, Design Management: 12B-4/2116-2, pp.5253-5260, International Association of Societies of Design Research, 2013.8.27

334) 福永輝彦・長沢伸也:「ブンタ・デラ・ドガーナ訪問記」―PPRにおけるブンタ・デラ・ドガーナ美術館の存在意義―（共同）、日仏科学史資料センター紀要、第7巻第1号、pp.28-36, 北九州市立大学、2013.8.31

335) 長沢伸也・木津由美子: 化粧品デザインにおけるラグジュアリー戦略―特集「色彩学を視座とした多感覚インタラクション―コスメティック科学への展開―」―（共同）、日本色彩学会誌、第37巻第5号、pp.504-510, 日本色彩学会、2013.9.1

336) Jiang, Zhiqing, and Shin'ya Nagasawa: Empirical Research in Luxury Brand Image in Japan (共同), *Pre-Proceedings of Intelligent Systems Research Progress Workshop, 17th International Conference on Knowledge-Based and Intelligent Information & Engineering Systems (KES 2013/ISRP-13)*, Paper isrp13-003, pp.1-6, KES International, 2013.9.11

337) 福永輝彦・長沢伸也:「グッチミュゼオ訪問記」―ラグジュアリーブランドグッチにおける博物館の存在意義―（共同）、日仏科学史資料センター紀要、第7巻第2号、pp.78-89, 北九州市立大学、2013.11.30

338) Jiang, Zhiqing, Shin'ya Nagasawa, and Shin'ichi Tomonari: Sustainability, Corporate Social Responsibility and Corporate Reputation of Luxury Conglomerate (共同), *Proceedings of EcoDesign 2013: 8th International Symposium on Environmentally Conscious Design and Inverse Manufacturing*, O-I-10, pp.1-6, Korea National Cleaner Production Center, 2013.12.6, ISBN 978-2-9532811-2-5

339) Sugimoto, Kana, and Shin'ya Nagasawa: Brand Icons as Sources of Sustainable Brand Value in Luxury Brands (共同), *Proceedings of 13th International Marketing Trends Conference (IMTC2014)*, Session Luxury Goods & Fashion, pp.1-10, Università Ca'Foscari Venezia and ESCP-EAP Europe Paris, 2014.1.25

340) Terasaki, Shinichiro, and Shin'ya Nagasawa: Richemont as Focused Luxury Conglomerate (共同), *International Journal of Affective Engineering*, Vol.13, No.1 (Special Issue), pp.1-10, Japan Society of Kansei Engineering, 2014.1.31, ISSN 2185-7865 (Print), 1884-0841 (Online)

341) 長沢伸也・福永輝彦: ラグジュアリーブランド「グッチ」にみるブランドイノベーションマネジメント（共同）、早稲田国際経営研究、第45号、pp.125-138, 早稲田大学WBS研究センター、2014.3.31

342) 長沢伸也・今村彰啓: 水ビジネスの現状と課題―ヴェオリア社のビジネスモデルを中心に―（共同）、早稲田国際経営研究、第45号、pp.139-148, 早稲田大学WBS研究センター、2014.3.31

343) Nagasawa, Shin'ya: Design Management Seen at HONDA – Permeating a Design Mindset –, *Waseda Business & Economic Studies*, No.49, pp.33-44, Graduate School of Commerce, Waseda University, 2014.3.31

344) Nagasawa, Shin'ya: Design Management Seen at SONY – Having Managers and Designers Meet Halfway –, *Waseda Business & Economic Studies*, No.49, pp.45-56, Graduate School of Commerce, Waseda University, 2014.3.31, ISSN 0388-1008

345) Sugimoto, Kana, and Shin'ya Nagasawa: Design Management Strategy – A Case Study of an Affective Product – (共同), In: Junzo Watada, Hisao Shiizuka, Kun-Pyo Lee, Tsuyoshi Otani, and Chee-Peng Lim (eds.), *Industrial Applications of Affective Engineering*, pp.67-81, Springer, 2014.4.28, ISBN 978-3-319-04797-3

346) Terasaki, Shinichiro and Shin'ya Nagasawa: Branding Luxury Through Affective Value – Case of Swiss Watch Industry – (共同), In: Junzo Watada, Hisao Shiizuka, Kun-Pyo Lee, Tsuyoshi Otani, and Chee-Peng Lim (eds.), *Industrial Applications of Affective Engineering*, pp.167-180, Springer, 2014.4.28, ISBN 978-3-319-04797-3

347) Nagasawa, Shin'ya: Affective Design in the Creation of Meaning (Invited Speaker for Keynote Speech), *Abstracts of International Scientific Conference "New Challenges of Economic and Business Development – 2014,"* Plenary Session, pp.1-38, University of Latvia, 2014.5.9

348) Someya, Takao, Shoichi Kobayashi, Takayoshi Ito, and Shin'ya Nagasawa: Product Development Based on Bernd Schmitt's 'Experience Value' – Research Case on the IGNIS Nature Series – (共同), *Proceedings of the International Conference on Kansei Engineering and Emotion Research, KEER2014*, 6A-114 pp.1-11, Linköping University, 2014.6.13

349) Jiang, Zhiqing, Shin'ya Nagasawa, and Junzo Watada: Luxury Fashion Brand Image Building: the Role of Store Design in Bally and Tod's Japan (共同), *Management Decision*, Vol.52, Iss.7, pp.1288-1301, Emerald Group Publishing Limited, 2014.7.25, ISSN 0025-1747

【付録】 長沢伸也　研究の歩み

nabe, Gloria Phillips-Wren, Robert J. Howlett, and Lakhmi C. Jain (eds.), *Intelligent Decision Technologies – Proceedings of the 4th International Conference on Intelligent Decision Technologies (IDT'2012), Volume 2 –*, pp.171-179, Springer-Verlag Berlin Heidelberg, 2012.5.25, ISBN 978-3-642-29919-3

314) Terasaki, Shinichiro, and Shin'ya Nagasawa: Celebrities as Marketing Enhancer: Case Analysis of the Alternative Food Movement and "Eco-chic" Lifestyle Advocacy（共同）, in Junzo Watada, Toyohide Watanabe, Gloria Phillips-Wren, Robert J. Howlett, and Lakhmi C. Jain (eds.), *Intelligent Decision Technologies – Proceedings of the 4th International Conference on Intelligent Decision Technologies (IDT'2012), Volume 2 –*, pp.263-272, Springer-Verlag Berlin Heidelberg, 2012.5.25, ISBN 978-3-642-29919-3

315) Terasaki, Shinichiro, and Shin'ya Nagasawa: The Relationship between Brand Integrity and Business Continuity – A Case Study of Japanese Long-Standing Company, Shioyoshiken –（共同）, *Journal of Advanced Computational Intelligence and Intelligent Informatics*, Vol.16, No.4, pp.547-552, Fuji Technology Press Ltd., 2012.6.20

316) Irisawa, Yusuke, and Shin'ya Nagasawa: Strategic Management and Design Innovation in the Long-Standing Company Kyogashi Master "Suetomi"（共同）, *Journal of Advanced Computational Intelligence and Intelligent Informatics*, Vol.16, No.5, pp.561-566, Fuji Technology Press Ltd., 2012.7.20, ISSN 1343-0130 (Print)

317) Irisawa, Yusuke, and Shin'ya Nagasawa: Study for Product Design on Customer Experience – Construction and Examination for Customer Experiential Design by Case Studies –（共同）, *Advances in Information Sciences and Service Sciences: An International Journal of Research and Innovation*, Vol.4, No.14, pp.234-241, Advanced Institute of Convergence Information Technology, 2012.8.15, ISSN 1343-0130 (Print)

318) Jiang, Zhiqing, and Shin'ya Nagasawa: Brand Innovation and Luxury Brand Construction in a Competitive Market – Case Study of Bally and Tod's Japan –（共同）, *Proceedings of 9th International Symposium on Management Engineering 2012*, pp.87-92, Graduate School of Information, Production and Systems, Waseda University, 2012.8.23

319) Sugimoto, Kana, Shinichiro Terasaki, and Shin'ya Nagasawa: Emotional Value Communication Strategy Case of the Swiss Watch Industry（共同）, *Proceedings of 9th International Symposium on Management Engineering 2012*, pp.147-152, Graduate School of Information, Production and Systems, Waseda University, 2012.8.23

320) Jiang, Zhiqing, and Shin'ya Nagasawa: Luxury Fashion Brand Image Building – the Role of Store Design in Bally and Tod's Japan –（共同）, *Proceedings of 9th International Symposium on Management Engineering 2012*, pp.171-178, Graduate School of Information, Production and Systems, Waseda University, 2012.8.23

321) 長沢伸也：感性品質と経験価値、流通情報、第44巻、第3号、pp.30-38、流通経済研究所、2012.9.30

322) 入澤裕介・長沢伸也：京都企業「信三郎帆布」に見る感性を意識したこだわりのものづくり（共同）、日本感性工学会論文誌、第11巻第4号、pp.527-533、日本感性工学会、2012.10.11

323) 入澤裕介・長沢伸也：京菓子司「末富」に見る経営戦略とデザインイノベーション（共同）、日本感性工学会論文誌、第11巻第4号、pp.535-544、日本感性工学会、2012.10.11

324) 入澤裕介・長沢伸也：商品開発における商品デザインと感性価値の考察―経験価値・感性・エモーショナルデザインの関係性―（共同）、Design シンポジウム2012講演論文集、pp.361-367、日本建築学会・日本機械学会・日本デザイン学会、2012.10.16

325) 寺崎新一郎・杉本香七・長沢伸也：感性価値の顕在化とコミュニケーション戦略―京都老舗　小丸屋住井の事例を中心に―（共同）、日本感性工学会論文誌、第12巻第1号、pp.115-121、日本感性工学会、2013.2.20

326) Terasaki, Shinichiro, and Shin'ya Nagasawa: Unveil the Competitive Advantage of Richemont Over LVMH（共同）, *Proceedings of 1st International Symposium on Affective Engineering 2013 (ISAE2013)*, 3C1-ISAE002, pp.1-8, Graduate School of Information, Production and Systems, Waseda University, 2013.3.7

327) 大津真一・長沢伸也：京都老舗企業のイノベーション分析―京東匠　鶴屋吉信にみるイノベーションのメカニズム―（共同）、早稲田国際経営研究、第44号、pp.93-103、早稲田大学WBS研究センター、2013.3.31

328) 長沢伸也・菅波紀宏：フラッグシップショップ戦略によるブランド構築（第2報）―MUJI（無印良品）の事例―（共同）、早稲田国際経営研究、第44号、pp.137-146、早稲田大学WBS研究センター、2013.3.31

329) Nagasawa, Shin'ya, and Yumiko Kizu: Green Action as a Luxury Strategy in the Field of Cosmetics（共同）, *Waseda Business & Economic Studies*, No.48, pp.41-57, Graduate School of Commerce, Waseda University, 2013.3.31, ISSN 0388-1008

330) Jiang, Zhiqing, and Shin'ya Nagasawa: Luxury Brand Image Building in a Competitive Market – An Empirical Study of Bally and Tod's Japan –（共同）, *Book of Abstracts, 8th Global Brand Conference: Brand, Corporate Identity and Reputation, and Sustainability*, pp.139-153, The Academy of Marketing's Brand, Corporate Identity and Reputation Special Interest Group, 2013.4.4

331) 入澤裕介・長沢伸也：京都老舗企業に見る感性商品とプロダクトイノベーション（共同）、日本感性工学会論

Companies（共同）, *Proceedings of 14th QMOD (Quality Management and Organizational Development)* Conference, pp.1312-1320, University of Saint Sebastian, Spain, 2011.8.30

298）入澤裕介・長沢伸也：日仏のブランド企業に見るラグジュアリーブランドの構築条件―ブランド構築条件の抽出に向けた事例分析と比較考察―（共同）、商品開発・管理研究、第8巻第1号、pp.34-51, 商品開発・管理学会、2011.9.30

299）Irisawa, Yusuke, and Shin'ya Nagasawa: Conditions for Luxury Branding by Japanese and French Companies（共同）, *China-USA Business Review*, Vol.10, No.10, pp.945-956, David Publishing, 2011.10.31, ISSN 1537-1514

300）Terasaki, Shinichiro, and Shin'ya Nagasawa: An Evaluation of the Sustainability of the Past and Current Management of the Water Resources in the Yellow River Basin（共同）, 2011 *AASRI Conference on Environmental Management and Engineering (AASRI-EME 2011)*, pp.12-20, American Applied Sciences Research Institute, 2011.11.26, ISBN 978-1-937728-04-5

301）Terasaki, Shinichiro, and Shin'ya Nagasawa: Critical Analysis of Fair Trade Marketing in Japan（共同）, In the eBook: Mitsutaka Matsumoto, Yasushi Umeda, Keijiro Masui, and Shinichi Fukushige eds., *Design for Innovative Value Towards Sustainable Society – Proceedings of EcoDesign 2011: 7th International Symposium on Environmentally Conscious Design and Inverse Manufacturing –*, pp.434-439, Union of EcoDesigners, and National Institute of Advanced Industrial Science and Technology, 2011.12.2, および、Springer Netherlands, 2012.4.5, e-ISBN 978-94-007-3010-6

302）Kizu, Yumiko, and Shin'ya Nagasawa: Creating the New Brand Equity through EcoDesign of Cosmetics（共同）, In the eBook: Mitsutaka Matsumoto, Yasushi Umeda, Keijiro Masui, and Shinichi Fukushige eds., *Design for Innovative Value Towards Sustainable Society – Proceedings of EcoDesign 2011: 7th International Symposium on Environmentally Conscious Design and Inverse Manufacturing –*, pp.463-467, Union of EcoDesigners, and National Institute of Advanced Industrial Science and Technology, 2011.12.2, および、Springer Netherlands, 2012.4.5, e-ISBN 978-94-007-3010-6

303）Kizu, Yumiko, and Shin'ya Nagasawa: Green Action as a Luxury Strategy in the Field of Cosmetics（共同）, *Proceedings of 11th International Marketing Trends Conference (IMTC2012)*, Session Brand Management, pp.1-22, Università Ca'Foscari Venezia and ESCP-EAP Europe Paris, 2012.1.20, ISBN 978-2-9532811-2-5

304）Irisawa, Yusuke, and Shin'ya Nagasawa: Differentiation Strategy in the Business Continues of the Long-standing Kyogashi Companies – The essence of the business continues regarding the corporate management of "Tawaraya-Yoshitomi" and "Kamesuehiro" –（共同）, *Proceedings of 11th International Marketing Trends Conference (IMTC2012)*, Session International Marketing, pp.1-9, Università Ca'Foscari Venezia and ESCP-EAP Europe Paris, 2012.1.21, ISBN 978-2-9532811-2-5

305）杉本香七・長沢伸也：感性プロダクトとしてのラグジュアリーブランド―デザインマネジメント戦略の事例研究―（共同）、日本感性工学会論文誌、第11巻第2号、pp.151-157, 日本感性工学会、2012.3.29

306）長沢伸也・福永輝彦：ラグジュアリーブランド「グッチ」にみる経営戦略とブランドマネジメント（共同）、早稲田国際経営研究、第43号、pp.97-108, 早稲田大学WBS研究センター、2012.3.31

307）長沢伸也・菅波紀宏：フラッグシップショップ戦略によるブランド構築―ユニクロの事例―（共同）、早稲田国際経営研究、第43号、pp.109-117, 早稲田大学WBS研究センター、2012.3.31, ISSN 0388-1008

308）Nagasawa, Shin'ya: Relationship between Designer and Company: Coco Chanel and Chanel S.A., *Waseda Business & Economic Studies*, No.47, pp.31-46, Graduate School of Commerce, Waseda University, 2012.3.31

309）Nagasawa, Shin'ya: Managing Organization of CHANEL S.A., *Waseda Business & Economic Studies*, No.47, pp.47-66, Graduate School of Commerce, Waseda University, 2012.3.31, ISSN 0388-1008

310）Sugimoto, Kana, Takao Someya, and Shin'ya Nagasawa: The Effective Technology- and Resource-Management Strategy of Established Japanese Company: A Case Study of Toraya, a Traditional Japanese Confectioner（共同）, *Journal of Advanced Computational Intelligence and Intelligent Informatics*, Vol.16, No.3, pp.436-443, Fuji Technology Press Ltd., 2012.5.20, ISSN 1343-0130 (Print), 1883-8014 (Online)

311）Sugimoto, Kana, and Shin'ya Nagasawa: Managing Organization of CHANEL S.A.（共同）, *Proceedings of the International Conference on Kansei Engineering and Emotion Research*, KEER2012, pp.1141-1149, Department of Industrial Design, National Cheng Kung University, 2012.5.24

312）Nagasawa, Shin'ya, and Kana Sugimoto: TWO CHANELS – Coco Chanel and CHANEL S.A. –（共同）, *Proceedings of the International Conference on Kansei Engineering and Emotion Research*, KEER2012, pp.953-959, Department of Industrial Design, National Cheng Kung University, 2012.5.25

313）Jiang, Zhiqing, and Shin'ya Nagasawa: A Model Study on Emotional Communication in a Mono-brand Fashion Store – Application of the Lens Model in the Fashion Industry –（共同）, In: Junzo Watada, Toyohide Wata-

[付録] 長沢伸也　研究の歩み

279) Sugimoto, Kana, and Shin'ya Nagasawa: CHANEL'S Customer Strategy (Sales Strategy): Focusing on its Marketing Strategy Examples（共同）, *Proceedings of 13th QMOD (Quality Management and Organizational Development) Conference*, 1D-1, pp.1-8, University of Berlin, Germany, 2010.8.30
280) Irisawa, Yusuke, and Shin'ya Nagasawa: Creating Customer Experience and Hospitality at the Kyoto Long-Standing Company Kyogashi Master "Suetomi"（共同）, *Proceedings of 13th QMOD (Quality Management and Organizational Development) Conference*, 1D-3, pp.1-9, University of Berlin, Germany, 2010.8.30
281) 入澤裕介・石川誠・長沢伸也：京都「信三郎帆布」に見る"こだわりのものづくり"の経験価値創造と商品イノベーション（共同）, 商品開発・管理研究, 第7巻第1号, pp.36-51, 商品開発・管理学会, 2010.10.31
282) Nagasawa, Sachiko, Shin'ya Nagasawa, and Kazunari Morimoto: Creation of New Fashion Illustration Painting Techniques by Use of India-ink Painting Techniques: Research into Line Drawing Techniques of Expression in Fashion Illustrations（共同）, In: Toshiharu Taura, and Yukari Nagai (eds.), *Design Creativity 2010*, pp.249-256, Springer-Verlag, 2010.11.29, ISBN 978-0-85729-223-0 (2010.10.29)
283) Irisawa, Yusuke, and Shin'ya Nagasawa: Creating Customer Experience by Emotional Design（共同）, *Proceedings of the First International Conference on Design Creativity (ICDC2010)*, B-11, pp.1-8, the Design Creativity Special Interest Group (SIG) of the Design Society, 2010.12.1
284) Nagasawa, Shin'ya, and Kana Sugimoto: Luxury Strategy of Beauty Products by Chanel（共同）, *Proceedings of 10th International Marketing Trends Conference (IMTC2011)*, Session Consumer Goods 1, pp.1-25, Università Ca'Foscari Venezia and ESCP-EAP Europe Paris, 2011.1.22, ISBN 978-2-9532811-2-5
285) Irisawa, Yusuke, and Shin'ya Nagasawa: Conditions for Luxury Branding by Japanese and French Companies （共同）, *Proceedings of 10th International Marketing Trends Conference (IMTC2011)*, Session Consumer Goods 2, pp.1-26, Università Ca'Foscari Venezia and ESCP-EAP Europe Paris, 2011.1.22
286) 長沢伸也：日本的感性による中小企業のものづくり―京友禅「千總」450年のブランド・イノベーション―, 季刊政策・経営研究, 第13巻第1号, pp.105-115, 三菱UFJリサーチ＆コンサルティング, 2011.1.31
287) 長沢伸也：産廃処理企業における不況に打ち勝つ人材育成戦略, INDUST, 第26巻第3号, pp.2-7, 全国産業廃棄物連合会, 2011.3.5
288) 長沢伸也・大津真一：消費者経験視点による差別化戦略―消費者経験概念の再構築―（共同）、早稲田国際経営研究, 第42号, pp.137-143, 早稲田大学WBS研究センター, 2011.3.31
289) 大津真一・長沢伸也：消費者の行動経験による差別化戦略―身体性認知（Embodied Cognition）と行動的経験価値―（共同）、早稲田国際経営研究, 第42号, pp.145-152, 早稲田大学WBS研究センター, 2011.3.31
290) Nagasawa, Shin'ya: CHANEL's Devotion and Product Development as a Luxury Brand: Taking R&D and product development of its watch business as an example, *Waseda Business & Economic Studies*, No.46, pp.25-37, Graduate School of Commerce, Waseda University, 2011.3.31, ISSN 0388-1008
291) Nagasawa, Shin'ya, and Makoto Ishikawa: Elaborate Management of Traditional Incense Company "YAMADA-MATSU"（共同）, *Waseda Business & Economic Studies*, No.46, pp.39-58, Graduate School of Commerce, Waseda University, 2011.3.31, ISSN 0388-1008
292) Irisawa, Yusuke, and Shin'ya Nagasawa: Product Innovation of Shinzaburo Hanpu and Regional Characteristic of Kyoto（共同）, *Journal of Advanced Computational Intelligence and Intelligent Informatics*, Vol.15, No.4, pp.418-424, Fuji Technology Press Ltd., 2011.6.20, ISSN 1343-0130 (Print), 1883-8014 (Online)
293) Nagasawa, Shin'ya, and Kana Sugimoto: Chanel's Strategy of Communication Tools and Packaging for its Beauty Products（共同）, *Journal of Advanced Computational Intelligence and Intelligent Informatics*, Vol.15, No.4, pp.460-464, Fuji Technology Press Ltd., 2011.6.20, ISSN 1343-0130 (Print), 1883-8014 (Online)
294) Terasaki, Shinichiro, and Shin'ya Nagasawa: A Brand Identity Analysis of Shioyoshiken's Brand Strength（共同）, *Proceedings of 8th International Symposium on Management Engineering 2011*, pp.1-5, Graduate School of Information, Production and Systems, Waseda University, 2011.8.22
295) Sugimoto, Kana, Takao Someya, and Shin'ya Nagasawa: Most Prestigious Technology Management Strategy of Long-Established Japanese Company – Case Study of the Traditional Japanese Confectionery Company Toraya –（共同）, *Proceedings of 8th International Symposium on Management Engineering 2011*, pp.377-383, Graduate School of Information, Production and Systems, Waseda University, 2011.8.22
296) Irisawa, Yusuke, and Shin'ya Nagasawa: Strategic Management and Design Innovation on the Long-Standing Company Kyogashi Master "SUETOMI"（共同）, *Proceedings of 8th International Symposium on Management Engineering 2011*, pp.474-479, Graduate School of Information, Production and Systems, Waseda University, 2011.8.22
297) Nagasawa, Shin'ya, and Yusuke Irisawa: Kansei Product and Product Innovation on the Kyoto Long-Standing

Waseda University, 2009.8.7
261) Nagasawa, Shin'ya: Kansei and Kansei Value: Japanese View, *Proceedings of 12th QMOD (Quality and Services Sciences) and Toulon-Verona Conference*, Session 1, B-02, pp.1-9, University of Verona, Italy, 2009.8.28
262) Nagasawa, Shin'ya: Luxury Brand Strategy of Louis Vuitton, *3rd International Congress of IASDR 2009 Proceedings*, Design Management 3: Branding 1, pp.1-10, International Association of Societies of Design Research, 2009.10.20
263) Nagasawa, Sachiko, and Shin'ya Nagasawa: Japanese Fashion Illustration in Media（共同）, *3rd International Congress of IASDR 2009 Proceedings*, Poster Highlights 2, pp.1-4, International Association of Societies of Design Research, 2009.10.21
264) Nagasawa, Shin'ya: Case Studies of Value-Added Circulation – Revolutionists of the Industrial Waste-Related Business –, *Proceedings of EcoDesign 2009: 6th International Symposium on Environmentally Conscious Design and Inverse Manufacturing*, GT1-3C-2, pp.753-756, Union of EcoDesigners and National Institute of Advanced Industrial Science and Technology, 2009.12.9
265) Nagasawa, Shin'ya: *Kansei* and *Kansei* Value for Kansei Value Creation, *Proceedings of the Third International Workshop on Kansei*, pp.64-67, Kyushu University, 2010.2.23
266) Irisawa, Yusuke, Makoto Ishikawa, and Shin'ya Nagasawa: Creating Customer Experience and Product Innovation at "Shinzaburo Hanpu" in the Regionality of Kyoto（共同）, *Proceedings of the Kansei Engineering and Emotion Research International Conference 2010*, pp.1181-1199, Arts et Métiers ParisTech, Paris, 2010.3.3
267) Nagasawa, Shin'ya, and Kana Sugimoto: Chanel's Devotion and Product Development as a Luxury Brand: Taking R&D and Product Development of its Watch Business as an Example（共同）, *Proceedings of the Kansei Engineering and Emotion Research International Conference 2010*, pp.1293-1301, Arts et Métiers ParisTech, Paris, 2010.3.3
268) Irisawa, Yusuke, and Shin'ya Nagasawa: Creating Customer Experience and Hospitality at the Kyoto Longstanding Company Kyogashi Master "Suetomi"（共同）, *Proceedings of the Kansei Engineering and Emotion Research International Conference 2010*, pp.2139-2149, Arts et Métiers ParisTech, Paris, 2010.3.4
269) 長沢伸也・入澤裕介：京都の地域性に見る「信三郎帆布」の経験価値創造と商品イノベーション（共同）、早稲田国際経営研究、第41号、pp.57-68、早稲田大学 WBS 研究センター、2010.3.31
270) 長沢伸也・大津真一：経験価値モジュール(SEM)の再考（共同）、早稲田国際経営研究、第41号、pp.69-77、早稲田大学 WBS 研究センター、2010.3.31
271) Nagasawa, Shin'ya: Luxury Brand Strategy of Louis Vuitton – Details of Marketing Principles –, *Waseda Business & Economic Studies*, No.45, pp.21-40, Graduate School of Commerce, Waseda University, 2010.3.31
272) Nagasawa, Shin'ya, and Kana Sugimoto: The Succession of Technology and Production of the Technology Management Brand "Chanel"（共同）, *Waseda Business & Economic Studies*, No.45, pp.41-55, Graduate School of Commerce, Waseda University, 2010.3.31, ISSN 0388-1008
273) Someya, Takao, and Shin'ya Nagasawa: Case Study of Building Customer Experience and Technology Management at the Traditional Company "Shoyeido"（共同）, *ICIC Express Letters: An International Journal of Research and Surveys*, Vol.4, No.2, pp.499-504, ICIC International, 2010.4.30, ISSN 1881-803X
274) Irisawa, Yusuke, and Shin'ya Nagasawa: Managerial Characteristic and Customer Experience at the Longstanding Company of Kyoto Inn "Tawaraya"（共同）, *ICIC Express Letters: An International Journal of Research and Surveys*, Vol.4, No.2, pp.511-516, ICIC International, 2010.4.30, ISSN 1881-803X
275) Nagasawa, Shin'ya, and Kana Sugimoto: CHANEL's Devotion and Product Development as a Luxury Brand: Taking Innovations and Product Development of its Cosmetic Business as an Example（共同）, *Proceedings of 11th IMAC Conference on Regional Innovation System and Manufacturing Culture*, pp.81-88, International Institute of Industrial and Manufacturing Culture, 2010.5.12
276) Irisawa, Yusuke, and Shin'ya Nagasawa: Product Innovation at "Shinzaburo Hanpu" in the Regionality of Kyoto（共同）, *Proceedings of 11th IMAC Conference on Regional Innovation System and Manufacturing Culture*, pp.59-71, International Institute of Industrial and Manufacturing Culture, 2010.5.12
277) Irisawa, Yusuke, and Shin'ya Nagasawa: Product Innovation and Customer Value at "Shinzaburo-Hanpu" in the Regionality of Kyoto（共同）, *Proceedings of 7th International Symposium on Management Engineering 2010*, pp.291-298, Graduate School of Information, Production and Systems, Waseda University, 2010.8.28
278) Nagasawa, Shin'ya, and Kana Sugimoto: CHANEL Strategy of Beauty Products（共同）, *Proceedings of 7th International Symposium on Management Engineering 2010*, pp.299-303, Graduate School of Information, Production and Systems, Waseda University, 2010.8.28

[付録] 長沢伸也　研究の歩み

239) Nagasawa, Shin'ya: Customer Experience Management – Influencing on Human Kansei to Management of Technology –, *The TQM Journal*, Vol.20, No.4, pp.312-323, Emerald Group Publishing, 2008.5.15, ISSN 1754-2731

240) 長沢伸也・藤原亨：ワコール高級ブランドに見る経験価値創造―完全予約制、究極のおもてなしで異色の体験を提供―（共同）、早稲田ビジネススクール・レビュー、第8号、pp.35-37, 日経BP企画、2008.8.20

241) Nagasawa, Shin'ya: "Seven Tools for New Product Planning" – Powerful Tools for Kansei Engineering –, *Proceedings of 2nd European Conference on Affective Design and Kansei Engineering*, Plenary Session 4, pp.1-9, Linköping University and Lund University, 2008.8.22

242) 長沢伸也・入澤裕介：京都「俵屋」に見る老舗旅館の経験価値創造（共同）、商品開発・管理研究、第5巻第1号、pp.16-30, 商品開発・管理学会、2008.9.30

243) Nagasawa, Shin'ya: Tradition and Innovation of 500 Years Standing Company "Toraya" – Customer Experience and Technology Management –, *Proceedings of 10th IMAC Conference on Regional Innovation System and Manufacturing Culture*, No.21, pp.1-5, International Institute of Industrial and Manufacturing Culture, 2008.10.17

244) 長澤伸也：從日本百年老店傳統産業看體驗價値創造（日本の老舗・伝統企業に見る経験価値創造）、2008創意生活産業國際論壇會議手冊（Proceedings of 2008 Creative Life Industries International Forum）、pp.30-35, 財團法人中衛發展中心（台北）、2008.10.26

245) 長沢伸也：付加価値循環の企業事例研究(1)―循環ビジネスの挑戦―、エコデザイン2008ジャパンシンポジウム論文集、B21-1, pp.1-4, エコデザイン学会連合、2008.12.12

246) 長沢伸也：付加価値循環の企業事例研究(2)―環境ビジネスの挑戦―、エコデザイン2008ジャパンシンポジウム論文集、B21-2, pp.1-4, エコデザイン学会連合、2008.12.12

247) 長沢伸也：付加価値循環の企業事例研究(3)―廃棄物ビジネスを超える―、エコデザイン2008ジャパンシンポジウム論文集、A24-1, pp.1-4, エコデザイン学会連合、2008.12.12

248) 長沢伸也・石川誠：老舗企業「山田松香木店」のこだわり経営―経験価値創造と技術経営―（共同）、日本感性工学会論文誌、第8巻3号、pp.759-765, 日本感性工学会、2009.2.28

249) 山本典弘・長沢伸也：京唐紙「唐長」にみる伝統と革新―究極のしつらいと経験価値―（共同）、日本感性工学会論文誌、第8巻3号、pp.767-774, 日本感性工学会、2009.2.28

250) 杉本香七・長沢伸也：技術経営ブランド「シャネル」に学ぶ技術とものづくり継承の手法（共同）、日本感性工学会論文誌、第8巻3号、pp.893-898, 日本感性工学会、2009.2.28

251) Nagasawa, Shin'ya: Product Development in Consideration of Kansei – Its Methodology and Practice –, Invited lecture, *Abstracts and Papers of 9th ASCS (Asian Society for Cosmetics Science) Conference*, pp.1-48, the Society of Cosmetics Chemists of Japan, 2009.3.2

252) Sugimoto, Kana, and Shin'ya Nagasawa: The Succession of Technology and Production of the Technology Management Brand of "Chanel"（共同）, *Proceedings of International Conference on Kansei Engineering and Emotion Research 2009*, 14G-01, pp.1-7, Japan Society of *Kansei* Engineering, 2009.3.27

253) Nagasawa, Shin'ya, and Makoto Ishikawa: Elaborate Management of Traditional Incense Company "YAMADA-MATSU"（共同）, *Proceedings of International Conference on Kansei Engineering and Emotion Research 2009*, 23G-01, pp.1-9, Japan Society of *Kansei* Engineering, 2009.3.28

254) 長沢伸也・須藤雅恵：国産馬具メーカー「ソメスサドル」にみる経験価値創造と技術経営（共同）、早稲田国際経営研究、第40号、pp.85-97, 早稲田大学WBS研究センター、2009.3.31

255) 長沢伸也・植原行洋：「ハナマルキ」のこだわり高級味噌にみる経験価値創造と技術経営（共同）、早稲田国際経営研究、第40号、pp.99-111, 早稲田大学WBS研究センター、2009.3.31

256) Nagasawa, Shin'ya: Creating Customer Experience in Luxury Brands – Comparison of Hermès, Louis Vuitton and Coach –, *Waseda Business & Economic Studies*, No.44, pp.25-39, Graduate School of Commerce, Waseda University, 2009.3.31, ISSN 0388-1008

257) Nagasawa, Shin'ya: Marketing Principles of Louis Vuitton – The Strongest Brand Strategy –, *Waseda Business & Economic Studies*, No.44, pp.41-54, Graduate School of Commerce, Waseda University, 2009.3.31

258) 長沢伸也：ルイ・ヴィトンの法則、繊維製品消費科学、第50巻第4号、pp.43-54, 日本繊維消費学会、2009.4.20

259) Someya, Takao, and Shin'ya Nagasawa: Case Study of Building Customer Experience and Technology Management at the Traditional Company "Shoyeido"（共同）, *Proceedings of 6th International Symposium on Management Engineering 2009*, ISME1605, pp.1-6, Graduate School of Information, Production and Systems, Waseda University, 2009.8.7

260) Irisawa, Yusuke, and Shin'ya Nagasawa: Managerial Characteristic and Customer Experience at the Longstanding Company of Kyoto Inn "Tawaraya"（共同）, *Proceedings of 6th International Symposium on Management Engineering 2009*, ISME1606, pp.1-8, Graduate School of Information, Production and Systems,

ing, 2006.11.30, ISSN 2185-7865 (Print), 1884-0841 (Online)
219) Kurosaka, Shunsuke, Shin'ya Nagasawa, and Satoshi Kawae: An Empirical Study on Product Planning of Lunch Jars（共同）, *Kansei Engineering International*, Vol.6, No.1, pp.45-54, Japan Society of *Kansei* Engineering, 2006.11.30, ISSN 2185-7865 (Print), 1884-0841 (Online)
220) 長沢伸也：日本における資源循環ビジネスの現状と将来性、*Proceedings of EcoDesign 2006 Asia Pacific Symposium*, pp.273-278, Union of EcoDesigners, 2006.12.12
221) 長沢伸也：京都の老舗企業「一澤信三郎帆布」の商品開発力と経験価値創造―競争優位性を確保――澤信三郎帆布の「こだわりのものづくり」―、早稲田ビジネススクール・レビュー、第5号、pp.116-121, 日経BP企画、2007.1.30
222) Nagasawa, Shin'ya: Customer Experience Creation – Sharp AQUOS's Design Strategies Appealing to Customers' *Kansei* –, *Proceedings of International Symposium on Management Engineering 2007*, R25, pp.1-6, Graduate School of Information, Production and Systems, Waseda University, 2007.3.11
223) 長沢伸也・小野勇一郎：サッポロエーデルピルスにみる経験価値創造―日本初のプレミアムビールが支持される理由―（共同）、商品開発・管理研究、第3巻第1号、pp.38-46, 商品開発・管理学会、2007.3.31
224) 長沢伸也・大津真一：サービスにおける顧客価値創造モデルの理論研究―仕様整合性と模倣困難性視点の提案―（共同）、国際経営・システム科学研究、第38号、pp.29-40, 早稲田大学アジア太平洋研究センター、2007.3.31
225) 長沢伸也・大津真一：サービスにおける顧客価値創造モデルの実証研究―仕様整合性と模倣困難性視点の検証―（共同）、国際経営・システム科学研究、第38号、pp.41-48, 早稲田大学アジア太平洋研究センター、2007.3.31
226) Nagasawa, Shin'ya: Customer Experience Management Influencing on Human Kansei to MOT, *Proceedings of 1st European Conference on Affective Design and Kansei Engineering*, Plenary Session 4, pp.1-7, Lund University and Linköping University, 2007.6.20
227) 長沢伸也：商品開発ストーリーに欠落した経営者からの論点、早稲田ビジネススクール・レビュー、第6号、pp.28-29, 日経BP企画、2007.7.25
228) Someya, Takao, and Shin'ya Nagasawa: Building Customer Experience and Technology Management at the Traditional Company "Toraya"（共同）, *Proceedings of International Conference on Kansei Engineering and Emotion Research 2007*, C-9, pp.1-5, Japan Society of Kansei Engineering, 2007.10.11
229) Irisawa, Yusuke, and Shin'ya Nagasawa: Creating Customer Experience at the Long-standing Company of Kyoto Inn "Tawaraya"（共同）, *Proceedings of International Conference on Kansei Engineering and Emotion Research 2007*, C-10, pp.1-6, Japan Society of *Kansei* Engineering, 2007.10.11
230) Nagasawa, Shin'ya: Creating Customer Experience in Luxury Brands – Comparison of Hermès, Louis Vuitton and Coach –, *Proceedings of International Conference on Kansei Engineering and Emotion Research 2007*, C-12, pp.1-6, Japan Society of *Kansei* Engineering, 2007.10.11
231) 長沢伸也：感性に訴えるモノづくり―経験価値の視点から―、研究開発リーダー、第20号、pp.10-18, 技術情報協会、2007.10.20
232) Nagasawa, Shin'ya: Present State and Prospects of Resource Circulation Business in Japan, *Proceedings of EcoDesign 2007: 5th International Symposium on Environmentally Conscious Design and Inverse Manufacturing*, A2-1-2F, pp.1-6, Union of EcoDesigners, 2007.12.11
233) 長沢幸子・長沢伸也：漫画の人物表現のファッションデザイン画教育への活用（共同）、デザイン学研究、第185号、pp.19-28, 日本デザイン学会、2008.1.31
234) Nagasawa, Shin'ya: The Principles of Louis Vuitton – The Strongest Brand Strategy –, *Proceedings of 5th International Symposium on Management Engineering 2008*, R41, pp.1-5, Graduate School of Information, Production and Systems, Waseda University, 2008.3.16
235) 長沢伸也・大津真一：経験価値グリッドによる経験価値創造メカニズムの分析―あぶらとり紙「よーじや」にみる経験価値創造―（共同）、早稲田国際経営研究、第39号、pp.87-97, 早稲田大学WBS研究センター、2008.3.31
236) 長沢伸也・小野勇一郎：バーバリー・ブルーレーベルにみるブランド商品開発―ヤング女性向け市場で一人勝ちを続ける理由―（共同）、早稲田国際経営研究、第39号、pp.131-138, 早稲田大学WBS研究センター、2008.3.31
237) Nagasawa, Shin'ya: Value Creation by MOT Approach through Customer Experience That Makes Hit Products, *Waseda Business & Economic Studies*, No.43, pp.49-67, Graduate School of Commerce, Waseda University, 2008.3.31, ISSN 0388-1008
238) Nagasawa, Shin'ya: Building Customer Experience through Design Strategies in Sharp's AQUOS, *Waseda Business & Economic Studies*, No.43, pp.69-83, Graduate School of Commerce, Waseda University, 2008.3.31

〔付録〕 長沢伸也　研究の歩み

198) 長沢伸也・黒坂俊介：廃棄物処理事業の経営戦略の新たな動向（共同）、エコデザイン2004ジャパンシンポジウム論文集、pp.192-195, エコデザイン学会連合、2004.12.7
199) 長沢伸也：冷静に考えればヒットは必然的に生み出せる、日経ビズテック、No.004、pp.208-211, 日経BP社、2004.12.20
200) 長沢伸也・黒坂俊介：ランチジャーの商品企画に関する実証的研究―商品企画七つ道具の活用―（共同）、商品開発・管理研究、第1巻第1号、pp.60-71, 商品開発・管理学会、2005.3.31
201) 長沢伸也・任素羅・本郷仁志：注目情報を用いたマーケティング調査の基礎的研究―「アイカメラ」の提示画像及びデータ処理方法の検討―（共同）、国際経営・システム科学研究、第36号、pp.93-107, 早稲田大学アジア太平洋研究センター、2005.3.31
202) 長沢伸也・任素羅・本郷仁志：注目情報を用いたマーケティング調査の応用研究―消費者のブランドバッグに対する視線と行動の比較―（共同）、国際経営・システム科学研究、第36号、pp.109-126, 早稲田大学アジア太平洋研究センター、2005.3.31
203) 長沢伸也・吉田政彦：ヒット商品分析 花王ASIENCE―日本人の琴線に触れるエモーションの創造―（共同）、早稲田ビジネススクール・レビュー、第2号、pp.20-22, 日経BP企画、2005.7.18
204) 長沢伸也・津田浩司：ヒット商品分析 コマツ 油圧ショベル―「ダントツ商品」を通じて社内の業務改革を推進する―（共同）、早稲田ビジネススクール・レビュー、第2号、pp.31-34, 日経BP企画、2005.7.18
205) 長沢伸也・津田浩司：ヒット商品分析 シャープ ヘルシオ―業務用だった技術を家庭用にヘルシオが実現した「健康」―（共同）、早稲田ビジネススクール・レビュー、第2号、pp.43-46, 日経BP企画、2005.7.18
206) Nagasawa, Shin'ya, Sora Yim, and Hitoshi Hongo: Feasibility Study on Marketing Research Using Eye Movement: An Investigation of Image Presentation Using an "Eye Camera" and Data Processing（共同）, *Journal of Advanced Computational Intelligence and Intelligent Informatics*, Vol.9, No.5, pp.440-452, Fuji Technology Press Ltd., 2005.9.20, ISSN 2185-7865 (Print), 1884-0841 (Online)
207) 長沢伸也：産廃事業における戦略的提携―業務提携、業務・資本提携、ジョイント・ベンチャー―、INDUST、第20巻第10号、pp.2-9, 全国産業廃棄物連合会、2005.10.5
208) Nagasawa, Shin'ya, and Pi-Ju Tsai: Marketability of Long Life Products（共同）, *Proceedings of EcoDesign 2005: 4th International Symposium on Environmentally Conscious Design and Inverse Manufacturing*, 1A-1-2S, pp.1-8, Union of EcoDesigners, 2005.12.12
209) Kurosaka, Shunsuke, and Shin'ya Nagasawa: Present State and Prospects of Waste Management Business in Japan（共同）, *Proceedings of EcoDesign 2005: 4th International Symposium on Environmentally Conscious Design and Inverse Manufacturing*, P-34, pp.1-4, Union of EcoDesigners, 2005.12.13
210) Nagasawa, Shin'ya, and Shunsuke Kurosaka: Present State and Prospects of Waste Management Business in USA（共同）, *Proceedings of EcoDesign 2005: 4th International Symposium on Environmentally Conscious Design and Inverse Manufacturing*, P-35, pp.1-4, Union of EcoDesigners, 2005.12.13
211) Kurosaka, Shunsuke, and Shin'ya Nagasawa: New Trends of Corporate Strategies of Waste Management Business（共同）, *Proceedings of EcoDesign 2005: 4th International Symposium on Environmentally Conscious Design and Inverse Manufacturing*, 3B-3-2F, pp.1-4, Union of EcoDesigners, 2005.12.12
212) Nagasawa, Shin'ya: Management of Technology (MOT) and Customer Experience, *Proceedings of International Symposium on Management Engineering 2006*, R20, pp.1-8, Graduate School of Information, Production and Systems, Waseda University, 2006.3.11
213) 長沢伸也・黒坂俊介：サイクリック一対比較法を用いたコンジョイント分析の提案（共同）、商品開発・管理研究、第2巻第1号、pp.49-58, 商品開発・管理学会、2006.3.31
214) 長沢伸也・榎新二：ヒット商品を連続させるプロダクト・イノベーションの実証的研究（共同）、国際経営・システム科学研究、第37号、pp.113-124, 早稲田大学アジア太平洋研究センター、2006.3.31
215) 長沢伸也：資源循環企業のビジネスモデル確立の現状と将来性、INDUST、第21巻第8号、pp.31-33, 全国産業廃棄物連合会、2006.8.5
216) 長沢伸也：「尖ったコンセプト」を持ちバランスと行動力で未来を読む―プロダクト・マネジャーの新しい条件―、早稲田ビジネススクール・レビュー、第4号、pp.52-57, 日経BP企画、2006.8.10
217) Nagasawa, Shin'ya: Customer Experience Management Influencing on Human Kansei to MOT. In: Bogdan Gabryś, Robert J. Howlett, Lakhmi C. Jain (eds.), *Knowledge-Based Intelligent Information and Engineering Systems – 10th International Conference, KES 2006, Proceedings, Part III –*, pp.980-987, Springer-Verlag Berlin Heidelberg, 2006.10.11, ISBN 978-3-540-46542-3 (2006.9.26)
218) Tsai, Pi-Ju, and Shin'ya Nagasawa: Proposal of New Products and Services to Support the Next Generation Dining Styles（共同）, *Kansei Engineering International*, Vol.6, No.1, pp.3-12, Japan Society of *Kansei* Engineer-

176) Nagasawa, Shin'ya: Revision and Verification of "Seven Tools for Product Planning," *Kansei Engineering International*, Vol.3, No.4, pp.3-8, Japan Society of *Kansei* Engineering, 2003.4.28, ISSN 2185-7865 (Print)
177) Tsai, Pi-Ju, and Shin'ya Nagasawa: Applied Research on the Product Planning of Cosmetics for Men（共同）, *Kansei Engineering International*, Vol.3, No.4, pp.15-24, Japan Society of *Kansei* Engineering, 2003.4.28
178) Nagasawa, Shin'ya: Proposal of "the Cyclic Paired Comparisons," *Kansei Engineering International*, Vol.3, No.4, pp.37-42, Japan Society of *Kansei* Engineering, 2003.4.28, ISSN 2185-7865 (Print), 1884-0841 (Online)
179) 長沢伸也：ヨーロッパ高級ブランド世界戦略の中での日本、化粧文化、第43号、pp.68-73、ポーラ文化研究所、2003.6.10
180) 長沢伸也・蔡璧如：食生活における次世代のライフスタイルと、それに応える商品・サービスの提案（共同）、立命館経営学、第42巻第2号、pp.113-142、立命館大学経営学会、2003.7.10
181) 長沢伸也：感性工学とビジネス、宙舞、第53号、pp.2-5、自動車技術会中部支部、2003.10.1
182) Iwatani, Masaki, and Shin'ya Nagasawa: Design Management of Collaboration in Honda（共同）, *Journal of the Asian Design International Conference*, Vol.1, H-04 pp.1-4, Asian Society for the Science of Design, 2003.10.14
183) Nagasawa, Shin'ya, and Masaki Iwatani: Design Management of Honda in Product Development of "FIT"（共同）, *Journal of the Asian Design International Conference*, Vol.1, H-05 pp.1-4, Asian Society for the Science of Design, 2003.10.14
184) Tsai, Pi-Ju, Shin'ya Nagasawa, Hirofumi Waki, and Hayuri Sasaki: Proposal of New Products and Services to Support the Next Generation Dining Styles by Determining Preferred Dining Styles（共同）, *Journal of the Asian Design International Conference*, Vol.1, P-46 pp.1-8, Asian Society for the Science of Design, 2003.10.15
185) Tsai, Pi-Ju, Shin'ya Nagasawa, Hirofumi Waki, and Hayuri Sasaki: Proposal of New Products and Services to Support the Next Generation Dining Styles by Optimizing of Product Concept（共同）, *Journal of the Asian Design International Conference*, Vol.1, P-47, pp.1-9, Asian Society for the Science of Design, 2003.10.15
186) Nagasawa, Sachiko, and Shin'ya Nagasawa: The Proposition for the Drawing Method for Prototype Costume Design in Fashion Drawing（共同）, *Journal of the Asian Design International Conference*, Vol.1, P-62 pp.1-7, Asian Society for the Science of Design, 2003.10.15
187) Tsai, Pi-Ju, Shin'ya Nagasawa, Hirofumi Waki, Hayuri Sasaki, and Masayoshi Masumoto: A Study on the Marketability of Environmentally Friendly Refrigerators in China and Japan – I. Analysis of the Present Market（共同）, *Proceedings of EcoDesign 2003: 3rd International Symposium on Environmentally Conscious Design and Inverse Manufacturing*, pp.210-213, Union of EcoDesigners, 2003.12.9
188) Tsai, Pi-Ju, Shin'ya Nagasawa, Hirofumi Waki, Hayuri Sasaki, and Masayoshi Masumoto: A Study on the Marketability of Environmentally Friendly Refrigerators in China and Japan – II. Practicability of the Concept of Marketability（共同）, *Proceedings of EcoDesign 2003: 3rd International Symposium on Environmentally Conscious Design and Inverse Manufacturing*, pp.214-217, Union of EcoDesigners, 2003.12.9
189) 長沢伸也・黒坂俊介：空気清浄機の商品企画に関する実証的研究―商品企画七つ道具の活用―（共同）、国際経営・システム科学研究、第35号、pp.47-56、早稲田大学アジア太平洋研究センター、2004.3.31
190) Nagasawa, Shin'ya, and Taki Kanda: Progress of *Kansei* Engineering and *Kansei* Goods（共同）, *Proceedings of 2nd International Conference on Artificial Intelligence in Engineering & Technology*, 2004, pp.302-307, School of Engineering and Information Technology, University Malaysia Sabah, 2004.8.3
191) Tsai, Pi-Ju, and Shin'ya Nagasawa: Applied Research on the Product Planning of Cosmetics for Men（共同）, *Proceedings of 2nd International Conference on Artificial Intelligence in Engineering & Technology*, 2004, pp.329-335, School of Engineering and Information Technology, University Malaysia Sabah, 2004.8.5
192) Nagasawa, Shin'ya: Present State of *Kansei* Engneering in Japan, *Proceedings of 2004 IEEE International Conference on Systems, Man & Cybernetics*, pp.333-338, IEEE Systems, Man, and Cybernetics Society, 2004.10.13
193) 長沢伸也：アメリカで拡大する廃棄物処理ビジネス、月刊廃棄物、第30号第11号、pp.26-31、日報アイ・ビー、2004.11.1
194) 長沢伸也：産業廃棄物処理業優良化推進のための評価制度及び評価基準、エコデザイン2004ジャパンシンポジウム論文集、pp.78-81、エコデザイン学会連合、2004.12.6
195) 蔡璧如・長沢伸也：環境意識が消費者の購買行動に及ぼす影響（共同）、エコデザイン2004ジャパンシンポジウム論文集、pp.146-149、エコデザイン学会連合、2004.12.7
196) 長沢伸也・黒坂俊介・森口健生：廃棄物処理事業の現状と展望（共同）、エコデザイン2004ジャパンシンポジウム論文集、pp.174-177、エコデザイン学会連合、2004.12.7
197) 長沢伸也・黒坂俊介・森口健生：米国における廃棄物処理事業の現状と展望（共同）、エコデザイン2004ジャパンシンポジウム論文集、pp.178-181、エコデザイン学会連合、2004.12.7

[付録] 長沢伸也 研究の歩み

Design and Inverse Manufacturing, pp.122-127, Union of EcoDesigners, 2001.12.13
152) 長沢伸也：ヒットを生む商品企画七つ道具 ーヒット商品はこうして開発されたー、納税月報、第55巻第1号、pp.16-21, 納税協会連合会、2001.12.15
153) 長沢伸也：LVMHモエ ヘネシー・ルイ ヴィトンのブランド・マネジメント、立命館経営学、第40巻第5号、pp.1-25, 立命館大学経営学会、2002.1.10
154) 長沢伸也・川栄聡史：ヒットするWebサイトの企画に関する実証的研究（共同）、立命館経営学、第40巻第5号 pp.41-68, 立命館大学経営学会、2002.1.10
155) 長沢伸也：LVMHモエ ヘネシー・ルイ ヴィトンの草創期とビジネスモデルの発展、立命館経営学、第41巻第1号、pp.1-27, 立命館大学経営学会、2002.5.10
156) 蔡璧如・長沢伸也：環境意識が消費者の購買行動に及ぼす影響および環境対応商品コンセプトの探索（共同）、日本感性工学会感性商品研究部会報、第2号、pp.15-26, 日本感性工学会感性商品研究部会、2002.5.31
157) 岩倉信弥・長沢伸也・岩谷昌樹：ホンダに見るデザイン・マネジメントの進化(1)：デザインの技術つくり（共同）、立命館経営学、第41巻第2号、pp.45-67, 立命館大学経営学会、2002.7.10
158) Tsai, Pi-Ju, and Shin'ya Nagasawa: A Study on the Marketability of Long Life Products（共同）, *Bulletin of Japanese Society for the Science of Design*, Vol.49, No.2, pp.35-44, Japanese Society for the Science of Design, 2002.7.31
159) Nagasawa, Shin'ya, Shin'ya Iwakura, and Masaki Iwatani: Design Strategy in HONDA – Case Study of CIVIC, 2nd PRELUDE and ODYSSEY –（共同）, *Bulletin of Japanese Society for the Science of Design*, Vol.49, No.2, pp.45-54, Japanese Society for the Science of Design, 2002.7.31, ISSN 0910-8173
160) 長沢伸也：商品企画七つ道具による日産エクストレイルの開発、日本感性工学会誌「感性工学」、第2巻第1号、pp.12-15, 日本感性工学会、2002.8.1
161) 岩倉信弥・長沢伸也・岩谷昌樹：ホンダに見るデザイン・マネジメントの進化(2)：デザインの商品つくり（共同）、立命館経営学、第41巻第3号、pp.1-18, 立命館大学経営学会、2002.9.10
162) 長沢伸也・木野龍太郎：本田技研工業及び本田技術研究所における製品開発に関する実証研究(1)ー「フィット」を事例としてー（共同）、立命館経営学、第41巻第3号、pp.19-44, 立命館大学経営学会、2002.9.10
163) 長沢伸也・森口健生：アイカメラによる視線から興味度を推定する可能性ー眼球運動の専門家へのインタビューを通してー（共同）、社会システム研究、第5号、pp.73-93, 立命館大学社会システム研究所、2002.9.30
164) 岩倉信弥・長沢伸也・岩谷昌樹：ホンダに見るデザイン・マネジメントの進化(3)：デザインのブランドつくり（共同）、立命館経営学、第41巻第4号、pp.31-54, 立命館大学経営学会、2002.11.10
165) 森口健生・長沢伸也：ウェイスト・マネジメント社に見られる廃棄物処理業のビジネスモデル（共同）、エコデザイン2002ジャパンシンポジウム論文集、pp.264-267, エコデザイン学会連合、2002.12.5
166) 蔡璧如・長沢伸也・脇浩史・今井一夫・佐々木映：環境対応型冷蔵庫の市場性に関する研究（共同）、エコデザイン2002ジャパンシンポジウム論文集、pp.206-209, エコデザイン学会連合、2002.12.6
167) 蔡璧如・長沢伸也・脇浩史・今井一夫・佐々木映・桝本眞佳：中国における環境対応型冷蔵庫の市場性に関する研究（共同）、エコデザイン2002ジャパンシンポジウム論文集、pp.210-213, エコデザイン学会連合、2002.12.6
168) 岩倉信弥・長沢伸也・岩谷昌樹：ホンダに見るデザイン・マネジメントの進化(4)：デザインの場つくり（共同）、立命館経営学、第41巻第5号、pp.51-73, 立命館大学経営学会、2003.1.10
169) 長沢伸也・木野龍太郎：本田技研工業及び本田技術研究所における製品開発に関する実証研究(2)ー「フィット」を事例としてー（共同）、立命館経営学、第41巻第5号、pp.51-73, 立命館大学経営学会、2003.1.10
170) Nagasawa, Shin'ya, and Pi-Ju Tsai: Influence of Consumers' Awareness of the Environment over their Purchasing Behaviors, and Pursuit of Environment-Conscious Product Concepts (3) – Comparison between Japanese Consumers and Taiwanese Consumers –（共同）, *Kansei Engineering International*, Vol.3, No.1, pp.25-34, Japan Society of *Kansei* Engineering, 2003.1.31, ISSN 2185-7865 (Print), 1884-0841 (Online)
171) 長沢伸也・木野龍太郎：日産自動車の新たな製品開発体制に関する実証研究ー同社の新たな企業戦略との関連からー（共同）、立命館経営学、第41巻第6号、pp.241-270, 立命館大学経営学会、2003.3.10
172) Nagasawa, Shin'ya: *Kansei* and Business, *Kansei Engineering International*, Vol.3, No.3, pp.3-12, Japan Society of *Kansei* Engineering, 2003.4.28, ISSN 2185-7865 (Print), 1884-0841 (Online)
173) Tsai, Pi-Ju, Satoshi Kawae, and Shin'ya Nagasawa: A Study on the Marketability of the Next Generation Community Vehicle（共同）, *Kansei Engineering International*, Vol.3, No.3, pp.21-30, Japan Society of *Kansei* Engineering, 2003.4.28, ISSN 2185-7865 (Print), 1884-0841 (Online)
174) Kawae, Satoshi, and Shin'ya Nagasawa: An Empirical Study on the Product Planning of Hit Website（共同）, *Kansei Engineering International*, Vol.3, No.3, pp.37-46, Japan Society of *Kansei* Engineering, 2003.4.28
175) Nagasawa, Shin'ya: Improvement of the Scheffe's Method for Paired Comparisons, *Kansei Engineering International*, Vol.3, No.3, pp.47-56, Japan Society of *Kansei* Engineering, 2003.4.28, ISSN 2185-7865 (Print)

pp.83-89, Japanese Society for the Science of Design, 1999.10.30
129) 長沢伸也・蔡璧如：環境意識が消費者の購買行動に及ぼす影響および環境対応商品コンセプトの探索(2)―日用生活品と耐久消費財の比較―（共同）、立命館経営学、第38巻第4号、pp.63-94，立命館大学経営学会、1999.11.10
130) 長沢伸也：感性工学とビジネス、日本感性工学会誌「感性工学」、第1巻第1号、pp.37-47、日本感性工学会、1999.11.20
131) 長沢伸也：価値創造のマーケティング、品質管理、第51巻第2号、pp.16-23, 日本科学技術連盟、2000.2.10
132) Nagasawa, Shin'ya, and Pi-Ju Tsai: Influence of Consumers' Awareness of the Environment over their Purchasing Behaviors, and Pursuit of Environment-Conscious Product Concepts (1) – Case of Kitchen Detergents –（共同）, *Kansei Engineering International*, Vol.1, No.2, pp.23-32, Japan Society of *Kansei* Engineering, 2000.2.29, ISSN 2185-7865 (Print), 1884-0841 (Online)
133) 長沢伸也・蔡璧如：環境意識が消費者の購買行動に及ぼす影響および環境対応商品コンセプトの探索(3)―日本と台湾の消費者の比較―（共同）、立命館経営学、第38巻第6号、pp.33-65，立命館大学経営学会、2000.3.10
134) 長沢伸也：マーケティングから見た顧客価値の創造、バリュー・エンジニアリング、第199号、pp.4-8、日本バリュー・エンジニアリング協会、2000.7.1
135) Nagasawa, Shin'ya, Noriaki Kanda, Shin'ichi Okamoto, Tadashi Ohfuji, Tsutomu Konno, Kazuhiko Maruyama, and Keisuke Shimmen: On the Revision and Enlargement of the Seven Tools for New Product Planning（共同）, *Proceedings of the 14th Asia Quality Symposium 2000 Taipei*, pp.56-59, The Chinese Society for Quality, 2000.11.3
136) Nagasawa, Shin'ya, and Pi-Ju Tsai: Influence of Consumers' Awareness of the Environment over their Purchasing Behaviors, and Pursuit of Environment-Conscious Product Concepts (2) – Comparison between Daily Necessaries and Durable Goods –（共同）, *Kansei Engineering International*, Vol.1, No.3, pp.15-24, Japan Society of *Kansei* Engineering, 2001.3.1, ISSN 2185-7865 (Print), 1884-0841 (Online)
137) 岩倉信弥・長沢伸也・岩谷昌樹：ホンダの製品開発とデザイン―企業内プロデューサーシップの資質―（共同）、立命館経営学、第39巻第6号、pp.53-66，立命館大学経営学会、2001.3.10
138) 岩倉信弥・長沢伸也・岩谷昌樹：ホンダのデザイン戦略―シビック、2代目プレリュード、オデッセイを中心に―（共同）、立命館経営学、第40巻第1号、pp.31-51，立命館大学経営学会、2001.5.10
139) 長沢伸也：感性図書データベースと感性教育、感性教育研究、第2巻第1号、pp.20-29、日本感性教育学会、2001.5.26
140) 岩倉信弥・長沢伸也・岩谷昌樹：ホンダのデザイン・マネジメント―経営資源としてのデザイン・マインド―（共同）、立命館経営学、第40巻第2号、pp.29-47，立命館大学経営学会、2001.7.10
141) 長沢伸也・蔡璧如・吉川季代美：男性用化粧品のニーズ及びポジショニングに関する実証的研究（共同）、立命館経営学、第40巻第2号、pp.97-128，立命館大学経営学会、2001.7.10
142) 長沢伸也・蔡璧如・吉川季代美：男性用化粧品の新商品コンセプトに関する実証的研究（共同）、立命館経営学、第40巻第2号、pp.129-154，立命館大学経営学会、2001.7.10
143) 長沢伸也：「商品企画七つ道具」2000年改訂版(5)ポジショニング分析―商品を位置付け企画を方向付ける手法―、品質管理、第52巻第8号、pp.74-81, 日本科学技術連盟、2001.8.10
144) 長沢伸也・今野勤：「商品企画七つ道具」2000年改訂版(7)アイデア選択法―よいアイデアを選択する手法―（共同）、品質管理、第52巻第9号、pp.82-91, 日本科学技術連盟、2001.9.10
145) 長沢伸也・木野龍太郎：自動車企業におけるプロダクト・マネジャーの役割と知識に関する実証研究―日産自動車の事例―（共同）、立命館経営学、第40巻第3号、pp.1-22，立命館大学経営学会、2001.9.10
146) 長沢伸也：感性工学と官能評価、日本官能評価学会誌、第5巻第2号、pp.10-22、日本官能評価学会、2001.9.20
147) Nagasawa, Shin'ya: KANSEI and Business, *Proceedings of International Symposium: Toward a Development of KANSEI Technology*, pp.3-10, Muroran Institute of Technology, 2001.10.5
148) 長沢伸也・木野龍太郎：自動車企業におけるプロダクト・マネジャーの資質と能力に関する実証研究―日産自動車の事例―（共同）、立命館経営学、第40巻第4号、pp.69-97，立命館大学経営学会、2001.11.10
149) 長沢幸子・長沢伸也：ファッションデザイン画における意匠図原型作画方式の提案（共同）、デザイン学研究、第148号、pp.157-166, 日本デザイン学会、2001.11.30
150) Tsai, Pi-Ju, and Shin'ya Nagasawa: A Study on the Marketability of Environmentally Friendly Products made of Long Life Materials（共同）, *Proceedings of 2nd International Symposium on Environmentally Conscious Design and Inverse Manufacturing*, pp.116-121, Union of EcoDesigners, 2001.12.13
151) Tsai, Pi-Ju, Satoshi Kawae, and Shin'ya Nagasawa: A Study on the Marketability of the Next Generation Community Vehicle (NCV21)（共同）, *Proceedings of 2nd International Symposium on Environmentally Conscious*

[付録] 長沢伸也　研究の歩み

International Journal, 1996.10.8
103) Kanda, Noriaki, Tsutomu Konno, Kazuhiko Maruyama, Shin'ya Nagasawa, Tadashi Ohfuji, and Shin'ichi Okamoto: The Seven Tools for New Product Planning (I) – Proposal –（共同）, *Proceedings of International Conference on Quality 1996*, pp.403-408, International Academy for Quality, 1996.10.16
104) Nagasawa, Shin'ya, Noriaki Kanda, Kazuhiko Maruyama, Tadashi Ohfuji, Shin'ichi Okamoto, and Tsutomu Konno: The Seven Tools for New Product Planning (II) – Details –（共同）, *Proceedings of International Conference on Quality 1996*, pp.861-866, International Academy for Quality, 1996.10.17
105) Maruyama, Kazuhiko, Noriaki Kanda, Tsutomu Konno, Shin'ya Nagasawa, Tadashi Ohfuji, and Shin'ichi Okamoto: The Seven Tools for New Product Planning (III) – Application –（共同）, *Proceedings of International Conference on Quality 1996*, pp.867-872, International Academy for Quality, 1996.10.17
106) 長沢伸也：保証すべき品質とは―マーケティングの視点から―、標準化と品質管理、第49巻第11号、pp.40-47、日本規格協会、1996.11.1
107) Nagasawa, Shin'ya: Kansei Evaluation Using Fuzzy Structural Modeling, In: Mitsuo Nagamachi ed., *Kansei Engineering I*, Kaibundo Publishing Co., Ltd., pp.119-125, 1997.2.17
108) 長沢伸也：感性情報処理の現状と基礎、人とシステム、第3巻第1号、pp.37-44、日本人間工学会、1997.3.21
109) 長沢伸也：環境ビジネスの基本的問題、立命館経営学、第36巻第1号、pp.1-29、立命館大学経営学会、1997.5.10
110) 長沢伸也：感性工学をこう考える、第13回ファジィシステム・シンポジウム論文集、pp.915-918、日本ファジィ学会、1997.6.6
111) Nagasawa, Shin'ya, Noriaki Kanda, Kazuhiko Maruyama, Tadashi Ohfuji, Shin'ichi Okamoto, and Tsutomu Konno: The Seven Tools for New Product Planning（共同）, *Proceedings of the 14th International Conference on Production Research*, pp.1236-1239, International Foundation for Production Research, 1997.8.6
112) 長沢伸也：感性デザインのためのマーケティング情報システム、第14回被服心理学夏期セミナテキスト、pp.30-35、日本家政学会被服心理学部会、1997.8.27
113) 長沢伸也：探索的データ解析の多元配置型ファジィデータへの適用、第2回ファジィORミニシンポジウム論文集、pp.63-68、日本ファジィ学会、1997.9.20
114) Nagasawa, Sachiko, and Shin'ya Nagasawa: A Literature Study on the Transition of Fashion Illustration in Japan（共同）, *Proceedings of Korea-Japan Joint Symposium on Design Studies*, pp.161-166, Korean Society for Design Studies, 1997.10.18
115) 長沢伸也：感性工学の基礎と現状、講習会「感性工学をこう考える」テキスト、pp.1-11、日本ファジィ学会、1997.11.6
116) Nagasawa, Shin'ya: Application of Fuzzy Theory to Value Engineering, *Computers and Industrial Engineering: An International Journal*, Vol.33, Nos.3-4, pp.565-568, Elsevier Science Ltd., 1997.12.1, ISSN 0360-8352
117) 長沢伸也：コスト・マネジメントにおける原価企画、品質、第28巻第2号、pp.10-19、日本品質管理学会、1998.4.15
118) 長沢伸也：戦略とは―歴史に見る戦略―、品質管理、第49巻第5号、pp.6-11、日本科学技術連盟、1998.5.10
119) 長沢伸也：感性工学の基礎と現状、日本ファジィ学会誌、第10巻第4号、pp.67-81、日本ファジィ学会、1998.8.15
120) Nagasawa, Shin'ya, and Sachiko Nagasawa: Quantitative Evaluation of Impression on Fashion Drawing（共同）, *Proceedings of 3rd Asian Conference on Design Studies*, pp.143-150, Chinese Institute of Design, 1998.10.17
121) 九津見洋・小澤順・三浦康史・今中武・長沢伸也：逐次型学習モデルによる双方向型相対感性モデルの一提案（共同）、第8回インテリジェント・システム・シンポジウム論文集、pp.87-90、日本ファジィ学会他、1998.10.30
122) 長沢伸也・伊藤嘉博：品質管理と品質原価計算―日本とアメリカにおける品質原価計算の動向―（共同）、品質管理、第49巻第11号、pp.28-40、日本科学技術連盟、1998.11.10
123) 長沢伸也：感性工学とビジネス、日本学術会議第3回感性工学学術シンポジウム論文集、pp.7-14、日本学術会議他、1998.12.6
124) 長沢伸也：品質原価計算とゼロエミッション―TQMコンセプトによる環境コストの低減―、品質管理、第50巻第6号、pp.28-38、日本科学技術連盟、1999.6.10
125) 長沢伸也・蔡璧如：環境意識が消費者の購買行動に及ぼす影響および環境対応商品コンセプトの探索(1)―台所用洗剤の場合―（共同）、立命館経営学、第38巻第3号、pp.43-71、立命館大学経営学会、1999.9.10
126) Nagasawa, Shin'ya: Fuzzy Kansei Evaluation of VCRs' Usability, *Proceedings of International Conference on Systems, Man*, and Cybernetics, Vol.VI, pp.290-293, IEEE Systems, Man, and Cybernetics Society, 1999.10.15
127) 長沢伸也：感性工学と品質管理―品質管理は感性工学を目指す―、品質、第29巻第4号、pp.6-18、日本品質管理学会、1999.10.15
128) Nagasawa, Shin'ya: Kansei Evaluation of VCRs' Usability, *Bulletin of the 4th Asian Design Conference*, Vol.P.

1994.6.30
76) 長沢伸也:品質保証システムへのファジィの応用、第24回信頼性・保全性シンポジウム論文集、pp.339-346, 日本科学技術連盟、1994.7.6
77) 長沢伸也:マーケティングと品質管理と新製品開発、品質、第24巻第3号、pp.4-11, 日本品質管理学会、1994.7.15
78) 長沢伸也:ポジショニング分析―「商品企画七つ道具」の提案(3)―、品質管理、第45巻第9号、pp.69-79, 日本科学技術連盟、1994.9.10
79) 長沢伸也:マーケティングにおける品質、品質、第24巻第4号、pp.36-46, 日本品質管理学会、1994.10.15
80) 長沢伸也:ファジィ構造モデルにおける一対比較数の削減方法、亜細亜大学経営論集、第30巻第1・2合併号、pp.117-137, 亜細亜大学経営学会、1994.10.15
81) 長沢伸也:「感性」とビジネス、ファッションビジネス、第2号、pp.18-23, ファッションビジネス学会、1995.1.1
82) 石塚隆男・長沢伸也・西村康一:ノートパソコンを利用した情報教育のあり方に関する研究(共同)、亜細亜大学経営論集、第30巻第3号、pp.3-32, 亜細亜大学経営学会、1995.2.10
83) 長沢伸也:「商品企画七つ道具」の提案―市場多様化のための商品企画ツール―、亜細亜大学経営論集、第30巻第3号、pp.159-191, 亜細亜大学経営学会、1995.2.10
84) Nagasawa, Shin'ya: Fuzzy Sensory Evaluation of Condominia's Facade, *Proceedings of the International Joint Conference of the 4th IEEE International Conference on Fuzzy Systems and the 2nd International Fuzzy Engineering Symposium*, pp.503-508, IEEE NNC, LIFE, SOFT, 1995.3.21
85) 長沢伸也:感性デザインのためのマーケティング情報システムの基礎的研究、平成6年度文部省科学研究費重点領域研究『感性情報処理の情報学・心理学的研究』E班研究成果論文集『感性デザインおよび感性データベースの研究』、pp297-324, 文部省科学研究費重点領域研究『感性情報処理』E班、1995.3.31
86) Nagasawa, Shin'ya: Fuzzy Sensory Evaluation of Condominia's Facade, In: Yoshinori Ando, and Takeshi Sakamoto (eds.), *Design of Amenity*, Kyushu University Press, pp.103-107, 1995.3.31, ISBN 978-4-87378-397-0
87) 長沢伸也:メジアンポリッシュによる多元ファジィデータの探索的解析、第11回ファジィ・システム・シンポジウム論文集、pp.805-808, 日本ファジィ学会、1995.7.14
88) 長沢伸也:マンションの外観デザインのファジィ官能評価、Human Interface News and Report, Vol.10, No.3, pp.387-394, 計測自動制御学会ヒューマンインタフェース部会、1995.7.26
89) 長沢伸也:感性とビジネス、第25回官能検査シンポジウム報文集、pp.83-88, 日本科学術連盟、1995.9.11
90) 長沢伸也:多元配置型ファジィ評価データの探索的解析、第5回インテリジェント・システム・シンポジウム論文集、pp.439-444, 日本ファジィ学会他、1995.9.30
91) 長沢伸也:対策の立案―役に立つ問題解決法⑩―、QCサークル、第407号、pp.80-89, 日本科学術連盟、1995.10.25
92) 長沢伸也:感性情報処理の現状と基礎、日本学術会議第1回感性工学シンポジウム論文集、pp.7-14, 日本学術会議他、1995.12.8
93) 長沢伸也:品質管理と原価企画・品質コスト―コスト・マネジメント(1)―、品質管理、第47巻第1号、pp.72-81, 日本科学技術連盟、1996.1.10
94) 長沢伸也:品質保証のためのマトリックス図のファジィ合成、日本信頼性学会誌、第18巻第2号、pp.88-93, 日本信頼性学会、1996.2.10
95) 長沢伸也:感性とビジネス、ENGINEERS、第568号、pp.5-10, 日本科学技術連盟、1996.2.15
96) 田中雅康・長沢伸也:原価企画とVE(価値分析)―コスト・マネジメント(3)―(共同)、品質管理、第47巻第3号、pp.70-73, 日本科学技術連盟、1996.3.10
97) 長沢伸也:感性情報処理と感性評価に関する一考察、立命館経営学、第34巻第6号、pp.55-73, 立命館大学経営学会、1996.3.10
98) 長沢伸也:保証すべき品質とは、第30回品質管理と標準化全国大会報文集、pp.65-72, 日本規格協会、1996.5.15
99) 長沢伸也:多変量解析における選択変数のファジィ決定、第12回ファジィ・システム・シンポジウム論文集、pp.123-126, 日本ファジィ学会、1996.6.4
100) 長沢伸也:感性情報処理と感性工学、第12回ファジィ・システム・シンポジウム論文集、pp.733-736, 日本ファジィ学会、1996.6.7
101) 長沢伸也:わが国の大気汚染現況の環境基準に基づく評価、立命館経営学、第35巻第3号、pp.61-82, 立命館大学経営学会、1996.9.10
102) Nagasawa, Shin'ya: Application of Fuzzy Theory to Value Engineering, *Proceedings of International Conference on Computers and Industrial Engineering*, pp.1075-1078, Computers and Industrial Engineering: An

[付録] 長沢伸也　研究の歩み

49) 長沢伸也：品質管理におけるマトリックス図法のファジィ診断、亜細亜大学経営論集、第26巻第1・2合併号、pp.419-433、亜細亜大学経営学会、1990.11.17
50) 長沢伸也：実験計画法によるファッション画の官能評価の解析、Human Interface News and Report, Vol.6, No.1, pp.25-34, 計測自動制御学会ヒューマンインタフェース部会、1991.1.10
51) 長沢伸也：社会資本に関する世論調査(1)—インフラストラクチャーの評価—、亜細亜大学経営論集、第26巻第3号、pp.161-201, 亜細亜大学経営学会、1991.3.15
52) Nagasawa, Shin'ya, and Atsushi Ootaki: On a Boxplot Control Chart (共同), *Reports of Statistical Application Research*, Vol.36, No.3-4, pp.12-36, Union of Japanese Scientists and Engineers, 1991.3.31, ISSN 0034-4842
53) 長沢伸也：ファジィ構造モデルにおける一対比較数の削減方法、第7回ファジィ・システム・シンポジウム論文集、pp.319-322, 日本ファジィ学会、1991.6.13
54) 長沢伸也：感性品質とファジィの活用、第2回エルゴノミクス・シンポジウム報文集、pp.11-18, 日本科学技術連盟、1991.6.27
55) 長沢伸也：実験計画法によるファッション画の印象の解析—累積法における多変量分散分析の官能評価への適用—、第7回ヒューマンインタフェース・シンポジウム論文集、pp.497-502, 計測自動制御学会ヒューマンインタフェース部会、1991.10.25
56) 長沢伸也：感性品質とファジィ積分による商品評価、亜細亜大学経営論集、第27巻第1・2合併号、pp.321-340, 亜細亜大学経営学会、1991.11.4
57) 長沢伸也：社会資本に関する世論調査(2)—公共・社会問題に対する意識—、亜細亜大学経営論集、第27巻第3号、pp.153-188, 亜細亜大学経営学会、1992.3.15
58) 長沢伸也：統計的品質管理へのファジィ理論の応用、第8回ファジィ・システム・シンポジウム論文集、pp.157-160, 日本ファジィ学会、1992.5.26
59) 長沢伸也：ファジィ—理論と応用—、品質管理、第43巻第8号、pp.83-89, 日本科学技術連盟、1992.8.10
60) 長沢伸也：感性データの解析手法について、第8回ヒューマンインタフェース・シンポジウム論文集、pp.291-296, 計測自動制御学会ヒューマンインタフェース部会、1992.10.22
61) 長沢伸也：一対比較法および実験計画法における有意差検定結果の階層構造化、亜細亜大学経営論集、第28巻第1号、pp.73-96, 亜細亜大学経営学会、1992.11.15
62) 石塚隆男・西村隼一・長沢伸也：ノートパソコン全員必携による統合教育環境の構築（共同）、コンピュータと教育研究報告、第24号、pp.35-43, 情報処理学会、1992.11.20
63) 長沢伸也：品質評価へのファジィ理論の適用、講習会「ビジネスにおけるファジィ戦略」テキスト、pp.21-35, 日本ファジィ学会、1992.11.30
64) 長沢伸也：ファジィ積分—感性の評価(3)—、品質管理、第44巻第3号、pp.71-78, 日本科学技術連盟、1993.3.10
65) 長沢伸也：ソフトウェア欠陥発生プロセスの信頼性評価技法による分析、亜細亜大学経営論集、第28巻第2・3合併号、pp.209-234, 亜細亜大学経営学会、1993.3.15
66) 長沢伸也：一対比較型評価手法間の関係—AHP、ファジィ構造モデル、官能検査手法の比較—、第9回ファジィ・システム・シンポジウム論文集、pp.89-92, 日本ファジィ学会、1993.5.19
67) 長沢伸也：ファジィとは何か、講習会「デザインのためのファジィ」テキスト、pp.1-16, 日本ファジィ学会・日本デザイン学会、1993.7.23
68) 長沢伸也：品質保証システムとファジィ、日本ファジィ学会誌、第5巻第5号、pp.970-980, 日本ファジィ学会、1993.10.15
69) 長沢伸也：感性デザインのためのマーケティング情報システムの基礎的研究、第9回ヒューマンインタフェース・シンポジウム論文集、pp.553-558, 計測自動制御学会ヒューマンインタフェース部会、1993.10.20
70) 長沢伸也：感性による商品評価の基本的問題、亜細亜大学経営論集、第29巻第1号、pp.41-62, 亜細亜大学経営学会、1993.11.25
71) Nagasawa, Shin'ya: An Application in Quality Control for Performance Improvement, *Proceedings of 1st Asian Fuzzy Systems Symposium*, pp.712-717, National University of Singapore, International Fuzzy Systems Association, 1993.11.25
72) 長沢伸也：VTRの使いやすさのファジィ官能評価、Human Interface News and Report, Vol.9, No.1, pp.47-54, 計測自動制御学会ヒューマンインタフェース部会、1994.1.21
73) 長沢伸也：ファジィ理論によるVTRの操作性の評価構造の解析、亜細亜大学経営論集、第29巻第2・3合併号、pp.109-130, 亜細亜大学経営学会、1994.3.15
74) 長沢伸也：メジアンポリッシュによるファジィデータの探索的解析、第10回ファジィ・システム・シンポジウム論文集、pp.125-128, 日本ファジィ学会、1994.6.1
75) 長沢伸也：官能による商品評価の基礎、日本化粧品技術者会誌、第28巻第1号、pp.11-22, 日本化粧品技術者会、

よるパラメータ値の設定方法―（共同）、大気汚染学会誌、第21巻第4号、pp.278-288, 大気汚染研究協会、1986.8.20
25) 大滝厚・長沢伸也・上原光弘：点字ワードプロセッサシステムに関する研究（共同）、明治大学科学技術研究所紀要、第25冊第2号、pp.1-64, 明治大学科学技術研究所、1986.8.25
26) Ootaki, Atsushi, Shin'ya Nagasawa, Hitoshi Katoh, and Kiyoshige Shiozawa: Study on the Representativeness of Air Pollution Monitoring Stations by Statistical Modeling（共同）, *Proceedings of 7th World Clean Air Congress*, pp.9-16, International Union of Air Pollution Protection Association, 1986.8.25
27) 長沢伸也・岡本眞一・塩澤清茂：起伏のある地形上における大気汚染予測について（共同）、大気汚染学会誌、第21巻第5号、pp.349-371, 大気汚染研究協会、1986.10.20
28) 長沢伸也・大滝厚・塩澤清茂：拡散モデルにおけるパラメータの最適化に関する研究（II）―起伏のある地形上における大気汚染予測システムの評価―（共同）、大気汚染学会誌、第21巻第5号、pp.372-379, 大気汚染研究協会、1986.10.20
29) 長沢伸也・串田幸嗣・大瀧厚：教育用ロボット言語の開発（II）― ALARM Ver.2.0の開発―（共同）、明治大学工学部研究報告、第51号、pp.11-24, 明治大学工学部、1986.10.30
30) 大滝厚・長沢伸也・菅沼孝康・千々岩靖浩：チャーノフの顔形グラフの応用研究（I）（共同）、明治大学科学技術研究所紀要、第25冊第4号、pp.1-20, 明治大学科学技術研究所、1986.11.25
31) 長沢伸也：大気汚染濃度予測のための環境アセスメント手法に関する研究―起伏のある地形上における大気汚染予測モデルについて―、早稲田大学学位論文、早稲田大学理工学研究科、136pp., 1986.12.4
32) 大滝厚・長沢伸也・矢野俊一：チャーノフの顔形グラフの応用研究（II）―大気汚染の地域特性の解析―（共同）、明治大学科学技術研究所紀要、第25冊第9号、pp.1-15, 明治大学科学技術研究所、1987.3.25
33) 長沢伸也：ソフトウェアにおけるフールプルーフ化の研究―教育用ロボット言語の開発を例として―、第7回ソフトウェア生産における品質管理シンポジウム報文集、pp.181-188, 日本科学技術連盟、1987.9.29
34) Nagasawa, Shin'ya, and Atsushi Ootaki: On the Boxplot Control Chart（共同）, *Proceedings of 7th International Conference on Quality Control*, pp.553-558, International Union of Quality Control, 1987.10.19
35) 大滝厚・長沢伸也：箱ひげ管理図（共同）、標準化と品質管理、第40巻第11号、pp.39-44, 日本規格協会、1987.11.1
36) 大瀧厚・長沢伸也・溝口博文：点訳システムに関する研究―漢字仮名混じり文処理について―（共同）、明治大学科学技術研究所紀要、第26冊第9号、pp.1-19, 明治大学科学技術研究所、1988.3.25
37) 長沢伸也・長沢幸子：実験計画法を用いた分類データの解析―ファッション画の視覚反応実験への適用例―（共同）、第18回官能検査シンポジウム報文集、pp.125-130, 日本科学技術連盟、1988.9.20
38) 長沢伸也・長沢幸子：直交配列実験による人体プロポーション構成部位の評価―ファッション画に対する印象の定量的評価に関する研究（I）―（共同）、デザイン学研究、第69号、pp.29-36, 日本デザイン学会、1988.11.30
39) 長沢伸也：わが国におけるデザイン振興の現状と行政機関の役割、産業能率大紀要、第9冊第2号、pp.11-39, 産業能率大学、1988.12.25
40) 長沢伸也・長沢幸子：要因配置実験による人体プロポーション構成部位の評価―ファッション画に対する印象の定量的評価に関する研究（II）―（共同）、デザイン学研究、第73号、pp.97-102, 日本デザイン学会、1989.5.15
41) 長沢伸也：企業戦略としてのデザイン（I）―デザインを取り巻く環境について―、産能大紀要、第10冊第1号、pp.103-111, 産能大学（現、産業能率大学）、1989.6.25
42) 長沢幸子・長沢伸也：実験計画法を用いた分類データの解析（II）―ファッション画におけるデフォルマシオンの効果の評価―（共同）、第19回官能検査シンポジウム報文集、pp.117-122, 日本科学技術連盟、1989.9.7
43) 長沢伸也・長沢幸子：実験計画法を用いた分類データの解析（III）―ファッション画におけるデフォルマシオンの最適化―（共同）、第19回官能検査シンポジウム報文集、pp.123-128, 日本科学技術連盟、1989.9.7
44) 長沢伸也：企業戦略としてのデザイン（II）―デザイン開発に付随する問題について―、産能大紀要、第10冊第2号、pp.165-179, 産能大学（現、産業能率大学）、1989.12.25
45) Nagasawa, Shin'ya: Application of Fuzzy Theory to Relation Diagram, *ASQC Quality Congress Transactions*, pp.573-578, American Society for Quality Control, 1990.5.15
46) 長沢幸子・長沢伸也：実験計画法を用いた分類データの解析（IV）―マスパネルによるファッション画の視覚反応実験―（共同）、第20回官能検査シンポジウム報文集、pp.203-208, 日本科学技術連盟、1990.9.4
47) Nagasawa, Shin'ya: Quantitative Evaluation of Components of Anthropometric Proportion in Fashion Drawing by Orthogonal Array Experiment, In: Kageyu Noro, and Ogden Brown, Jr. (eds.), *Human Factors in Organizational Design and Management – III*, pp.285-288, North-Holland, 1990.7.18, ISBN 978-0-44488784-9 (1990.10.1)
48) 長沢伸也：ファジィ構造モデルの官能検査への適用、第6回ファジィ・システム・シンポジウム論文集、pp.349-352, 日本ファジィ学会、1990.9.8

[付録] 長沢伸也　研究の歩み

●学術論文
1) 長沢伸也：光化学大気汚染の濃度予測に関する研究、早稲田大学修士論文、早稲田大学理工学研究科、457pp.、1980.3.25
2) 宮本潤・長沢伸也・塩沢清茂：光化学反応における一酸化炭素の効果（Ⅰ）（共同）、大気汚染学会誌、第15巻第4号、pp.145-150、大気汚染研究協会、1980.4.20
3) 宮本潤・長沢伸也・塩沢清茂：光化学反応における一酸化炭素の効果（Ⅱ）（共同）、大気汚染学会誌、第15巻第4号、pp.151-154、大気汚染研究協会、1980.4.20
4) 宮本潤・長沢伸也・塩沢清茂：窒素酸化物―炭化水素（トルエン）――酸化炭素―空気系の光化学反応（共同）、早稲田大学理工学研究所報告、第97輯、pp.45-48、早稲田大学理工学研究所、1981.7.30
5) 大滝厚・長澤伸也・日野谷弘明：カナ・点字変換システムの研究（共同）、明治工学部研究報告、第45号、pp.13-30、明治大学工学部、1983.9.30
6) 長沢伸也・岡本真一・梅田茂樹・大石大和・大滝厚・塩沢清茂：起伏のある地形上における大気汚染予測システムに関する研究（Ⅰ）―風系の推定モデル―（共同）、大気汚染学会誌、第19巻第2号、pp.149-158、大気汚染研究協会、1984.4.20
7) 岡本眞一・大石大和・長沢伸也・塩沢清茂：複雑地形上におけるエアトレーサー拡散実験と山谷風の観測（共同）、天気、第31巻第5号、pp.19-29、日本気象学会、1984.5.31
8) 大滝厚・長沢伸也・塩沢清茂：大気汚染濃度の地域分布パターンの研究（共同）、大気汚染学会誌、第19巻第3号、pp.214-221、大気汚染研究協会、1984.6.20
9) 大瀧厚・長沢伸也・岩井久宜：チャーノフの顔形グラフにおける顔形要素の評価（共同）、明治大学科学技術研究所紀要、第23冊第2号、pp.1-27、明治大学科学技術研究所、1984.8.25
10) 長澤伸也・大滝厚・寺脇勝彦：教育用ロボット言語の開発（共同）、明治工学部研究報告、第47号、pp.1-12、明治大学工学部、1984.9.30
11) 長沢伸也・岡本眞一・梅田茂樹・大石大和・大滝厚・塩沢清茂：起伏のある地形上における大気汚染予測システムに関する研究（Ⅱ）―拡散モデル―（共同）、大気汚染学会誌、第19巻第6号、pp.430-438、大気汚染研究協会、1984.12.20
12) 大滝厚・長沢伸也・菅沼孝康：チャーノフの顔形グラフの顔形要素に対する個人誤差の評価（共同）、明治大学科学技術研究所紀要、第23冊第12号、pp.1-26、明治大学科学技術研究所、1985.3.25
13) 長沢伸也・岡本眞一・大滝厚：大気汚染拡散パラメータの研究（Ⅰ）―水平拡散幅σyの推定方法―（共同）、明治大学工学部研究報告、第48号、pp.45-53、明治大学工学部、1985.3.31
14) 長沢伸也・岡本眞一・大滝厚：大気汚染拡散パラメータの研究（Ⅱ）―鉛直拡散幅σzの推定方法―（共同）、明治大学工学部研究報告、第48号、pp.55-64、明治大学工学部、1985.3.31
15) 長沢伸也・岡本眞一・梅田茂樹・大石大和・大滝厚・塩沢清茂：起伏のある地形上における大気汚染予測システムに関する研究（Ⅲ）―風系推定モデルの評価と感度分析―（共同）、大気汚染学会誌、第20巻第3号、pp.168-178、大気汚染研究協会、1985.6.20
16) 大瀧厚・長沢伸也・上原光弘：パーソナルコンピュータを利用した点字ワードプロセッサシステムの研究（共同）、明治大学科学技術研究所紀要、第24冊第3号、pp.1-10、明治大学科学技術研究所、1985.8.25
17) 加藤均・長沢伸也・大滝厚・塩澤清茂：統計モデルによる測定局の代表性の研究（共同）、大気汚染学会誌、第20巻第5号、pp.384-393、大気汚染研究協会、1985.10.20
18) 大滝厚・長沢伸也・加藤均：大気汚染物質の分布パターンに関する研究（共同）、明治大学科学技術研究所紀要、第24冊第9号、pp.1-15、明治大学科学技術研究所、1985.11.25
19) 長沢伸也・岡本眞一・梅田茂樹・大石大和・大滝厚・塩澤清茂：起伏のある地形上における大気汚染予測システムに関する研究(Ⅳ)―拡散モデルの評価と感度分析―（共同）、大気汚染学会誌、第20巻第6号、pp.416-428、大気汚染研究協会、1985.12.20
20) Okamoto, Shin'ichi, Yamato Ohishi, Shin'ya Nagasawa, and Kiyoshige Shiozawa: A Practical Mode for Effluent Dispersion in Complex Terrain (共同), *Proceedings of 9th U.S.- Japan Meeting on Air Pollution-related Meteorology*, pp.1-13, U.S. Environmental Protection Agency and Meteorology Agency of Japan, 1986.2.27
21) 大瀧厚・長沢伸也・菅沼孝康：チャーノフの顔形グラフの顔形要素に対する個人誤差の評価（Ⅱ）（共同）、明治大学科学技術研究所紀要、第24冊第14号、pp.1-20、明治大学科学技術研究所、1986.3.25
22) 塩沢清茂・長沢伸也：起伏のある地形上における大気汚染予測モデルの開発(1)（共同）、環境技術、第15巻第5号、pp.415-422、環境技術研究協会、1986.5.30
23) 塩沢清茂・長沢伸也：起伏のある地形上における大気汚染予測モデルの開発(2)（共同）、環境技術、第15巻第6号、pp.473-477、環境技術研究協会、1986.6.30
24) 長沢伸也・大滝厚・塩沢清茂：拡散モデルにおけるパラメータの最適化に関する研究（Ⅰ）―実験的回帰分析に

くために一』、日科技連出版社、180pp., 2012.3.24, ISBN 978-4-8171-9431-2
81) 長沢伸也編著、早稲田大学ビジネススクール長沢研究室共著『環境ビジネスの変革者たち』、環境新聞社、213pp., 2012.4.5, ISBN 978-4-86018-245-8
82) エリカ・コルベリーニ、ステファニア・サヴィオロ共著、長沢伸也・森本美紀共監訳／訳、安達満・井上龍・長田たまみ・河野愛子・木曽悟郎・小宮理恵子・佐々木綾・野手滋共訳『ファッション＆ラグジュアリー企業のマネジメント―ブランド経営をデザインする―』、東洋経済新報社、350pp., 2013.6.6, ISBN 978-4-492-55728-0（原著は Corbellini, Erica, and Stefania Saviolo: *Managing Fashion and Luxury Companies*, ETAS, Milan, 2009）
83) 長沢伸也編集『感性マーケティングの実践―早稲田大学ビジネススクール講義録〜アルビオン、一澤信三郎帆布、末富、虎屋　各社長が語る―』、同友館、206pp., 2013.12.20, ISBN 978-4-496-04995-8
84) 日本経営工学会編集、大場允晶・八巻直一・石井博昭・塩出省吾・関宏理・堀内孝男・長沢伸也他129名共著『ものづくりに役立つ経営工学の事典―180の知識―（執筆分担）』、朝倉書店、384pp., 2014.1.20, ISBN 978-4-254-27022-8
85) 長沢伸也編集『ジャパン・ブランドの創造―早稲田大学ビジネススクール講義録〜クールジャパン機構社長、ソメスサドル会長、良品計画会長が語る―』、同友館、156pp., 2014.4.10, ISBN 978-4-496-04994-1
86) 技術情報協会編、小塚彦明・神宮英夫・久留戸真奈美・長門三生・今井由美・長沢伸也他87名共著『官能評価活用ノウハウ―感覚の定量化・数値化手法―（執筆分担）』、技術情報協会、552pp., 2014.6.30, ISBN 978-4-86104-534-9
87) 秋山庸子・西嶋茂宏監修、神宮英夫・斉藤尚仁・長沢伸也・外池光雄・横田尚・高橋元次・鈴木高広・妹尾正巳・大西太郎・鈴木修二・武藤仁志・松江由香子・坂貞徳・大田理奈・桜井哲人・松本健郎・村上泉子・末次一博・滝脇弘嗣・竹原孝二・瀧上昭治・鈴木貴雅・吉田大介・杉林堅次・宇治謹吾・美崎栄一郎・田中真美・平尾直靖共著『化粧品の使用感評価法と製品展開『普及版』（執筆分担）』、シーエムシー出版、320pp., 2014.7.8, ISBN 978-4-7813-0892-0
88) 長沢伸也編著、福永輝彦・小山太郎・岩谷昌樹共著『グッチの戦略―名門を3度よみがえらせた驚異のブランドイノベーション―』、東洋経済新報社、405pp., 2014.11.13, ISBN 978-4-492-50258-6
89) ピエール＝イヴ・ドンゼ著、長沢伸也監修・訳、早稲田大学ビジネススクール長沢研究室（坂東佑治・岡田紀信・富樫佳織・内田留美）共訳『「機械式時計」という名のラグジュアリー戦略』、世界文化社、288pp., 2014.11.20, ISBN 978-4-418-14601-7（原著は Pierre-Yves Donzé 著、*A Business History of the Swatch Group – The Rebirth of Swiss Watchmaking and the Globalization of the Luxury Industry –*, Palgrave Macmillan, Basingstoke 2014）
90) ルアナ・カルカノ、カルロ・チェッピ共著、長沢伸也・小山太郎共監訳・訳、寺崎新一郎・大谷浩介・秋本昌士・菅波紀宏・今村彰啓共訳『ラグジュアリー時計ブランドのマネジメント―変革の時―』、角川学芸出版、359pp., 2015.1.26, ISBN 978-4-04-653292-3（原著は Carcano, Luana, and Carlo Ceppi: *Time to Change – Contemporary Challenges for Haute Horlogerie –*, EGEA S.p.A., Milan, 2010）
91) 長沢伸也編集『アミューズメントの感性マーケティング―早稲田大学ビジネススクール講義録〜エポック社社長、スノーピーク社長、松竹副社長が語る―』、同友館、198pp., 2015.4.10, ISBN 978-4-496-05118-0
92) 長沢伸也・小宮理恵子共著『コミュニティ・デザインによる賃貸住宅のブランディング―人気シェアハウスの経験価値創造―』、晃洋書房、184pp., 2015.4.20, ISBN 978-4-7710-2630-8
93) 長沢伸也・西村修共著『地場産業の高価格ブランド戦略―朝日酒造・スノーピーク・ゼニス・ウブロに見る感性価値創造―』、晃洋書房、196pp., 2015.5.30, ISBN 978-4-7710-2643-8
94) 長沢伸也著『高くても売れるブランドをつくる！―日本発、ラグジュアリーブランドへの挑戦―』、同友館、276pp., 2015.6.8, ISBN 978-4-496-05135-7
　　　2015年6月現在　日本語81冊、中国語5冊、韓国語5冊、英語2冊、タイ語1冊　計94冊

付11

[付録] 長沢伸也 研究の歩み

場・伝統産業のプレミアムブランド戦略―経験価値を生む技術経営―』、同友館、339pp.、2009.6.30, ISBN 978-4-496-04544-8

65) 長沢伸也編、岩谷昌樹著『デザインマインドマネジャー―盛田昭夫のデザイン参謀、黒木靖夫―』、日本出版サービス、216pp.、2009.7.12, ISBN 978-4-88922-122-0

66) 日本インダストリアルデザイナー協会（JIDA）編集・監修、JIDA「プロダクトデザイン」編集委員会著、長沢伸也他46名共著『プロダクトデザイン―商品開発に関わるすべての人へ―』、ワークスコーポレーション、255pp.、2009.7.17, ISBN 978-4-86267-063-2

67) Nagasawa, Shinya ed., with Kenji Ohizumi, and Kazuaki Maeda (Sriwika Susanpoolthong trans.), "Louis Vuitton NO HOSOKU – SAIKYO NO Brand SENRYAKU – (translated in Thailand Language（タイ語訳）)," Technology Promotion Association（タイ日経済技術振興協会、Bangkok), 249pp., 2009.9.30, ISBN 978-974-443-380-0

68) 日本品質管理学会編、中條武志・長沢伸也他98名共著『新版 品質保証ガイドブック』、日科技連出版社、pp.285-298, 1229pp.、2009.11.18, ISBN 978-4-8171-9307-0

69) 長沢伸也著『それでも強い ルイ・ヴィトンの秘密』、講談社、235pp.、2009.12.15, ISBN 978-4-06-215160-3

70) 長沢伸也監修、中山厚穂著『Excelソルバー多変量解析―ポジショニング編―』、日科技連出版社、199pp.、2010.1.3, ISBN 978-4-8171-9334-6

71) ブリジット・ボージャ・デ・モゾタ（Brigitte Borja de Mozota）、河内奈々子・岩谷昌樹・長沢伸也共訳『戦略的デザインマネジメント―デザインによるブランド価値創造とイノベーション―』、同友館、337pp.、2010.1.20, ISBN 978-4-496-04545-5

72) 長沢伸也編著、杉本香七著『シャネルの戦略―究極のラグジュアリーブランドに見る技術経営―』、東洋経済新報社、355pp.、2010.1.21, ISBN 978-4-492-50200-6

73) 神田範明編著、顧客価値創造手册編輯委員會編、長澤伸也・戸井雅弘・宮脇伸歩・丸山一彦他15名共著（唐一寧譯）『創造顧客價值—從製造業、服務業到農業、打造讓顧客感動的商品―（中国語版）』、財團法人中衛發展中心（台北）、529pp.、2010.5.31, ISBN 957-986-7690-73-9

74) 桝井捷平監修、共著、長沢伸也・桐原修・平野輝美・橋本智・鈴木祥一郎・千葉忍・小池幸徳・阿竹浩之・森田善彦・權野隆・石塚勝・大西勝・藤井憲太郎・三浦高行・長谷高和・秋元英郎・桜田喜久男・戸澤啓一・百瀬雅之・大山寛治・長岡猛・岡原悦雄共著『プラスチック加飾技術の最新動向（執筆分担）』、シーエムシー出版、259pp.、2010.6.10, ISBN 978-4-7813-0255-3

75) 木戸啓仁編著、滋野英憲・羽田裕・市川英考・木戸啓仁・塚田文子・池澤威юя・染谷高士・庄賢二・岡田広司・陳愛華共著『地域産業とマーケティング』、九州学術出版センター、223pp.、2010.6.30, ISBN 978-4-9904591-1-6

76) 長沢伸也・神田太樹共編著、長沢伸也・神宮英夫・妹尾正巳・亀井且有・木下雄一朗・森典彦・神田太樹共著『数理的感性工学の基礎―感性商品開発のアプローチ―』、海文堂出版、151pp.、2010.9.10, ISBN 978-4-303-72394-1

77) 長沢伸也・石川雅一共著『京友禅「千總」450年のブランド・イノベーション』、同友館、177pp.、2010.10.10, ISBN 978-4-496-04714-5

78) ジャン＝ノエル・カプフェレ、ヴァンサン・バスティアン共著、長沢伸也訳『ラグジュアリー戦略―真のラグジュアリーブランドをいかに構築しマネジメントするか―』、東洋経済新報社、540pp.、2011.2.10, ISBN 978-4-492-55682-5（原著はKapferer, Jean-Noël, and Vincent Bastien: *The Luxury Strategy – Break the Rules of Marketing to Build Luxury Brands* –, Kogan Page, London, 2009）

79) Nagasawa, Shinya ed., with Kana Sugimoto (Lee Su-Mi trans.), "Chanel NO SENRYAKU – KYUUKYOKU NO Luxury Brand – (translated in Hangul（韓国語訳）)," Random House Korea Inc. (Seoul), 304pp., 2011.8.29, ISBN 978-89-255-4325-3

80) 長沢伸也編著、三菱UFJリサーチ＆コンサルティング（矢野昌彦・佐野真一郎・青野雅和・荻巣幸美・清水孝太郎・大澤拓人・西田貴明）著『環境ビジネスのゆくえ―グローバル競争を勝ち抜

『老舗ブランド企業の経験価値創造─顧客との出会いのデザイン マネジメント─』、同友館、282pp., 2006.5.15, ISBN 4-496-04102-2

49) Inoue, Katsuo ed., with Mitsuo Hirokawa, Keiichiro Kawarabayashi, Shin'ya Nagasawa, Norihiko Mori, Masato Tsuchiya, Masaharu Wakamatsu, Toshinobu Harada, Takashi Hasumi, and Katsumi Takahashi (KSU Office of Industry Academy Cooperation trans.(慶成大学産学協力団訳))，"DESIGN TO KANSEI (translated in Hangul(韓国語訳))," KSU Office of Industry Academy Cooperation（慶成大学産学協力団, Seoul）, 342pp., 2006.5.30, ISBN 89-7043-904-0

50) 長沢伸也編著、早稲田大学ビジネススクール長沢研究室（藤原亨・山本典弘）共著『経験価値ものづくり─ブランド価値とヒットを生む「こと」づくり─』、日科技連出版社、221pp., 2007.2.22, ISBN 4-8171-9210-3

51) Nagasawa, Shin'ya, and Pi-Ju Tsai 共著, "Marketability of Environment-Conscious Products – Application of "Seven Tools for New Product Planning"–," Koyo Shobo（晃洋書房）, 204pp., 2007.5.10, ISBN 978-4-7710-1884-6

52) 商品開発・管理学会編、横田澄司・恩藏直人・若林靖永・余田拓郎・岡本眞一・岩本俊彦・塚田文子・冨田健司・岩下仁・安田一彦・石岡賢・宮崎茂次・長沢伸也・井下理・佐野充・矢野昌彦・高村基治共著『商品開発・管理入門（執筆分担）』、中央経済社、257pp., 2007.6.20, ISBN 978-4-502-39310-5

53) 長沢伸也編著、大泉賢治・前田和昭共著『ルイ・ヴィトンの法則─最強のブランド戦略─』、東洋経済新報社、274pp., 2007.8.16, ISBN 978-4-492-50171-9

54) 長沢伸也・染谷高士共著『老舗ブランド「虎屋」の伝統と革新─経験価値創造と技術経営─』、晃洋書房、167pp., 2007.10.30, ISBN 978-4-7710-1909-6

55) 長沢伸也・環境新聞編集部共著『循環ビジネスの挑戦』、環境新聞社、163pp., 2007.12.10, ISBN 978-4-86018-131-4

56) 長沢伸也編著、環境マーケティング プロジェクト共著『環境ビジネスの挑戦』、環境新聞社、271pp., 2008.3.10, ISBN 978-4-86018-144-4

57) 長沢伸也編著、川栄聡史共著『Excelでできる統計的官能評価法─順位法、一対比較法、多変量解析からコンジョイント分析まで─』、日科技連出版社、340pp., 2008.7.8, ISBN 978-4-8171-9238-7

58) 長澤伸也編著、入澤裕介・染谷高士・土田哲平共著（蘇錦夥翻譯總編編）『創造老店品牌企業的體驗價值─與顧客接觸設計管理─（中国語版）』、財團法人中衛發展中心（台北）、271pp., 2008.10.26, ISBN 978-986-7690-62-3

59) 環境新聞編集部編、北村喜宣・長沢伸也・後藤敏彦他32名共著『環境新聞ブックレットシリーズ⑤産廃処理業の優良化を考えるⅡ（執筆分担）』、環境新聞社、114pp., 2008.11.28, ISBN 978-4-86018-152-9

60) 秋山庸子・西嶋茂宏監修、神宮英夫・斉藤尚仁・長沢伸也・外池光雄・横田尚・高橋元次・鈴木高広・妹尾正巳・大西太郎・鈴木修二・武藤仁志・松江由香子・坂貞徳・大田理奈・桜井哲人・松本健郎・村上泉子・末次一博・滝脇弘嗣・竹原孝二・瀧上昭治・鈴木貴雅・吉田大介・杉林堅次・宇治謹吾・美崎栄一郎・田中真美・平尾直靖共著『化粧品の使用感評価法と製品展開（執筆分担）』、シーエムシー出版、320pp., 2008.12.25, ISBN 978-4-7813-0072-6

61) 長沢伸也監修、中山厚穂著『Excelソルバー多変量解析─因果関係分析・予測手法編─』、日科技連出版社、319pp., 2009.4.29, ISBN 978-4-8171-9305-6

62) 長沢伸也編著、村井哲之＋早大院生有志（河合光一・北島均・山下達也）＋環境新聞編集部共著『廃棄物ビジネスの変革者たち』、環境新聞社、283pp., 2009.5.1, ISBN 978-4-86018-166-6

63) Nagasawa, Shinya ed., with Kenji Ohizumi, and Kazuaki Maeda (Lee Min-Young trans.), "Louis Vuitton NO HOSOKU – SAIKYO NO Brand SENRYAKU – (translated in Hangul(韓国語訳))," Between Lines Publishers, Inc. (Haeng Gan, Inc., Seoul), 271pp., 2009.5.31, ISBN 978-89-92714-41-9

64) 長沢伸也編著、早稲田大学ビジネススクール長沢研究室（植原行洋・須藤雅恵・島田了）共著『地

[付録] 長沢伸也　研究の歩み

房、309pp.、2003.5.30、ISBN 4-623-03794-0
30) 長沢伸也・森口健生共著『廃棄物ビジネス論—ウェイスト・マネジメント社のビジネスモデルを通して—』、同友館、217pp.、2003.10.10、ISBN 4-496-03622-6
31) 長沢伸也・川栄聡史共著『キリン「生茶」・明治製菓「フラン」の商品戦略—大ヒット商品誕生までのこだわり—』、日本出版サービス、136pp.、2003.10.25、ISBN 4-88922-113-1
32) 長沢伸也編著、井川憲明・高畠聡・大久長範・蔡璧如・亀井且有・神田太樹・長嶋秀世・川端真由美・岩崎謙次・小野邦彦・川栄聡史・妹尾正巳・原正規・菅原作雄共著『感性商品開発の実践—商品要素へ感性の転換—』、日本出版サービス、191pp.、2003.10.30、ISBN 4-88922-114-X
33) 長沢伸也・蔡璧如共著『環境対応商品の市場化—「商品企画七つ道具」の活用—』、晃洋書房、245pp.、2003.10.30、ISBN 4-7710-1466-3
34) 長沢伸也・岩谷昌樹共編著、佐藤典司・岩倉信弥・中西元男共著『デザインマネジメント入門—デザインの戦略的活用—』、京都新聞出版センター、240pp.、2003.12.10、ISBN 4-7638-0528-2
35) 長沢伸也・木野龍太郎共著『日産らしさ、ホンダらしさ—製品開発を担うプロダクト・マネジャーたち—』、同友館、208pp.、2004.1.20、ISBN 4-496-03646-0
36) 長澤伸也（鄭雅云(Ya-Yun Zhen)・劉錦秀(Gin-Shou Liu)共譯）『LV時尚王國—全球第一名牌的購併興行銷之祕—（中国語版）』、商周出版（台北）、271pp.、2004.5.28、ISBN 986-124-144-2
37) 神田範明編著、顧客価値創造ハンドブック編集委員会編、長沢伸也・戸井雅弘・宮脇伸歩・丸山一él他15名共著『顧客価値創造ハンドブック—製造業からサービス業・農業まで　感動を創造するシステム—（執筆分担）』、日科技連出版社、432pp.、2004.6.18、ISBN 4-8171-0106-7
38) 長沢伸也編著、早稲田大学ビジネススクール長沢研究室（大貫明人・検見崎兼秀・石川誠・梅田學・榎新二・豊泉光男）共著『生きた技術経営MOT—プロジェクトマネジャーからのメッセージ—』、日科技連出版社、224pp.、2004.9.29、ISBN 4-8171-0108-3
39) 岩倉信弥・岩谷昌樹・長沢伸也共著『ホンダのデザイン戦略経営—ブランドの破壊の創造と進化—』、日本経済新聞社、309pp.、2005.4.28、ISBN 4-532-31216-7
40) 長沢伸也編著、早稲田大学ビジネススクール長沢研究室（山本太朗・吉田政彦・入澤裕介・山本典弘・榎新二）共著『ヒットを生む経験価値創造—感性を揺さぶるものづくり—』、日科技連出版社、254pp.、2005.5.27、ISBN 4-8171-9146-5
41) 長沢伸也・黒坂俊介共著『廃棄物ビジネスの挑戦』、環境新聞社、209pp.、2005.6.1、ISBN 4-86018-086-0
42) 井上勝雄編著、広川美津雄・河原林桂一郎・長沢伸也・森典彦・土屋雅人・若松正晴・原田利宜・蓮見孝・高橋克実共著『デザインと感性（執筆分担）』、海文堂出版、280pp.、2005.7.1、ISBN 4-303-72392-4
43) 岡本眞一・市川陽一共編著、長沢伸也・林正康・前田高尚共著『環境学概論第2版』、産業図書、206pp.、2005.9.30、ISBN 4-7828-2611-7
44) Iwakura, Shinya, Iwatani Masaki, and Nagasawa Shinya 共著（Park Mi-Ok trans.（朴美玉訳），"HONDA NO DESIGN SENRYAKU KEIEI (translated in Hangul(韓国語訳)),"Human & Books（ソウル）、335pp.、2005.10.21、ISBN 89-90287-72-3
45) 長沢伸也・榎新二共著『ヒット商品連発にみるプロダクト・イノベーション—キリン「ファイア」「生茶」「聞茶」「アミノサプリ」ブランド・マネジャーの言葉に学ぶ—』、晃洋書房、160pp.、2006.1.20、ISBN 4-7710-1710-7
46) 環境新聞編集部編、北村喜宣・長沢伸也・後藤敏彦他32名共著『環境新聞ブックレットシリーズ①産廃処理業の優良化を考える（執筆分担）』、環境新聞社、114pp.、2006.2.10、ISBN 4-86018-105-0
47) 都甲潔・坂口光一共編著、塩町三生・八木昭宏・三浦佳世・山中敏正・本郷文男・源田悦夫・井川憲明・池崎秀和・釘宮雄一・武藤志真子・小柳道啓・森川治・吉本優子・前迫孝憲・長沢伸也共著『感性の科学—心理と技術の融合—』、朝倉書店、220pp.、2006.4.10、ISBN 4-254-10199-6
48) 長沢伸也編著、早稲田大学ビジネススクール長沢研究室（入澤裕介・染谷高士・土田哲平）共著

10) 俵信彦・長沢伸也・関哲郎・下田由紀夫共著『労働省ビジネス・キャリア制度認定 生産管理分野 品質管理 中級コース①品質管理』、PHP研究所、pp.43-67, 137pp., 1995.4.1（非売品）

11) 飯塚悦功監修、神田範明編著、大藤正・岡本眞一・今野勤・長沢伸也共著『商品企画七つ道具—新商品開発のためのツール集—』、日科技連出版社、269pp., 1995.11.7, ISBN 4-8171-0287-X

12) 岡本眞一・市川陽一・長沢伸也共著『環境学概論』、産業図書、210pp., 1996.3.5, ISBN 4-7828-9023-0

13) 海保博之編、大平英樹・松田隆夫・谷口高士・竹村和久・池上知子・石隈利紀・今田里佳・鹿毛雅治・渋谷憲一・長沢伸也・往住彰文・池田謙一・仲真紀子・榊博文共著『「温かい認知」の心理学—認知と感情の融接現象の不思議—』、金子書房、302pp., 1997.7.31, ISBN 4-7608-2126-0

14) 長沢伸也著『品質月間テキスト282顧客価値の創造』、品質月間委員会、47pp., 1998.10.1

15) 総合基礎経営学委員会編著（長沢伸也他執筆）『ベイシック経営学 Q&A』、ミネルヴァ書房、268pp., 1998.11.5, ISBN 4-623-02881-X

16) 長沢伸也著『おはなしマーケティング』、日本規格協会、224pp., 1998.11.16, ISBN 4-542-90212-9

17) 岡本眞一・市川陽一・長沢伸也共著（Jang Chul-Hyun(張鉄賢), Park Sang-Woo(朴相ına), Sin Nam-Chul(申南鉄), Lee Young-Jun(李英俊)共訳）『環境學概論（韓国版）』、東和技術（ソウル）、214pp., 2000.3.20, ISBN 89-425-4122-4

18) 日本感性工学会知的財産研究部会編著、青山健・青山紘一・犬飼恵子・竹ున昌弘・長沢伸也・中村宗知・中山光子共著『ビジネスモデル特許』、通産資料調査会、342pp., 2000.4.21, ISBN 4-8065-2630-4

19) 天坂格郎・長沢伸也共著『官能評価の基礎と応用—自動車における感性のエンジニアリングのために—』、日本規格協会、432pp., 2000.4.25, ISBN 4-542-50327-5

20) 神田範明編著、大藤正・岡本眞一・今野勤・長沢伸也・丸山一彦共著『ヒットを生む商品企画七つ道具 よくわかる編—商品企画七つ道具実践シリーズ第2巻—』、日科技連出版社、255pp., 2000.6.26, ISBN 4-8171-0333-7

21) 日本ファジィ学会編、長沢伸也他166名共著『ファジィとソフトコンピューティング・ハンドブック（執筆分担）』、共立出版、1214pp., 2000.9.10, ISBN 4-320-02985-2

22) 神田範明編著、大藤正・岡本眞一・今野勤・長沢伸也・丸山一彦共著『ヒットを生む商品企画七つ道具 すぐできる編—商品企画七つ道具実践シリーズ第3巻—』、日科技連出版社、232pp., 2000.11.3, ISBN 4-8171-0334-5

23) 神田範明編著、大藤正・長澤伸也・岡本眞一・丸山一彦・今野勤共著（陳耀茂(Yau-Mau Chen)譯）『商品企劃七工具2—深入解讀篇—（中国語版）』、財團法人中衛發展中心（台北）、257pp., 2002.1.31, ISBN 957-8848-79-X

24) 長沢伸也編著、神宮英夫・亀井且有・天坂格郎・長屋明浩・川端真由美・小澤賢司・宮脇昭弘・神田太樹・原田利宣・小坂洋明・渡辺嘉二郎・都甲潔・井川憲明共著『感性をめぐる商品開発—その方法と実際—』、日本出版サービス、217pp., 2002.4.15, ISBN 4-88922-111-5

25) 神田範明編著、大藤正・長澤伸也・岡本眞一・丸山一彦・今野勤共著（陳耀茂(Yau-Mau Chen)譯）『商品企劃七工具3—立即實踐篇—（中国語版）』、財團法人中衛發展中心（台北）、2002.8.31, ISBN 957-8848-89-7

26) 長沢伸也著『ブランド帝国の素顔 LVMH モエ ヘネシー・ルイ ヴィトン』、日本経済新聞社、269pp., 2002.10.1, ISBN 4-532-19147-5

27) 長沢伸也著『環境にやさしいビジネス社会—自動車と廃棄物を中心に—』、中央経済社、220pp., 2002.12.1, ISBN 4-502-64810-8

28) 寺本義也・松田修一監修、早稲田大学ビジネススクール著、山本尚利・寺本義也・長沢伸也・田村泰一・後藤和廣・吉川智教・高橋輝男・椎野潤・黒須誠治・中根甚一郎・藤田精一・法木秀雄・松川孝一・松田修一・相澤英孝執筆『MOT（マネジメント・オブ・テクノロジー）入門』、日本能率協会マネジメントセンター、341pp., 2002.12.15, ISBN 4-8207-4116-0

29) 総合基礎経営学委員会編著（長沢伸也他執筆）『新版 ベイシック経営学 Q&A』、ミネルヴァ書

〔付録〕 長沢伸也　研究の歩み

2003(平成15)年度　ダイキン工業㈱受託研究「空気清浄機『ポストクリエール』商品企画プロジェクト」(研究代表者)
2004(平成16)年度　ダイキン工業㈱受託研究「商品の機能と価値の対応関係分析」(研究代表者)
2004(平成16)年度　㈱ベネッセコーポレーション指定寄付「研究助成」(早稲田大学戦略デザイン研究所長)
2005(平成17)年度　㈱アオキインターナショナル(現、㈱AOKIホールディングス)青木擴憲会長指定寄付「研究助成」(早稲田大学戦略デザイン研究所長)
2005(平成17)年度　東京ピーアール企画㈱奨学寄付金「教育研究助成」(研究代表者)
2005(平成17)年度　(社)中国技術振興センター奨学寄付金「教育研究助成」(研究代表者)
2010(平成22)年度　OGID㈱ショコラ事業部ブランディングアドバイザー(学外兼業)(2014(平成26)年度まで)
2011(平成23)年度　㈱エポック社非常勤監査役(2015(平成23)年度より社外取締役、学外兼業)(継続中)
2012(平成24)年度　LVMHモエヘネシー・ルイヴィトン・ジャパン㈱寄附講座(寄附講座責任者)
2012(平成24)年度　㈱アルビオン寄附講座(寄附講座責任者)
2013(平成25)年度　LVMHモエヘネシー・ルイヴィトン・ジャパン㈱寄附講座(寄附講座責任者)
2013(平成25)年度　㈱アルビオン寄附講座(寄附講座責任者)
2014(平成26)年度　LVMHモエヘネシー・ルイヴィトン・ジャパン㈱寄附講座(寄附講座責任者)
2014(平成26)年度　㈱アルビオン寄附講座(寄附講座責任者)
2014(平成26)年度　㈱博報堂受託研究「日本発ラグジュアリーブランドの可能性に関する調査研究」(研究代表者)
2015(平成27)年度　㈱アルビオン提携講座(寄附講座責任者)

以　上

●著書・訳書

1) 大滝厚・鈴木和幸・長沢伸也共著『パソコンBASIC統計解析』、東海大学出版会、252pp.、1984.2.10、ISBN 4-486-00771-9
2) 藤田薫・細谷克也・長沢伸也共著『品質管理セミナー　F数値表と公式集』、日本科学技術連盟、45pp.、1987.4.1 (非売品)
3) 菅原文友監修、長沢伸也他166名共著『ソフトウェア品質管理事例集 (執筆分担)』、日科技連出版社、1352pp.、1990.10.16、ISBN 4-8171-6026-8
4) 野呂影勇編著、宮本博幸・大野貞康・下出真法・斉藤進・杉浦精一・飯田一郎・飯塚晴彦・山本敏雄・落合勲・長沢伸也共著『放送大学印刷教材　生活のための工学 (執筆分担)』、放送大学教育振興会、285pp.、1992.3.20、ISBN 4-595-84037-3
5) 西村康一・長沢伸也・石塚隆男共著『ノートパソコンエッセンシャルズ—98Note + Lotus HARMONY—』、白桃書房、232pp.、1992.4.26、ISBN 4-561-25204-5
6) 亜細亜大学経営学部編、安岡一・池島政広・長沢伸也責任編集『トップが語る経営—亜細亜大学経営学部総合講座「トップマネジメント特別講義」』、亜細亜大学経営学部、290pp.、1992.7.25 (非売品)
7) 森典彦編、杉山和雄・小内克彦・山中敏正・井上勝雄・長沢伸也・白石光昭・渡辺誠・北川央樹・古屋繁・両角清隆・高梨隆雄・小川一行共著『左脳デザイニング—デザインの科学的方法を探る—(執筆分担)』、海文堂、194pp.、1993.6.10、ISBN 4-303-72720-2
8) 石川弘道・飯島正樹・長沢伸也・小田哲久・河野一郎・西崎雅仁・福島和伸・下左近多喜男・窪川静江共著『顧客創造のためのマーケット分析法』、日刊工業新聞社、230pp.、1995.2.10、ISBN 4-526-03656-0
9) Onisawa, Takehisa, and Janusz Kacprzyk eds., with Shin'ya Nagasawa et al., "Reliability and Safety Analyses under Fuzziness (Book Chapter)," Physica-Verlag (Springer-Verlag), 376pp., 1995.3.21, ISBN 3-7908-0837-3

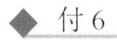

◆ 付6

ンの表現と美意識のデザイン学的研究」(感性工学分科、研究分担者)
1998(平成10)年度　文部省科学研究費特定領域研究(A)「物質循環を記述する数理モデルと地域ゼロエミッションの予測および評価」(ゼロエミッションをめざした物質循環プロセスの構築、計画研究班研究分担者)
1998(平成10)～1999(平成11)年度　文部省科学研究費基盤研究(C)「感性デザインのためのマーケティング情報システムの応用研究」(感性工学分科、研究代表者)
1999(平成11)～2000(平成12)年度　文部省科学研究費基盤研究(C)「感性工学の領域と特異性に関する研究」(感性工学分科、研究分担者)
2003(平成15)年度　経済産業省平成14年度補正事業「技術経営(MOT)プログラム開発公募事業」(新商品・新事業開発方法論)
2003(平成15)年度　経済産業省平成15年度事業「技術経営(MOT)プログラム開発公募事業」(環境ビジネス)
2003(平成15)～2005(平成17)年度　文部省科学研究費基盤研究(C)「心理量・生理量・物理量の相互関係による感性計測システムの開発と商品企画への応用」(感性情報学・ソフトコンピューティング分科、研究代表者)
2009(平成21)～2013(平成25)年度　日本学術振興会科学研究費基盤研究(B)「日欧の地場伝統産業のプレミアムブランド化のための感性価値創造および技術経営的検討」(経営学分科、研究代表者)
2013(平成25)～2015(平成27)年度　日本学術振興会科学研究費挑戦的萌芽研究「ラグジュアリーブランド構築条件の日欧企業比較による抽出と我が国の老舗企業への応用」(経営学分科、研究代表者)

以　上

● **民間企業等より受けた研究費**
1997(平成9)年度　シャープ㈱情報システム事業本部奨学寄付金「関数電卓、統計検定アルゴリズム研究助成」(研究代表者)
1997(平成9)年度　(財)日本規格協会関西支部奨学寄付金「商品企画に関する研究・教育助成」(研究代表者)
1998(平成10)年度　松下電器産業㈱中央研究所奨学寄付金「教育研究助成」(研究代表者)
2000(平成12)年度　富士電機㈱共同研究「ヒットするWebサイトに関する研究」(研究代表者)
2000(平成12)年度　㈱マンダム中央研究所受託研究「男性用化粧品のニーズに関する手法と調査に関する研究」(研究代表者)
2001(平成13)年度　ヤマハ発動機㈱受託研究「新商品マーケティングシステム応用研究」(研究代表者)
2001(平成13)年度　森田電工㈱受託研究「家電製品の商品企画に関する研究」(研究代表者)
2001(平成13)年度　松下冷機㈱受託研究「環境対応商品の市場性に関する研究―冷蔵庫について」(研究代表者)
2001(平成13)年度　富士電機㈱奨学寄付金「教育研究助成」(研究代表者)
2001(平成13)年度　㈱ソフィア総合研究所受託研究「視線から興味度を推定する手法に関する可能性の調査・研究」(研究代表者)
2002(平成14)年度　タイガー魔法瓶㈱受託研究「若年層をターゲットにしたランチジャーの企画に関する研究」(研究代表者)
2002(平成14)年度　(財)ソフトピアジャパン共同研究「知的な注視方向検出の研究―注目情報を用いたマーケティング調査の研究―」(科学技術振興事業団「岐阜県地域結集型共同研究事業」(1999(平成11)年度発足)「知的センシング技術に基づく実環境情報処理技術開発」に基づく共同研究プロジェクト(共同研究機関))(研究代表者)
2002(平成14)年度　松下冷機㈱受託研究「食生活における次世代のライフスタイルと、それに応える商品・サービスの提案」(研究代表者)
2002(平成14)年度　㈱サンベビー大島屋奨学寄付金「教育研究助成」(研究代表者)

付5

[付録] 長沢伸也　研究の歩み

のリユース促進事業研究会」委員
2010(平成22)年12月～2012(平成24)年11月　(独)日本学術振興会「科学研究費委員会」専門委員(科研費分科細目「経営学」審査員)
2011(平成23)年6月～現在　㈱エポック社非常勤監査役 (2015(平成23)年度より社外取締役、学外兼業)
2011(平成23)年9月～2012(平成24)年3月　環境省大臣官房「平成23年度環境配慮契約法基本方針検討会」廃棄物ワーキンググループ委員
2011(平成23)年8月～2013(平成25)年3月　環境省委託三菱UFJリサーチ＆コンサルティング㈱「環境成長エンジン研究会」委員
2011(平成23)年12月～2012(平成24)年3月　環境省委託㈱博報堂「平成23年度優良産廃処理業者情報発信あり方検討委員会」座長
2012(平成24)年6月～2013(平成25)年3月　環境省委託㈱インテージ「平成24年度環境配慮契約法基本方針検討会廃棄物専門委員会」委員
2012(平成24)年8月～2013(平成25)年3月　経済産業省委託三菱UFJリサーチ＆コンサルティング㈱「アジア大での静脈資源市場と我が国静脈産業像研究会」委員
2013(平成25)年8月～2014(平成26)年3月　環境省委託㈱野村総合研究所「環境市場規模検討会」委員
2013(平成25)年8月～2014(平成26)年3月　環境省委託㈱野村総合研究所「環境成長エンジン研究会」委員
2014(平成26)年4月～現在　経済産業省「産業構造審議会」臨時委員 (産業技術環境分科会廃棄物・リサイクル小委員会)
2014(平成26)年8月～2015(平成27)年3月　経済産業省関東経済産業局委託三菱UFJリサーチ＆コンサルティング㈱「広域関東圏における産業公害防止等技術実態調査」調査委員会委員長
2014(平成26)年8月～2015(平成27)年3月　経済産業省資源エネルギー庁委託三菱総合研究所「平成26年度使用済再生可能エネルギー設備のリユース・リサイクル・適正処分に関する検討会」委員
2014(平成26)年12月～2015(平成27)年3月　全国中小企業団体中央会委託㈱野村総合研究所「皮革産業の国際競争力強化に向けたシニア人材等の活用に関する調査」委員

以　上

●公的機関より受けた研究費
1989(平成1)年度　文部省科学研究費奨励研究「ファジィ理論の品質管理への応用」(商学・経営学分科)
1990(平成2)年度　文部省科学研究費奨励研究「ファジィ理論の品質管理への応用」(商学・経営学分科)
1992(平成4)年度　文部省科学研究費奨励研究「感性商品開発のためのマーケティング情報システムの基礎的研究」(商学・経営学分科)
1993(平成5)年度　文部省科学研究費重点領域研究「感性デザインのためのマーケティング情報システムの基礎的研究」(感性情報処理の情報学・心理学的研究、研究代表者)
1994(平成6)年度　文部省科学研究費重点領域研究「感性デザインのためのマーケティング情報システムの基礎的研究」(感性情報処理の情報学・心理学的研究、研究代表者)
1996(平成8)年度　文部科学省科学研究費基盤研究(B)「感性工学に関する学際共同研究の枠組み構築のための企画調査」(材料工学分科、研究分担者)
1996(平成8)～1997(平成9)年度　文部省科学研究費基盤研究(C)「感性デザインのためのマーケティング情報システムの応用研究」(情報科学分科、研究代表者)
1997(平成9)年度　文部省科学研究費重点領域研究「総合的環境品質管理を考慮した産業クラスタ・モデルの基礎的研究」(ゼロエミッションをめざした物質循環プロセスの構築、研究分担者)
1997(平成9)～1999(平成11)年度　文部省科学研究費基盤研究(C)「ファッションイラストレーショ

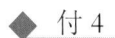

Design and *Kansei* Engineering" organized by Linköping University and Lund University
2008(平成20)年10月　Invited Speaker in Plenary Session at 2008 Creative Life Industries International Forum organized by Corporate Synergy Center, Taiwan, 2008
2009(平成21)年3月　Invited Speaker of Keynote Lecturer at 9th ASCS (Asian Society for Cosmetics Science) Conference organized by the Society of Cosmetics Chemists of Japan
2014(平成26)年5月　Invited Speaker of Keynote Speech in Plenary Session at the International Scientific Conference "New Challenges of Economic and Business Development - 2014" organized by the University of Latvia
2014(平成26)年11月　Invited Speaker at the International Conference on "Global Luxury" organized by Neuchâtel University

以　上

●社会における活動

1988(昭和63)年4月～1989(平成1)年3月　神奈川県新産業構造モデル策定調査研究会委員
1994(平成6)年3月～1998(平成10)年6月　日本学術会議材料工学研究連絡委員会感性工学小委員会委員
1997(平成9)年1月～2000(平成12)年1月　文部省学術審議会専門委員（科学研究費分科会）（科研費時限付き分科細目「感性工学」審査員）
1997(平成9)年12月～1998(平成10)年3月　通商産業省委託㈱三和総合研究所「次世代地域デザインセンターが及ぼす経済波及効果の調査研究委員会」委員
1998(平成10)年6月～2001(平成13)年6月　日本学術会議「人間と工学研究連絡委員会感性工学小委員会」委員
2001(平成13)年1月～現在　（財）日本科学技術連盟「デミング賞委員会」委員（実施賞小委員会委員）
2002(平成14)年7月～2002(平成14)年12月　京都市「ベンチャー企業目利き委員会」専門調査委員
2004(平成16)年3月～2011(平成23)年3月　環境省委託(財)産業廃棄物処理事業振興財団「産業廃棄物処理業優良化推進委員会」委員
　(2004(平成16)年3月～2005(平成17)年3月　評価基準検討ワーキング主査)
　(2005(平成17)年4月～2008(平成20)年3月　将来動向調査ワーキング主査)
2004(平成16)年7月～現在　神奈川県「自動車排出窒素酸化物及び粒子状物質総量削減計画策定協議会」専門委員
2005(平成17)年2月～2005(平成17)年6月　経済産業省委託㈱三菱総合研究所「エコプロダクツと経営戦略研究会」委員
2005(平成17)年4月～2008(平成20)年9月　ジャスダック証券取引所㈱「IR優秀企業表彰委員会」委員
2005(平成17)年6月～2006(平成18)年2月　（財）ファッション産業人材育成機構「ファッション産業におけるデザイン・マネジメント アドバイザリー・コミッティ」委員
2005(平成17)年9月～2006(平成18)年3月　日本道路公団㈱関東第一支社所沢管理事務所「ハイウェイネットさいたま」座長
2006(平成18)年9月～2007(平成19)年3月　経済産業省委託三菱UFJリサーチ＆コンサルティング㈱「オフィス家具の3Rシステム化可能性調査委員会」座長
2007(平成19)年9月～現在　（財）日本環境衛生センター評議員
2008(平成20)年6月～2008(平成20)年7月　埼玉県「産業ブランド戦略会議」座長
2008(平成20)年7月～2009(平成21)年3月　宝塚造形芸術大学大学院デザイン経営研究科平成20年度「自己点検・評価報告書」外部点検・評価委員会委員
2009(平成21)年12月～2010(平成22)年3月　経済産業省関東経済産業局委託三菱UFJリサーチ＆コンサルティング㈱「平成21年度広域ブロック自立施策等推進調査」有識者アドバイザー
2010(平成22)年6月～現在　環境省委託三菱UFJリサーチ＆コンサルティング㈱「使用済み製品等

[付録] 長沢伸也　研究の歩み

●学会活動・国際学術雑誌編集委員
1979(昭和54)年4月　大気汚染研究協会（現、大気環境学会）会員
　(1987(昭和62)年8月～1990(平成2)年8月　評議員)
1983(昭和58)年4月　日本品質管理学会会員
　(1991(平成3)年10月～1997(平成9)年9月、2005(平成17)年10月～2009(平成21)年9月　編集委員会委員)
　(1997(平成9)年4月～1999(平成11)年3月　感性工学研究会主査)
　(2003(平成15)年9月～2006(平成18)年9月　環境マネジメントシステム研究会副主査)
　(2012(平成24)年10月～現在　代議員)
1987(昭和62)年4月　日本デザイン学会会員（1998(平成10)年1月～2003(平成15)年12月　評議員）
1989(平成1)年7月　日本ファジィ学会（現、日本知能情報ファジィ学会）会員
　(1992(平成4)年4月～1995(平成7)年3月　事業委員会委員)
　(1992(平成4)年4月～現在　ファジィOR研究会幹事)
　(1993(平成5)年4月～現在　評価問題研究会幹事)
　(1994(平成6)年4月～現在　ソフトサイエンス研究会幹事)
1994(平成6)年3月　ファッションビジネス学会会員
　(1995(平成7)年5月～2000(平成12)年3月　感性とビジネス研究会幹事)
1996(平成8)年11月　日本官能評価学会会員（学会設立発起人）
1998(平成10)年10月　日本感性工学会会員（学会準備委員会委員・学会設立発起人）
　(1998(平成10)年10月～2008(平成20)年9月　理事)
　(1998(平成10)年10月～1999(平成11)年11月　学会誌編集委員長)
　(1998(平成10)年10月～2003(平成15)年9月　論文誌編集委員)
　(1999(平成11)年4月～2008(平成20)年9月　感性商品研究部会長)
　(2005(平成17)年9月～2007(平成19)年10月　副会長)
　(2008(平成20)年9月～現在　感性商品研究部会常任顧問)
　(2009(平成21)年9月～現在　参与)
2001(平成13)年5月　商品開発・管理学会会員（2005(平成17)年4月～2009(平成21)年3月　理事）
　(2011(平成23)年4月～現在　常任理事)
2006(平成18)年3月　Board Member, International Society of Management Engineers
　(2010(平成22)年8月～現在　Life Fellow)
2008(平成20)年3月～現在　Member of Editorial Advisory Board, International Journal of Quality and Service Sciences (Emerald Publishing)
2010(平成22)年4月　NPO法人エコデザイン推進機構会員（2011(平成23)年4月～現在　監事）
2010(平成22)年8月　Member of QMOD-ICQSS Committees and Scientific Committee, International Conference on Quality and Service Sciences
2013(平成25)年9月～現在　Member of Editorial Advisory Board, Luxury: History, Culture, Consumption (Routledge/Taylor & Francis)
2014(平成26)年2月～現在　Member of Editorial Board and Regional Editor Japan, Luxury Research Journal (The Inderscience Publishers)

以　上

●国際会議招待講演
2001(平成13)年10月　Invited Speaker at the International Symposium on "Toward a Development of KANSEI Technology (KANSEI 2001)" organized by Muroran Institute of Technology
2007(平成19)年6月　Invited Speaker in Plenary Session at 1st European Conference on "Affective Design and *Kansei* Engineering" organized by Lund University and Linköping University
2008(平成20)年8月　Invited Speaker in Plenary Session at 2nd European Conference on "Affective

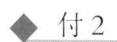

〔付録〕 長沢伸也 研究の歩み

　人生の節目を本年迎え、さらなる飛躍を期すため、これまでの研究の歩みを振り返り到達点を総括する。駆け出しの頃は恩師や先輩、近年は門下生たちとの共同の成果が多く、感謝に堪えない。成果を発信し世に問うゼミはゼミ訓は「このゼミでなくては駄目なんだ」という無比の存在理由であると自負するとともに、早稲田大学校歌『都の西北』の一節♪集まり散じて人は変われど、仰ぐは同じき理想の光♪さながらに、優秀な社会人ゼミ生が在籍して巣立ちながら、熱い想いと注いだ努力が形となって連綿と繋がっていることに感謝したい。

● 略歴
第 1 章　資料 4 (p.8) 参照

● 表彰
2001(平成13)年11月　日経品質管理文献賞受賞（日本経済新聞社・デミング賞委員会）『ヒットを生む商品企画七つ道具　よくわかる編―商品企画七つ道具実践シリーズ第 2 巻―』『同　すぐできる編―同シリーズ第 3 巻―』

2002(平成14)年 9 月　日本感性工学会出版賞受賞『感性をめぐる商品開発―その方法と実際』

2003(平成15)年10月　日本感性工学会論文賞受賞 "Influence of Consumers' Awareness of the Environment over their Purchasing Behaviors, and Pursuit of Environment-Conscious Product Concepts (3) — Comparison between Japanese Consumers and Taiwanese Consumers—," (*Kansei Engineering International*, Vol.3, No.1)

2003(平成15)年12月　Best Paper EcoDesign2003 Award 受賞 "A Study on the Marketability of Environmentally Friendly Refrigerators in China and Japan — I. Analysis of the Present Market (*Proceedings of EcoDesign 2003*)

2005(平成17)年 9 月　日本感性工学会出版賞受賞（ 2 冊）『ヒットを生む経験価値創造―感性を揺さぶるものづくり―』『デザインと感性』

2006(平成18)年 8 月29日　ウェステック大賞2006「出版・情報通信部門賞」受賞（ウェステック実行委員会）『廃棄物ビジネス論―ウェイスト・マネジメント社のビジネスモデルを通して―』『廃棄物ビジネスの挑戦』

2006(平成18)年 9 月　日本感性工学会出版賞受賞『老舗ブランド企業の経験価値創造―顧客との出会いのデザイン マネジメント―』

2007(平成19)年 8 月　日本感性工学会出版賞受賞『感性の科学―心理と技術の融合―』

2009(平成21)年 9 月　日本感性工学会出版賞受賞『Excel でできる統計的官能評価法―順位法、一対比較法、多変量解析からコンジョイント分析まで―』

2010(平成22)年 8 月　Life Fellow Award, International Society of Management Engineers

2010(平成22)年11月　日経品質管理文献賞受賞（日本経済新聞社・デミング賞委員会）『新版 品質保証ガイドブック』

2012(平成24)年 5 月　Lifetime Achievement Award, United Cultural Convention

2015(平成27)年 1 月　Marketing Trends Awards, International Marketing Trends Conference

以　上

著者

長沢　伸也（ながさわ　しんや）
早稲田大学大学院経営管理研究科専門職学位課程（早稲田大学ビジネススクール）および商学研究科博士課程商学専攻教授
●略歴
第1章　資料4（p.8）参照
●表彰、学会活動・国際学術雑誌編集委員、社会における活動等
付録（pp.付1～6）参照
●著書・訳書、学術論文、学会発表
付録（p.付6～50）参照

執筆協力者
高田　敦史　Lexus International レクサスブランドマネジメント部
　　　　　　部長
●略歴
第3章　表2（p.147）参照

藤井　恵一　株式会社資生堂「クレ・ド・ポー　ボーテ」ブランド
　　　　　　マネジャー
●略歴
第3章　表3（p.162）参照

2015 年 6 月 8 日　第 1 刷発行
2016 年 7 月 25 日　第 2 刷発行

高くても売れるブランドをつくる！
──日本発、ラグジュアリーブランドへの挑戦──

©著　者　長　沢　伸　也

発行者　脇　坂　康　弘

発行所　株式会社 同友館

〒113-0033　東京都文京区本郷3-38-1
TEL. 03(3813)3966
FAX. 03(3818)2774
URL http://www.doyukan.co.jp/

乱丁・落丁はお取替えいたします。　　　　三美印刷／松村製本所
ISBN 978-4-496-05135-7　　　　　　　　　　Printed in Japan